O LIVRO DE RECEITAS DOS
ÓLEOS ESSENCIAIS

O LIVRO DE RECEITAS DOS ÓLEOS ESSENCIAIS

Informações detalhadas para criar combinações aromáticas e terapêuticas e propiciar o bem-estar

PUBLIFOLHA

DK | Penguin Random House

Título original: *Neal's Yard Remedies - Essential Oils*

Publicado originalmente na Grã-Bretanha em 2016 pela Dorling Kindersley Limited, uma empresa da Penguin Random House, 80 Strand, WC2R 0RL, Londres, Inglaterra.

Coordenação do projeto: Publifolha
Editora-assistente: Fabiana Medina
Coordenadora de produção gráfica: Mariana Metidieri

Produção editorial: AA Studio
Coordenação e edição: Ana Luisa Astiz
Tradução: Lígia Arata Barros
Preparação: Marcia Menin
Revisão: Juliana Caldas, Sandra Garcia Cortés
Consultoria: Adriana Gibotti, Lídia Regina Nascimento
Editoração eletrônica: Marcio Soares

Edição original: Dorling Kindersley
Editora do projeto: Claire Cross
Editora de arte sênior: Collette Sadler
Diretores de design e arte: Emma Forge e Tom Forge
Gerente editorial: Angela Wilkes
Gerente editorial de arte: Marianne Markham
Designer da capa: Harriet Yeomans
Designer sênior da capa: Nicola Powling
Produtor sênior, pré-produção: Tony Phipps
Diretora de arte: Maxine Pedliham
Publisher: Mary-Clare Jerram

Dados Internacionais de Catalogação na Publicação (CIP)
(Câmara Brasileira do Livro, SP, Brasil)

Curtis, Susan
O livro de receitas dos óleos essenciais : informações detalhadas para criar combinações aromáticas e terapêuticas e propiciar o bem-estar / Susan Curtis, Pat Thomas, Fran Johnson ; [tradução Lígia Arata Barros]. -- São Paulo : Publifolha, 2017

Título original: Neal's Yard Remedies : essential oils.
ISBN 978-85-68684-86-3

1. Aromaterapia 2. Essências e óleos essenciais 3. Essências e óleos essenciais - Uso terapêutico I. Thomas, Pat. II. Johnson, Fran. III. Título.

17-01953 CDD-615.3219

Índices para catálogo sistemático:
1. Aromaterapia : Terapia alternativa 615.3219

Este livro segue as regras do Acordo Ortográfico da Língua Portuguesa (1990), em vigor desde 1º de janeiro de 2009.

Impresso na China.

Nota do editor

Leia as instruções das embalagens dos óleos essenciais e demais ingredientes das receitas antes de usar. Interrompa o uso se notar alguma alteração na pele. Prefira plantas orgânicas e água mineral ou filtrada para fazer produtos de uso tópico e na alimentação. Suplementos devem ser utilizados sob orientação médica. Os editores não se responsabilizam pelo uso indevido dos produtos indicados nas receitas.
Abreviaturas: col. (colher) / cols. (colheres) / O.E. (óleo essencial).

PUBLIFOLHA
Divisão de Publicações do Grupo Folha
Al. Barão de Limeira, 401, 6º andar
CEP 01202-900, São Paulo, SP
www.publifolha.com.br

UM MUNDO DE IDEIAS
www.dk.com

AUTORAS

Susan Curtis, homeopata e naturopata, é diretora de saúde natural da Neal's Yard Remedies, empresa britânica produtora e fornecedora de produtos e cosméticos naturais. Escreveu diversos livros, entre eles *Looking Good and Feeling Younger* e vários sobre óleos essenciais, e é coautora de *Natural Healing for Women* e *O livro de receitas da beleza natural*. Mãe de dois filhos adultos, adora ajudar as pessoas a viver de maneira mais natural e saudável.

Pat Thomas é jornalista, radialista e ativista. Entre seus livros já publicados constam *Cleaning Yourself to Death*, *What's in this Stuff?*, *Skin Deep* e *O livro de receitas da beleza natural*, este como coautora. Liderou, por meio de seu trabalho, a divulgação da presença de elementos químicos prejudiciais à saúde em muitos produtos de beleza usados no dia a dia, promovendo alternativas naturais eficientes. Foi editora da revista *The Ecologist*, faz parte do Organic Research Centre e é editora do site de saúde natural da Neal's Yard Remedies, o *NYR Natural News*.

Fran Johnson é uma apaixonada cientista da área de cosmética e aromaterapeuta. Integra a equipe de desenvolvimento de produtos da Neal's Yard Remedies desde 2006, criando produtos terapêuticos para a saúde e o bem-estar. Idealiza e ministra diversos cursos da Neal's Yard Remedies nas áreas de elaboração de cosméticos, aromaterapia e perfumaria natural. É coautora de *O livro de receitas da beleza natural*.

Sumário

Introdução

Óleos essenciais aromáticos são empregados há milhares de anos como tratamento tradicional para melhorar a **saúde** e o **bem-estar**. A propriedade das **fragrâncias** de afetar o humor e o ambiente foi reconhecida há muito tempo, e diferentes culturas têm utilizado plantas **aromáticas** para ritos espirituais e para uso pessoal. O interesse pelos óleos essenciais se mantém, e atualmente a prática da **aromaterapia** está bem estabelecida na área da saúde natural.

Óleo essencial de néroli, extraído da delicada flor, tem um aroma maravilhoso.

Óleos essenciais **hoje**

O comércio de óleos essenciais surgiu há cerca de 200 anos para aplicação na perfumaria e na indústria alimentícia. Nas últimas décadas, o aumento da procura por tratamentos holísticos levou ao renascimento do uso tradicional dessas substâncias para a saúde, o bem-estar e a beleza.

Agradáveis e muito versáteis, os óleos essenciais são utilizados como medicamento, na produção de cosméticos e fragrâncias e como aromatizadores de ambientes, favorecendo uma sensação de bem-estar. A crescente demanda coincide com o agravamento das tensões relacionadas à vida agitada da atualidade. Suas propriedades que acalmam mente e corpo são muito úteis no combate dos efeitos do estresse crônico.

A Neal's Yard Remedies comercializa óleos essenciais puros e naturais desde a abertura da primeira loja, em 1981, e vem acompanhando o crescimento do interesse por esses produtos, à medida que cada vez mais pessoas buscam ingredientes da natureza para melhorar seu estilo de vida e bem-estar.

Maior conhecimento Há uma arte e uma ciência associadas aos óleos essenciais. Nos últimos anos, o conhecimento da área de aromaterapia sobre essas substâncias e suas propriedades se desenvolveu muito. Laboratórios pesquisam como são usadas tradicionalmente em diversas culturas, e testes clínicos aprofundam o entendimento sobre como e por que atuam.

Neste livro, a Neal's Yard Remedies transmite uma parcela desse conhecimento para ajudar você, leitor, a aproveitar os óleos essenciais em sua rotina de beleza diária e como parte de um estilo de vida saudável. Com um pouco de informação e bom senso, todos podem usá-los. Em

Misturas, velas aromatizadas e produtos para a pele são algumas das maneiras de desfrutar dos óleos essenciais aromáticos.

Versáteis e agradáveis, óleos essenciais são tratamentos naturais.

caso de doenças crônicas e de alto risco, procure orientação médica e, se indicado, consulte um aromaterapeuta.

Desfrute dos **óleos essenciais**

A Neal's Yard Remedies acredita que conhecer a planta da qual se origina o óleo é importante para escolher o melhor produto para cada necessidade. As belas imagens da seção " Óleos essenciais", assim como a descrição das propriedades das plantas e as sugestões de uso, ajudarão você a compreender e melhorar sua percepção sobre essas substâncias.

Bastante concentrados, os óleos essenciais são utilizados em pequenas quantidades e precisam ser diluídos em um óleo base antes do uso. Um capítulo sobre eles descreve alguns dos produtos mais empregados e suas propriedades.

Desenvolvemos uma variedade de receitas e tratamentos para a saúde, a beleza e a casa. Instruções simples mostram como fazê-los e combinações testadas e aprovadas podem ajudar a tratar vários problemas comuns. Aproveite e mãos à obra.

Susan Curtis, diretora de saúde natural, Neal's Yard Remedies

UMA **MISTURA** PERFEITA

Aprender essa arte é uma maneira empolgante de utilizar os óleos essenciais. As sugestões ao longo do livro ajudam você a compreender como eles se combinam.

Com diversas propriedades, *o óleo essencial de tomilho pode ter usos cosméticos e terapêuticos.*

Entenda os **óleos essenciais**

Óleos essenciais contêm a essência da natureza. Descubra os elementos que os compõem e como essas substâncias complexas funcionam de maneira holística para tratar e equilibrar o corpo e a mente, e certifique-se de usar os produtos mais puros e da melhor qualidade.

O que são

Óleos essenciais aromáticos são essências de origem vegetal **muito concentradas**. Usados hoje na **aromaterapia** e em fragrâncias, têm uma longa história na **medicina natural**. Eles se aproveitam das propriedades **terapêuticas** das plantas para restabelecer o **equilíbrio** da mente, do corpo e do espírito.

A flor do gênero *Cistus* produz seu óleo essencial aromático nas folhas e no pedúnculo. Em algumas plantas, o óleo é extraído das pétalas, em um processo delicado.

A essência **da planta**

Acredita-se que os compostos aromáticos dos óleos essenciais ajudam as plantas a sobreviver, atraindo polinizadores e repelindo fungos e bactérias. Quando extraídos, eles retêm a essência das plantas de maneira concentrada, o que significa que, em geral, possuem um perfume intenso e conservam seus benefícios terapêuticos.

Aromaterapia Atualmente, essa prática utiliza cerca de 150 óleos essenciais. Cada um deles tem uma química e propriedades específicas, que produzem efeitos terapêuticos, psicológicos e fisiológicos distintos. Além de serem anti-inflamatórios, analgésicos, descongestionantes e antissépticos, os óleos podem aliviar a ansiedade e melhorar o ânimo. Alguns de seus componentes agem de maneira profunda, restabelecendo o equilíbrio e a vitalidade.

Um único óleo essencial pode conter mais de cem componentes químicos.

Fontes de óleos essenciais

Todas as plantas contêm óleos essenciais, que são extraídos das sementes secas, da casca da fruta ou da resina; ou das folhas, das raízes, das flores ou da casca da árvore.

Sementes secas e frescas podem ser prensadas para a extração de óleos essenciais.

Os óleos essenciais de frutas cítricas se concentram sobretudo na casca.

O que há em **um óleo**?

Um óleo pode ter mais de cem componentes químicos, que, combinados, resultam em propriedades e aroma únicos. Alguns são mais dominantes e determinam como o óleo age no corpo e na mente.

A química dos óleos Os óleos possuem componentes primários, secundários e fenilpropanoides. O mentol, por exemplo, é um componente primário, responsável por cerca de 40% do óleo de hortelã. Os componentes primários agem em conjunto com os secundários e os fenilpropanoides, que são mais numerosos.

Há duas categorias de componentes: compostos oxigenados e terpenos. Os compostos oxigenados costumam ter cheiro mais forte e maior fixação que os terpenos. Eles incluem álcoois (que são antibacterianos, encontrados nos óleos de gengibre e zimbro); ésteres (antissépticos, presentes nos de manjericão e cravo-da-índia); e cetonas (como as dos óleos de rosa, cânfora e vetiver, que regeneram células). Os terpenos no óleo de mirra, por exemplo, apresentam diversas propriedades, mas se deterioram rapidamente se expostos ao ar.

O óleo essencial cor de âmbar *derivado da planta Cistus é rico em compostos oxigenados.*

Um pouco de história

Tradicionalmente, *óleos bastante concentrados de diversas origens vegetais eram usados para acalmar, estimular e melhorar o bem-estar.*

Ao longo do tempo, incensos e velas com óleos aromáticos integraram rituais religiosos; para muitas culturas, os odores inspiravam a elevação espiritual ou afastavam o mal. Os egípcios os empregavam em funerais e como símbolo de status. Os gregos acreditavam que as fragrâncias os conectavam aos deuses, e os romanos as utilizavam para seduzir.

Os óleos essenciais começaram a ser adotados como terapia na década de 1930, quando o químico francês René-Maurice Gattefossé cunhou o termo "aromaterapia" ao descobrir que o óleo de lavanda ajudara a cicatrizar sua mão queimada sem deixar marca. Na Segunda Guerra Mundial, Jean Valnet, cirurgião do exército francês, usou óleos em soldados feridos, e credita-se à bioquímica austríaca Marguerite Maury, que prescrevia óleos, a ideia de utilizá-los em massagens.

Seja para elevar o espírito, seja para tratar feridas, a aromaterapia é uma prática segura e eficaz importante na vida contemporânea.

Plantas como o gengibre e o plai *produzem um óleo essencial muito concentrado nas raízes.*

A resina *de árvores como a mirra pode ser extraída e destilada em óleos terapêuticos.*

A fragônia *é uma das plantas que têm óleo essencial nos galhos e nas folhas.*

Como agem

O olfato é o mais **sensível** e imediato dos sentidos, por isso os aromas são, em geral, tão evocativos. Substâncias químicas presentes em um odor podem desencadear respostas **fisiológicas** e afetar o estado mental. Esses efeitos combinados permitem que óleos aromáticos ajam de maneira holística na **mente**, no **corpo** e no **espírito**, proporcionando **equilíbrio**, tratamento e, muitas vezes, bem-estar profundo.

Na **mente**

Óleos essenciais podem ser usados para ajudar a promover estados mentais. Os estimulantes, por exemplo, aumentam a concentração, enquanto os calmantes relaxam e combatem os efeitos do estresse.

Bem-estar e humor Óleos essenciais têm muitos componentes que afetam o sistema nervoso, melhorando esses dois aspectos. Estudos mostram que o composto linalol, presente na lavanda e na sálvia esclareia, reduz a ansiedade, assim como o limoneno, encontrado em diversos óleos cítricos, que também ameniza a depressão. Óleos essenciais de camomila e bergamota contêm os compostos alfa e beta-pineno, que agem como antidepressivos, ajudando a elevar o ânimo e a aumentar o bem-estar.

A ansiedade e a depressão afetam a mente, mas o corpo também pode sofrer – com tensão muscular, por exemplo. Muitos óleos apresentam propriedades para melhorar o humor e os efeitos fisiológicos, portanto, cuidam de sintomas mentais e físicos.

__Óleos essenciais__ podem acalmar as emoções e estimular a mente.

Uma massagem acrescenta aos já conhecidos benefícios relaxantes do toque os efeitos terapêuticos dos óleos, o que costuma ser muito prazeroso e revigorante. Apenas sentir um aroma agradável, como o de tangerina ou baunilha, pode reduzir a tensão muscular provocada por estresse.

Relaxamento Os efeitos dos óleos nesse aspecto são bem documentados. Eles ajudam a relaxar por meio de um complexo processo que envolve várias partes do cérebro. Uma teoria é a de que o linalol, encontrado em óleos como o de lavanda, regula o neuro-hormônio GABA (ácido gama-aminobutírico), o que equilibra os níveis de adrenalina, noradrenalina e dopamina.

A rosa tem aroma revigorante e relaxante.

Concentração Alguns óleos limpam e dão foco à mente. Inalar óleo essencial de alecrim, por exemplo, pode melhorar a memória em até 75%. Ele contém eucaliptol, que age de maneira semelhante aos medicamentos contra demência, aumentando a produção do neurotransmissor acetilcolina, que ajuda a regular a atividade cerebral.

Equilíbrio Muitos óleos essenciais podem relaxar ou estimular, conforme a necessidade – são os adaptógenos. Eles regulam os sistemas corporais em um processo conhecido como homeostase. Eles ajudam o corpo a processar o estresse ao recarregar as glândulas adrenais, que podem ficar superestimuladas ou exauridas com o estresse. Lavanda, rosa e gerânio são exemplos.

Funcionamento holístico

O conceito de cura holística envolve tratar a pessoa por inteiro para que corpo, mente e espírito fiquem em harmonia. Essa abordagem difere da convencional, que usa remédios para atacar ou suprimir sintomas, mas nem sempre trata a raiz de um problema.

Óleos essenciais agem na mente e no corpo para atingir uma recuperação mais profunda. Relaxado, o corpo é mais eficiente em eliminar toxinas e manter a circulação saudável. Inalar óleo de pimenta-do-reino dá apoio físico e mental a fumantes em luta contra o vício, pois, além de descongestionar, ajuda a diminuir a vontade de fumar.

Óleo essencial de pimenta-do-reino

No **corpo**

Óleos essenciais são tratamentos naturais, potencializando as propriedades medicinais tradicionalmente associadas às plantas. Alguns podem ser anti-inflamatórios, antissépticos e antifúngicos, por exemplo, e outros, antimicrobianos, ajudando a eliminar micro-organismos prejudiciais ao corpo e, portanto, a proteger contra doenças.

Ação antisséptica Muitos óleos essenciais destroem bactérias, vírus e fungos que provocam infecção. Acredita-se que um dos óleos essenciais antissépticos mais conhecidos, o de tea tree (melaleuca), seja tão eficaz quanto tratamentos convencionais para pé de atleta, e pesquisas recentes sugerem que feridas infeccionadas com a bactéria *Staphylococcus aureus* têm recuperação mais rápida quando tratadas com esse óleo do que com métodos tradicionais.

Alguns componentes químicos, como o timol do óleo essencial de tomilho, o mentol do de hortelã e o eugenol do de cravo, são antissépticos poderosos. Estudos demonstraram que inalar esses óleos pode ser tão eficaz quanto aplicá-los diretamente na pele, e a terapia com inalação de óleo essencial é usada para tratar os sintomas da bronquite e da sinusite aguda há muitos anos.

Uma vez que muitas cepas de bactérias tornam-se resistentes aos antibióticos tradicionais, óleos essenciais começam a ser vistos como uma alternativa viável.

Alívio da dor e redução da inflamação Óleos essenciais são muito usados para aliviar dor localizada, por suas propriedades anestésicas suaves. Os de tomilho, rosa, eucalipto, cravo, bergamota e erva-doce, entre outros, atuam no corpo de maneira semelhante a drogas anti-inflamatórias não esteroides, como o ibuprofeno, inibindo as enzimas do corpo que provocam inflamação, inchaço e dor. O efeito analgésico os torna úteis para aliviar dores musculares, articulares e localizadas, como dor de cabeça comum, entorses e fadiga.

A dor muitas vezes é acompanhada de inflamação. Muitos óleos essenciais têm propriedades que a combatem. Um exemplo notável é o de olíbano. Diversas variedades desse óleo inibem a produção de proteínas inflamatórias chamadas citocinas e previnem o vazamento de glóbulos brancos, conhecidos como leucócitos, para os tecidos, duas causas da inflamação.

Ação de limpeza Quando estão funcionando bem, pulmões, fígado, sistema digestório, rins e pele favorecem a remoção de resíduos e toxinas do corpo. Fatores negativos, como estresse, ansiedade, má alimentação e falta de sono, podem interferir no processo. Óleos essenciais, em geral têm propriedades desintoxicantes que ajudam a limpar o corpo e a manter o sistema excretor saudável.

A substância D-limoneno, por exemplo, presente em frutas cítricas como laranja, limão-siciliano, mandarina, limão-taiti e grapefruit, melhora

O anis-estrelado tem fortes propriedades antissépticas.

Óleos essenciais apresentam poderosas propriedades terapêuticas.

o funcionamento do fígado e auxilia a regular o apetite e a diminuir o colesterol. Os óleos de zimbro, grapefruit, alecrim, erva-doce e cipreste têm efeito diurético suave que contribui para o trabalho dos rins, estimulando a eliminação do excesso de água. Combinar esses óleos com uma massagem leve e uma escovação no corpo estimula a circulação saudável do sangue e do sistema linfático e, consequentemente, a eliminação de resíduos.

Fortalecimento da imunidade Óleos essenciais melhoram e fortalecem a resposta imune a doenças, promovendo o bem-estar. Alguns estimulam a produção de glóbulos brancos, como fagócitos, linfócitos T e linfócitos B, vitais para a defesa e imunidade do organismo. Os óleos de eucalipto e niaouli, em particular, favorecem o processo conhecido como fagocitose, em que os fagócitos, que são glóbulos brancos maiores, engolfam e destroem ou desativam bactérias e vírus.

O composto linalol, encontrado em altos níveis em óleos essenciais como os de lavanda, sálvia, louro e eucalipto, também torna os glóbulos brancos mais eficientes.

Influência sobre os hormônios O sistema endócrino secreta hormônios para regular os processos corporais. Óleos essenciais podem influenciar a ação deles e amenizar desequilíbrios. O de alecrim é relaxante e reduz os níveis de cortisol, o hormônio do estresse, enquanto o calmante óleo de rosa diminui as taxas de adrenalina. Acredita-se que vários óleos essenciais contribuam para regular os hormônios femininos durante os diferentes estágios da vida reprodutiva. O de lavandim ajuda a controlar mudanças de humor induzidas por hormônios, efeito regulador semelhante aos de sálvia esclareia, erva-doce, manjericão, sálvia, cipreste e gerânio.

O conceito de sinergia

Misturar óleos *pode intensificar os efeitos. Combinar um antiviral com um anti-inflamatório, por exemplo, oferece alívio mais eficaz contra tosses e resfriados. Isso, em geral, é chamado de sinergia, mas o conceito vai além da mistura.*

Muitas vezes, atribuem-se os benefícios terapêuticos dos óleos essenciais a um ou dois componentes primários. No entanto, cada vez mais evidências indicam que eles vêm da interação entre os elementos primários e secundários. Estudos mostram que o óleo essencial de tomilho tem efeito antibacteriano maior que o de seu componente primário isolado, o timol. Ainda há muito a compreender sobre essa sinergia, mas está claro que, apesar de a ciência tender ao uso de elementos isolados, os óleos como um todo apresentam benefícios que não podem ser replicados no laboratório.

Os componentes de um único óleo agem juntos com maior eficácia.

Óleos essenciais agem tanto na origem como no sintoma do problema.

Espírito

No **espírito**

Óleos essenciais são usados há milhares de anos em práticas rituais. De cerimônias tradicionais a atividades individuais como a meditação, eles contribuem para a plenitude espiritual.

Auxílio na busca espiritual Óleos essenciais complementam a oração. Historicamente, utilizam-se em cerimônias religiosas os de olíbano, mirra, canela, cedro e rosa . Uma fragrância bem escolhida pode acalmar a respiração, dar foco à mente e criar um senso de propósito.

Auxílio em práticas mentais Aromas que acalmam a mente ou ajudam a elevar o espírito, encontrados em óleos como os de lavanda, elemi e bergamota, podem ser usados para intensificar a concentração durante meditação, ioga e exercícios de respiração.

Energia e *chi* Em algumas práticas tradicionais, empregam-se óleos essenciais para limpar obstruções nos chacras, considerados centros de energia no corpo relacionados a glândulas e órgãos específicos. Acredita-se que os chacras são conectados por meridianos, descritos como canais por onde flui a energia vital, ou *chi*.

Obstruções em um deles podem debilitar a parte do corpo correspondente. A ilustração à direita mostra a posição dos sete chacras. Óleos essenciais específicos ajudam a equilibrá-los e tratá-los.

- **O chacra coronário**, no topo da cabeça, governa a glândula pineal e o "eu interior". Óleos como os de olíbano, rosa, jasmim, lavanda e elemi agem sobre essa área.
- **O chacra frontal**, no centro da testa, sobre os olhos, conecta-se à glândula pituitária (hipófise) e controla a memória e a mente. Entre os óleos usados para seu tratamento estão os de mirra, sândalo e jasmim.
- **O chacra laríngeo** abrange a região da garganta e da glândula tireoide e está associado à comunicação. Bons óleos são os de lavanda, camomila, sálvia esclareia, cajepute, hortelã-pimenta, gerânio e alecrim.
- **O chacra cardíaco**, no centro do peito, próximo ao coração, afeta o bem-estar. Óleos favoráveis incluem os de rosa, bergamota, melissa, camomila, néroli, sândalo e palmarosa.
- **O chacra do plexo solar**, no abdome superior, está ligado à autoestima. Ótimas opções são os óleos de gengibre, immortelle, manuka, coentro, lavanda, manjerona e laranja.
- **O chacra esplênico**, no abdome inferior, corresponde ao sistema reprodutivo e reage a óleos como os de sândalo, jasmim, rosa, ylang ylang, laranja e gerânio.
- **O chacra raiz**, na base da coluna vertebral, conecta-se a nossa habilidade de manter os pés no chão. Os óleos de mirra, cedro, patchuli, petitgrain, benjoim, cenoura e vetiver, por exemplo, auxiliam a cura.

Canela aprofunda a meditação.

Em algumas práticas, óleos são usados para limpar obstruções nos chacras, ou centros de energia, do corpo.

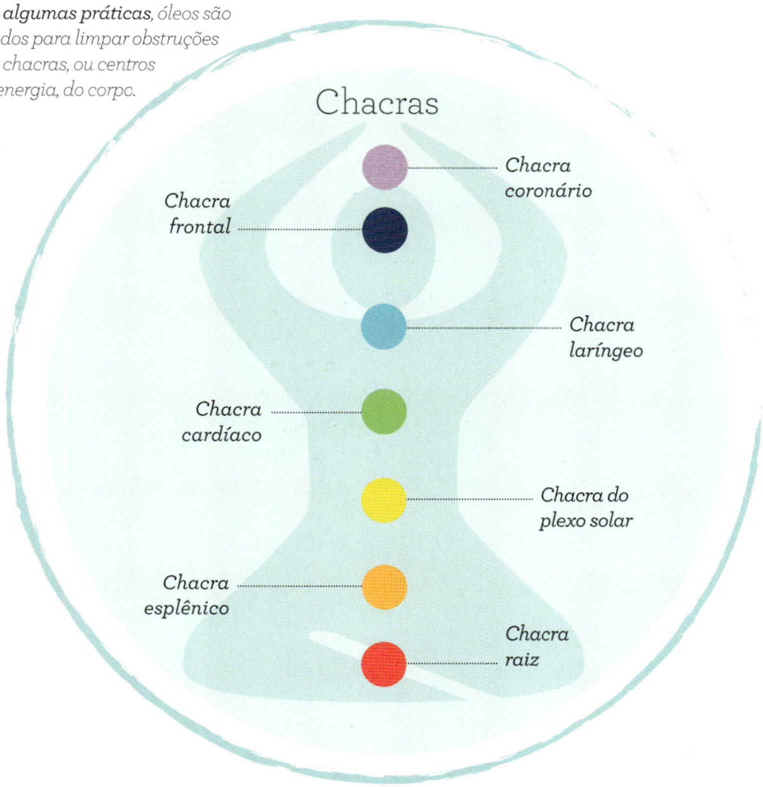

Como são extraídos

Os óleos essenciais de uma planta encontram-se em pequenas bolsas na superfície da folha, da flor ou da casca da fruta ou, então, no interior da semente, da raiz ou da casca da árvore. Ao dobrar um pedaço de casca de limão, percebe-se a secreção de uma **intensa fragrância** característica: isso indica que as bolsas **se romperam**, liberando o óleo. O mesmo acontece ao esfregar as folhas de uma erva entre os dedos. A produção de um óleo essencial envolve um entre vários métodos para romper tais estruturas e coletá-lo.

O óleo essencial ***de hortelã-pimenta*** *é extraído por destilação a vapor.*

A superfície da folha de hortelã-pimenta contém glândulas de óleo globulares (em cinza). Elas se rompem durante o processo de destilação para liberar o óleo essencial aromático.

Métodos de **extração**

A escolha de um ou outro depende do tipo de material vegetal de onde a substância será extraída. Algumas flores, por exemplo, são muito delicadas e seu óleo seria destruído pelo calor usado no mais comum, a extração a vapor. Essas plantas, portanto, exigem uma técnica especial de produção de óleo, conhecida como extração absoluta.

Há quatro métodos principais: **destilação a vapor**, o mais usado; **prensagem**, para obter óleo da casca de frutas; **extração absoluta**, para produzir óleo de flores muito delicadas; e **extração com CO_2**, um novo método em desenvolvimento.

O óleo essencial amarelo pálido *extraído da hortelã-pimenta tem consistência rala, aquosa.*

O tipo de material vegetal determina o método de extração para produzir o óleo essencial.

Destilação a vapor Esse é o método de extração de óleos essenciais mais comum, usado para ervas, raízes, resinas e cascas de árvore, e data de cerca de 5 mil anos, com a descoberta de alambiques de barro. Na atualidade, a maior parte dos equipamentos é feita de cobre ou aço inoxidável.

Primeiro, coloca-se o material vegetal em um recipiente grande. Depois, transfere-se vapor para o recipiente ou adiciona-se água quente, que vaporiza. Quando aquece, o material gradualmente amolece e a pressão aumenta na superfície da planta, rompendo as pequenas bolsas que contêm o óleo essencial. Volátil, ele ascende com o vapor. Este então se condensa, em geral com a água fria de um tubo em espiral, e é coletado em um frasco. Por fim, óleo e água se separam; ele decanta e se concentra na superfície da água, pronto para ser recolhido e envasado.

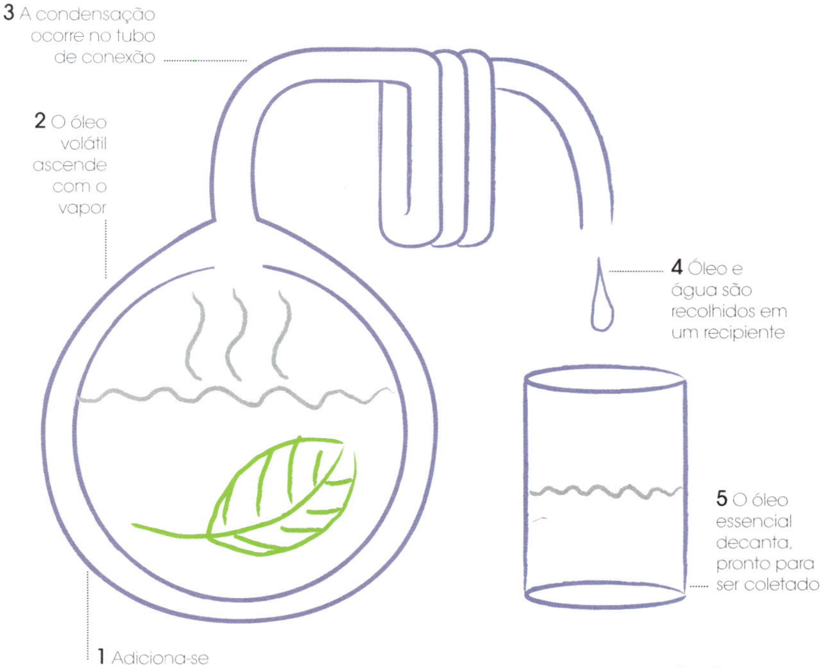

***A destilação a vapor** usa calor e condensação para extrair e coletar óleos essenciais.*

Prensagem A maneira mais simples de produzir um óleo essencial é pressionar o material vegetal e então coletar o óleo.

Esse método libera com facilidade os óleos essenciais da casca externa de frutas, como as cítricas. Grapefruit, laranja, limão-siciliano e limão-taiti, por exemplo, são prensadas mecanicamente para extrair o líquido, e então o suco aquoso é separado do óleo essencial.

***A casca externa** de frutas cítricas contém glândulas que, pressionadas, liberam o óleo.*

Extração absoluta O calor da destilação danifica a fragrância de flores muito delicadas, como jasmim e mimosa. Essas plantas, portanto, requerem um método de extração sem vapor nem água. O resultado é um óleo muito concentrado, chamado absoluto.

Em Grasse, a capital da perfumaria na França, tradicionalmente se extraíam óleos florais à mão, em um lento processo conhecido como *enfleurage*. Placas de vidro emolduradas eram cobertas por banha, e as flores, colocadas em cima. Após alguns dias, a banha absorvia o óleo aromático das flores, que então era extraído com álcool para produzir o absoluto.

Métodos modernos misturam flores com um solvente. Este é então removido, mantendo o óleo absoluto.

***O óleo da delicada** flor de jasmim é obtido por extração com solvente.*

Extração com CO_2 Um novo método de extração chamado extração com dióxido de carbono (CO_2) supercrítico usa gás em vez de calor. O processo consiste em colocar o CO_2 sob pressão para convertê-lo em líquido, que pode ser usado como solvente. Este se difunde pelo material vegetal e extrai os constituintes aromáticos.

Esse método costuma liberar outros componentes e, por isso, são necessárias mais pesquisas para que seja adotado em larga escala. No entanto, ele resulta em um aroma mais próximo ao das plantas que os outros métodos e, assim, deve se tornar mais difundido.

Como escolher

Nem sempre é fácil, sobretudo para principiantes, identificar se um óleo essencial é **puro**, **natural** e **sustentável**. Saber pelo que procurar pode facilitar uma boa compra. As diretrizes a seguir estabelecem os principais fatores a considerar, ajudando a avaliar a **qualidade** e a **procedência** e a selecionar os melhores produtos.

ATESTADO DE QUALIDADE

Uma empresa conceituada testa e analisa com rigor a qualidade dos óleos essenciais antes de comercializá-los para garantir que são puros e que não foram adulterados com outro produto.

*A **essência** de uma planta está presente no óleo essencial puro.*

Natural ou **sintético**

Um óleo essencial puro pode ter cem ou mais componentes químicos, alguns primários, outros secundários, todos trabalhando "em sinergia", ou seja, exercem maior efeito geral combinados do que individualmente (p. 16). Fragrâncias sintéticas ou compostos isolados, como o mentol, são baratos, mas, apesar do aroma agradável, não apresentam os benefícios terapêuticos únicos dos óleos essenciais. Para ter certeza de que um produto é puro, evite os que contêm outros ingredientes, como óleos vegetais fixos, óleos minerais, solventes e agentes espessantes, pois eles apenas aumentam o volume, adulterando as propriedades originais e prejudicando a qualidade.

Reconheça a **qualidade**

Pesquise os produtores e tente identificar os mais sérios, que provavelmente se esforçam mais para garantir a alta qualidade dos óleos.

Credibilidade da empresa
Alguns fabricantes desenvolvem uma terminologia própria para demonstrar a superioridade de seus produtos. Um óleo pode ser descrito como "terapêutico" ou "aromaterapêutico", por exemplo, mas esses termos são apenas comerciais e nada significam. Uma forma de verificação, apesar de não garantir a qualidade, é checar se ele é membro de uma associação respeitada. Outra opção é descobrir se organiza cursos sobre aromaterapia e/ou tem conexões com aromaterapeutas qualificados, o que costuma indicar boa reputação.

A importância do nome O óleo essencial autêntico costuma exibir no rótulo, além do nome comercial, o nome científico da planta e, muitas vezes, o quimiotipo (substância de registro na Anvisa, Agência Nacional de Vigilância Sanitária, no Brasil). No

Adquira sempre óleos essenciais puros, naturais, de qualidade e produzidos sustentavelmente.

caso do tomilho, por exemplo, a etiqueta pode apresentar o nome científico *Thymus vulgaris* e mencionar o quimiotipo linalol ou o quimiotipo timol para indicar que se trata de uma espécie vegetal específica. Também é comum citar o país de origem.

Atenção à **sustentabilidade**

Certos óleos, como os de sândalo e pau-rosa, hoje estão disponíveis em quantidades limitadas ou não podem mais ser produzidos, devido à preocupação com o meio ambiente. Portanto, antes de comprar, verifique a política de sustentabilidade da empresa.

Plantas ameaçadas Algumas espécies vegetais foram exploradas até quase a extinção. O nardo (*Nardostachys jatamansi*), por exemplo, está em situação crítica, e, portanto, o óleo deve ser evitado, a menos que o fornecedor garanta que a planta é cultivada. Pode-se verificar o status de uma espécie, pelo nome científico, em: <www.iucnredlist.org/search>.

O comércio justo Muitas vezes é garantia de sustentabilidade. Colher plantas para obter óleo pode ser uma importante fonte de renda para uma comunidade. Com um plano de conservação, elas têm maior probabilidade de ser protegidas como um recurso valioso. O óleo de olíbano do Quênia, por exemplo, tem o selo FairWild, padrão que protege a coleta de espécies selvagens e assegura o comércio justo. No Brasil, observe a presença de logotipos de organizações locais.

Preferência aos **orgânicos**

Óleos essenciais e óleos base orgânicos apresentam maior valor terapêutico por terem um nível de antioxidantes mais alto e menor probabilidade de conter resíduos tóxicos de pesticidas e fertilizantes químicos. Além disso, a produção orgânica beneficia os produtores, suas famílias e comunidades, é menos agressiva com o solo e, em geral, oferece uma perspectiva mais positiva para futuras colheitas, a vida selvagem e fontes de água. Procure o selo "Produto Orgânico Brasil" nos produtos nacionais.

O que há no rótulo?

Ler um rótulo com atenção *pode fornecer uma avaliação imediata de um óleo essencial. Um rótulo com as seguintes informações indica um produto de alta qualidade:*

O nome científico da planta *e a parte utilizada.*

O país *de origem.*

A data de destilação ou de envase *e/ou a validade.*

O número de registro *da Anvisa.*

Análise do **preço**

É preciso uma enorme quantidade de matéria vegetal para produzir uma pequena porção de óleo. O preço da substância está relacionado ao rendimento da planta, que pode variar muito, de menos de 0,1% a 25%. Por exemplo, cerca de 1 tonelada de flores de laranjeira colhidas à mão produz apenas 1 kg de néroli, o que explica o alto preço desse óleo primoroso. Em contraste, 1 tonelada de cravo-da-índia rende até 200 kg de óleo, o que o torna menos caro. Portanto, evite empresas que vendem produtos diferentes pelo mesmo valor ou barato demais.

A boa notícia é que os óleos essenciais são concentrados e apenas algumas gotas são usadas por vez. Compre pequenas porções, pois grandes quantidades podem estragar antes do uso.

Origens

Óleos essenciais são extraídos de espécies vegetais do mundo inteiro. O local de cultivo depende de fatores como **tolerância à geada** e **chuva** ou irrigação insuficientes. Muitas plantas das quais se obtêm óleo **vicejam** em áreas mediterrâneas e de climas subtropical e tropical.

Europa

***É uma grande fonte** de óleos essenciais. A diversidade do clima faz com que diferentes espécies possam ser cultivadas, das frutas cítricas no clima quente e ensolarado da Espanha e da Itália às plantas mais tolerantes à geada nos países do norte.*

Alemanha	*Camomila (azul)*
Bósnia	*Immortelle* *Louro*
Bulgária	*Salsa* *Rosa* *Valeriana*
Espanha	*Alecrim* *Cidrão* *Cistus* Eucalyptus globulus *Manjerona* *Sálvia*
França	*Alcaravia* *Angélica* *Cedro* *Cenoura* *Cipreste* *Estragão* *Feno-grego* *Lavanda* *Melissa* *Orégano* *Pinho* *Sálvia* *Sálvia esclareia* *Tomilho* *Tuberosa* *Verbasco* *Violeta* *Zimbro*
Hungria	*Camomila-romana* *Coentro* *Endro* *Erva-doce* *Milefólio* *Segurelha*
Itália	*Bergamota* *Immortelle* *Laranja* *Limão-siciliano*
Reino Unido	*Camomila-romana* *Hortelã-pimenta* *Lavanda* *Milefólio*
Suécia	*Bétula*

Américas

***O clima tropical úmido** da América do Sul proporciona boas condições para frutas cítricas, enquanto as baixas temperaturas do Canadá favorecem o crescimento de florestas de pinheiros.*

Brasil	Eucalyptus citriodora *Laranja* *Mandarina* *Pau-rosa*
Canadá	*Pinho*
Grandes Antilhas	*Grapefruit* *Hortelã-pimenta* *Pimenta-da-jamaica*
Paraguai	*Petitgrain*
Peru	*Cidrão*

África

***A variação de climas** favorece a existência de uma grande diversidade de plantas, do exótico ylang ylang, no sudeste subtropical, à murta e ao cedro, no norte.*

África do Sul	*Buchu* *Capim-limão* *Eucalyptus radiata*
Comores	*Ylang ylang*
Congo	*Gerânio*
Egito	*Jasmim* *Manjericão*
Etiópia	*Mirra*
Madagascar	*Baunilha* *Cravo-da-índia* *Niaouli* *Palmarosa* *Ravintsara* *Vetiver*
Marrocos	*Artemísia* *Cedro* *Mimosa* *Murta* *Néroli*
Quênia	*Tea tree*
Reunião	*Gerânio*
Somália	*Mirra* *Olíbano*
Uganda	*Palmarosa*
Zimbábue	Eucalyptus smithii *Tagetes*

Como as plantas são **cultivadas**

Tradicionalmente, a maioria dos óleos essenciais era colhida na natureza, o que ainda ocorre com espécies abundantes, como o zimbro. No entanto, a crescente popularidade da aromaterapia e a expansão do mercado em países como os Estados Unidos tornam difícil acompanhar a demanda. Para garantir um suprimento contínuo de óleos, muitas espécies são cultivadas para esse fim, com fornecedores criando as condições de solo e a irrigação necessárias para o desenvolvimento das plantas.

Ásia

***Os óleos essenciais da Ásia** vêm principalmente do sul, onde o clima tropical oferece condições ideais para o cultivo de especiarias como o cardamomo e a noz-moscada.*

China	*Cânfora*
Filipinas	*Elemi*
Índia	*Cardamomo* *Cominho* *Patchuli* *Sândalo*
Indonésia	*Benjoim* *Citronela* *Galanga* *Noz-moscada*
Irã	*Rosa*
Nepal	*Wintergreen*
Omã	*Olíbano*
Sri Lanka	*Canela* *Cardamomo* *Citronela* *Gengibre* *Limão-taiti* *Pimenta-do-reino*
Tailândia	*Plai*
Turquia	*Rosa*
Vietnã	*Anis-estrelado* *Cajepute* Litsea cubeba

Oceania

***Boa parte da Oceania** é semiárida, adequada a plantas resistentes à seca, como o tea tree.*

Austrália	Eucalyptus globulus *Fragônia* *Tea tree*
Nova Zelândia	*Manuka*

Como usar

Terapêuticos e estimulantes, óleos essenciais aromáticos são uma delícia de usar e podem ser incorporados à rotina de saúde e beleza. Descubra todas as formas de desfrutar deles, como preservá-los e como manipular essas substâncias concentradas com cuidado.

Como atuam no corpo

Os óleos essenciais agem mais rápido pela **inalação** de seu aroma, alcançando o cérebro. Também podem ser absorvidos pela pele durante uma **massagem**, no **banho** ou em um creme. Essas opções permitem a entrada da substância na corrente sanguínea, onde as propriedades terapêuticas têm efeito.

SINTA OS BENEFÍCIOS

Assim que entram no corpo, os óleos essenciais proporcionam benefícios psicológicos e fisiológicos ao atuar no sistema nervoso e na corrente sanguínea.

Inalação

Acredita-se que os seres humanos distinguem mais de 10 mil aromas. O olfato é o sentido que apresenta a conexão mais direta com a mente e exerce maior efeito sobre as emoções. Isso está tão conectado à sensação de bem-estar que quem perde o olfato fica mais propenso a ter depressão e ansiedade. A aromaterapia baseia-se em como os aromas interagem com o cérebro e o metabolismo corporal.

O processamento de aromas envolve áreas complexas do cérebro. Quando se inala uma essência, absorvem-se moléculas aromáticas que se ligam a células receptoras na cavidade nasal. Ali, enviam mensagens ao bulbo olfatório, no encéfalo frontal, que são interpretadas como cheiro. Elas também são inaladas nos pulmões, por onde penetram no sangue.

Efeitos no corpo Estudos mostram que a inalação de uma essência atua de imediato na atividade cerebral. Aromas rompem a barreira hematoencefálica (a membrana protetora do cérebro), acessando áreas relacionadas ao pensamento consciente e atingindo o sistema límbico (o quadro emocional do cérebro, onde residem a memória e as emoções e são controlados alguns tipos de impulsos, além de estar conectado a hormônios).

Como o corpo **inala um aroma**

Quando se inala o aroma de um óleo essencial, ele é processado com rapidez pelo cérebro, de modo que o corpo logo recebe seus benefícios terapêuticos.

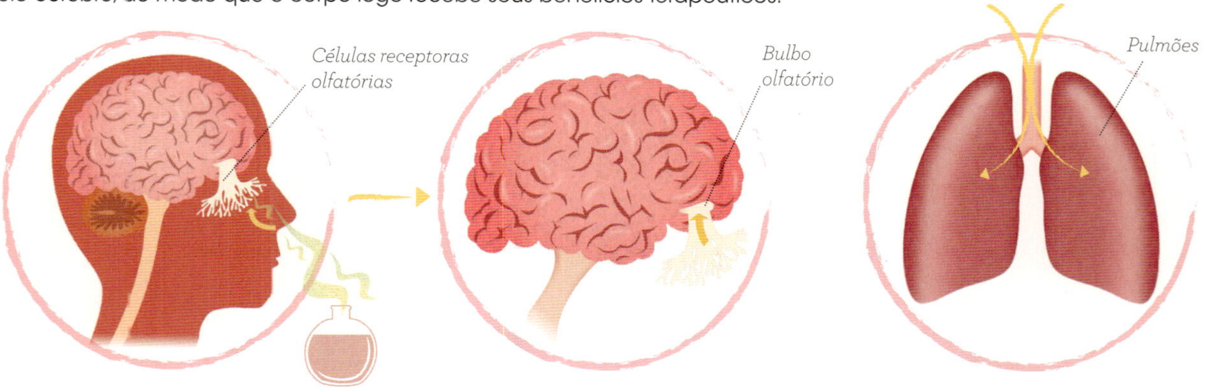

1 Moléculas aromáticas percorrem a cavidade nasal, onde se ligam a células receptoras olfatórias no nariz. Estas enviam impulsos ao bulbo olfatório, na base do encéfalo frontal.

2 O encéfalo frontal interpreta os impulsos elétricos como cheiro e logo processa e responde ao aroma e às propriedades únicas do óleo essencial.

3 Moléculas também são inaladas da cavidade nasal para os pulmões, dos quais passam para a corrente sanguínea, contribuindo para o efeito terapêutico do óleo essencial.

Óleos essenciais transmitem seus efeitos terapêuticos ao corpo ao serem inalados ou absorvidos pela pele.

Absorção pela pele

Óleos essenciais diluídos podem entrar na corrente sanguínea pela pele. Muitos fatores influenciam a absorção, entre eles o tipo de pele, as temperaturas ambiente e corporal e a facilidade de absorção do óleo base.

Toque terapêutico Os efeitos terapêuticos do óleo essencial são potencializados na massagem, pois essa induz ao relaxamento profundo. Quando uma pessoa está estressada, o organismo é inundado de hormônios que a mantêm atenta. Nesse estado, processos, como a imunidade, a regeneração celular e a assimilação de nutrientes, são interrompidos. O efeito relaxante ajuda os sistemas corporais a voltar a funcionar com eficácia.

Estudos mostram que, nas massagens, os óleos essenciais, em geral, trazem benefícios maiores que as substâncias neutras. O escalda-pés com lavanda, por exemplo, é mais relaxante e curativo que apenas a água quente. Da mesma forma, massagens com óleos essenciais selecionados por propriedades terapêuticas específicas são mais eficazes para tratar problemas, como desconforto pós-cirúrgico, mal-estar provocado pelo câncer e dor nas costas, que aquelas com óleo vegetal simples.

Como o corpo **absorve os óleos**

Eles podem ser absorvidos pela corrente sanguínea quando aplicados na pele. Durante a massagem, também se obtém benefícios ao inalar os aromas.

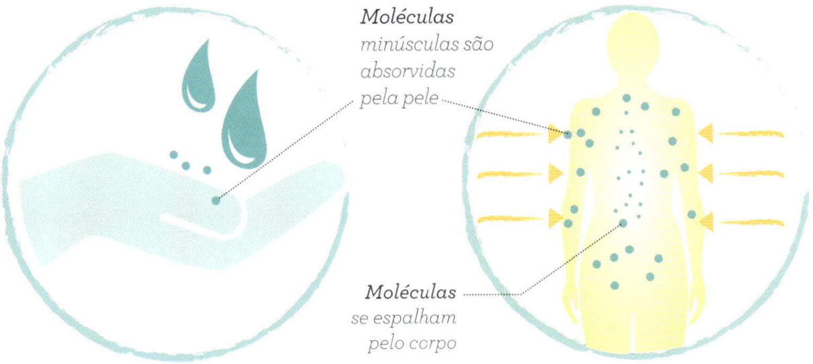

1 Moléculas de óleo essencial muito pequenas são absorvidas pelos poros, entrando na corrente sanguínea e surtindo efeito.

2 Assim que chegam à corrente sanguínea, elas se espalham pelo sistema circulatório. Os efeitos terapêuticos promovem uma melhora.

Diluição de óleos essenciais

Essências concentradas *Por serem concentrados, então, como regra geral, os óleos sempre têm de ser diluídos em um óleo base, loção, pomada, bálsamo ou óleo de banho. Em enxaguatórios bucais ou gargarejos, não devem ser ingeridos.*

A maioria das preparações de óleos essenciais para a pele, mesmo diluídas, não pode entrar em contato com áreas delicadas, como olhos e mucosas. No caso de alergias ou de pele sensível, é recomendável fazer um teste de contato com a substância escolhida antes do uso. Os únicos óleos essenciais que podem ser usados puros são os de lavanda e tea tree. Mesmo assim, não devem ser usados sem diluir em bebês ou crianças. Veja as orientações de uso seguro nas pp. 36-7.

Perfumaria *Alguns óleos essenciais, como os de ylang ylang, jasmim, camomila e o absoluto de rosa podem ser os únicos a compor uma fragrância, diluídos em uma base alcólica (3% a 15%). Siga as orientações das pp. 38-145.*

Dilua óleos *essenciais em um óleo base, a não ser que haja instruções em contrário.*

Formas de aplicação

Há muitas formas de usufruir dos benefícios dessas substâncias. Relaxar em um banho **aromaterapêutico** ou desfrutar de uma **massagem** são duas das mais apreciadas. Também é possível borrifá-los no ar, aplicar um pouco de óleo em um **ponto de pulsação** ou pingar algumas gotas em um lenço e **inalar** profundamente.

A TERAPIA DO TOQUE

A massagem é uma das maneiras mais relaxantes de aproveitar os efeitos terapêuticos dos óleos essenciais.

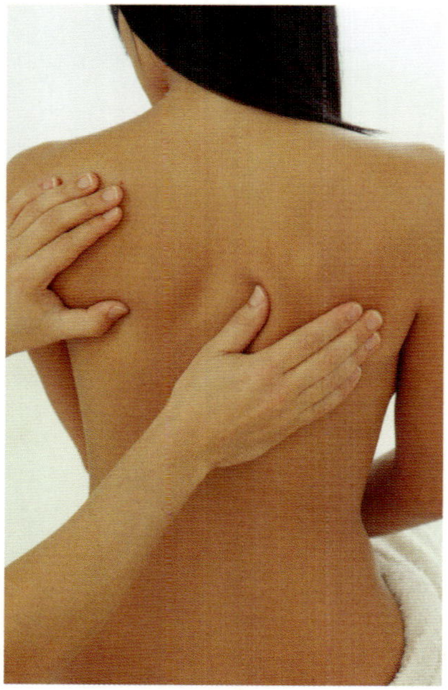

Uma massagem aromaterapêutica alivia a tensão e permite aproveitar os benefícios da combinação dos óleos escolhidos.

Massagem

Feita com óleo essencial, tem o benefício adicional do toque relaxante. Quando executada por um aromaterapeuta treinado, é um deleite, mas também é possível desfrutar de uma feita pelo parceiro ou praticar a automassagem.

Como os óleos essenciais são concentrados, precisam ser diluídos em um óleo base (pp. 148-61). Para pele normal, tente um leve, como os de amêndoa, semente de uva, damasco, coco, girassol e canola. Para pele seca, use um nutritivo, a exemplo dos de abacate, oliva, gérmen de trigo, argan e jojoba. Óleos base medicinais, entre eles os de neem, calêndula e erva-de-são-joão, têm propriedades terapêuticas.

Misture óleos essenciais com o óleo base mais adequado a suas necessidades.

Misturas para massagem
Para o corpo, use uma diluição de menos de 0,5% (para pele sensível ou danificada) a 2,5% (para pele normal); no rosto, menos de 0,5% (veja a tabela na p. 37). Para ter o suficiente para uma massagem de corpo inteiro, despeje 2 colheres (sopa) de óleo base em um pires e acrescente 4-24 gotas do óleo essencial ou combinação de óleos de sua preferência.

Pontos de pulsação são áreas nas quais os vasos sanguíneos estão próximos da superfície. Aplicar óleo essencial neles acelera a absorção.

Quando **usar**

A massagem é ideal para tratar dores em regiões como músculos e articulações doloridos e para problemas digestivos, retenção de líquidos e alívio de cólicas menstruais.

Uma massagem terapêutica com óleos essenciais favorece um estado de calma e relaxamento profundos, e a sensação de estar sendo cuidado.

Para aliviar dores de cabeça, massagear com um pouco de óleo têmporas e pontos de pulsação do pulso e do pescoço ajuda a espairecer.

Inalação

É a base da aromaterapia. Inalar óleos essenciais é um modo fácil e rápido de desfrutar de seus benefícios. O aroma penetra no organismo independentemente do método de aplicação.

Inalação com lenço A maneira mais simples de inalar um óleo essencial é pingar 2-3 gotas em um lenço e então aspirar. O lenço pode ser guardado em um saco plástico e usado em qualquer lugar e hora. Algumas gotas de um óleo essencial calmante na fronha (ou em um pedaço de tecido de algodão, para evitar manchas) ajuda a relaxar e induzir um sono relaxante.

Inalação a vapor Faça uma inalação terapêutica adicionando 4-8 gotas do óleo ou mistura a uma bacia de água fervente. Incline-se sobre ela com cuidado, cubra a cabeça com uma toalha e aproxime-se. Com os olhos fechados, respire por 10 minutos, ou até o vapor acabar. Se preferir, compre um aparelho de vaporização de ambiente.

Tenha cuidado com quem sofre de epilepsia ou asma e com crianças pequenas, que não devem inclinar-se sobre a bacia de água quente nem cobrir a cabeça com uma toalha. Basta colocar o recipiente perto da pessoa para ela absorver o vapor.

Quando **usar**

Problemas respiratórios, como rinite, resfriado, congestão nasal ou tosse, se aliviam muito com inalações. Inalar vapor também refresca e purifica a pele.

Experimente uma inalação como tratamento rápido para acalmar e revigorar a mente ou estimular o ânimo.

Uma inalação a vapor com óleos essenciais pode melhorar a congestão nasal e acalmar a mente.

Banhos

Seja em uma deliciosa imersão na banheira, em um banho rápido para mãos ou escalda-pés ou em um banho de assento, acrescentar óleos essenciais à água é uma forma muito prazerosa de usá-los. O calor da água acalma os músculos, e, ao mesmo tempo, abre os poros para que os óleos penetrem e sejam absorvidos com mais rapidez.

Adição de óleos à banheira Apesar de os óleos essenciais diluírem na água, é preciso combiná-los antes com um óleo base. Isso faz com que se dispersem, além de hidratar a pele. Para uma banheira média, misture 4-6 gotas do óleo essencial de sua preferência com 1 colher (sopa) de um óleo base leve, como o de girassol, que, por conter ceras com ação emulsificante, facilita a dissipação uniforme. Também pode-se usar óleos base neutros ou misturar o óleo essencial escolhido com 1 colher (sopa) de leite integral, cujas gorduras agem de maneira semelhante. Tente relaxar por no mínimo 15 minutos. Para obter todos os benefícios dos óleos, acrescente-os assim que for entrar no banho, pois evaporam muito rápido no calor.

A calmante camomila é perfeita para banhos.

Banhos para mãos e escalda-pés São um ótimo jeito de cuidar de áreas menores do corpo em pouco tempo. Um escalda-pés pode tratar pé de atleta ou relaxar pés cansados e doloridos. Para tornozelos inchados, experimente mergulhá-los em água fria após o banho quente para melhorar a circulação. Use também banhos quentes e frios para dor e inchaço nas mãos. Em uma bacia de água quente (grande o suficiente para acomodar a parte do corpo a ser tratada), adicione a diluição de 4-6 gotas do óleo essencial de sua preferência em óleo base ou leite, como em um banho normal. Deixe por 10 minutos.

O banho de assento trata problemas como candidíase, hemorroidas e infecções urinárias ou ajuda a cuidar de suturas após o parto. Óleo de tea tree é indicado para candidíase. Encha a banheira até a metade com água morna, use o método de diluição do banho normal e fique por 10 minutos.

Quando **usar**

Banhos aromaterapêuticos são relaxantes e revitalizantes. Reserve bastante tempo para a imersão.

Um banho de assento pode trazer alívio imediato a problemas como candidíase e hemorroidas, e um banho para mãos ou pés é ótimo para reduzir dor, inchaço e cansaço ou para tratar pé de atleta.

Acrescente à água do banho seu blend de óleos essenciais favorito, recoste-se e relaxe.

A adição de óleos relaxantes à água morna acalma corpo e mente.

Compressas

Uma compressa com óleos essenciais terapêuticos é uma maneira simples e eficaz de tratar problemas localizados, como hematomas, queimaduras, escaldaduras, varizes e dor de cabeça.

Quente ou fria? Usar água quente ou fria às vezes é questão de preferência. No entanto, alguns incômodos respondem melhor ao frio, e outros, ao calor.

A compressa quente é ideal para infecções de pele, como abscessos e furúnculos, e problemas musculares e nas articulações, entre eles distensões, dor nas costas, reumatismo e artrite. Uma compressa quente com óleo essencial de gengibre, cipreste, zimbro, pinho ou lavanda, por exemplo, aquece e alivia músculos e articulações doloridos.

A compressa de água fria é ótima para torções e lesões esportivas, sobretudo se a área já está quente e inflamada, e para dor de cabeça. O uso de óleos essenciais como os de lavanda, néroli, hortelã-pimenta e eucalipto intensifica o processo de resfriamento.

Como fazer uma compressa Acrescente 3-4 gotas de óleo essencial a uma tigela rasa de água quente ou fria e misture. Molhe uma toalha, torça bem e aplique na parte do corpo afetada. No caso de compressa quente, se desejar, assim que ela estiver posicionada, cubra-a com outra ou com um pedaço de filme plástico para isolá-la. Deixe até chegar à temperatura do corpo e repita o processo três vezes.

Se usar óleos essenciais que podem irritar a pele, é importante diluí-los em 1 colher (sopa) de óleo base, como de amêndoa ou girassol, antes de acrescentá-los à água.

*O **néroli** tem propriedades calmantes muito eficazes em compressas.*

Quando **usar**

Experimente uma compressa quente para aliviar músculos doloridos e cansados após atividade física extenuante.

Uma compressa fria é especialmente eficaz para amenizar dor nos olhos provocada por longos períodos diante da tela do computador.

Chuveiro e sauna

Óleos essenciais são ótimos para o banho de chuveiro e a sauna. Experimente diversas combinações e aromas para atender a diferentes necessidades. Se desejar uma ducha energética para iniciar o dia animado, escolha óleos estimulantes e revigorantes, como os de manjericão e alecrim. Para ajudar a estimular o ânimo e a sensação de otimismo, tente opções inspiradoras, como bergamota, limão-siciliano e rosa.

Óleos no chuveiro Para uma ducha aromaterapêutica, pingue 5-8 gotas de óleo essencial ou blend em uma toalha de mão pequena umedecida com água morna e coloque-a no boxe, mas não a utilize para se lavar. Se possível, pendure-a na altura do rosto para desfrutar do aroma ao máximo. O banho deve estar quente o bastante para produzir vapor. Outra opção é acrescentar as gotas de óleo essencial a 2 colheres (sopa) de gel para banho sem perfume.

Óleos na sauna Adicione 20-40 gotas de um óleo essencial ou uma combinação deles no jarro de água usado para molhar o carvão. Os óleos de cipreste, eucalipto e pinho são perfeitos.

Quando **usar**

Acrescentar óleos essenciais à sauna ou à ducha quente é um ótimo jeito de desobstruir as vias respiratórias, aliviar a dor de cabeça comum e amenizar os sintomas de rinite e alergias.

Utilizar óleos na ducha ou na sauna também revigora a mente e ajuda a atingir um estado de calma e relaxamento.

O aroma amadeirado do eucalipto combina com a sauna.

ÓLEOS TERAPÊUTICOS

Compressas com óleos essenciais de propriedades terapêuticas são eficazes no tratamento de problemas localizados, como dores musculares e infecções de pele.

Difusão

Essa maneira de usar óleos essenciais dispersa moléculas da substância no ar em um vapor ou névoa fina. A mais tradicional é feita com difusores à vela. Existem diversos tipos: ultrassônicos, vaporizadores com um pequeno ventilador ou com água quente, de porcelana/elétrico e varetas de madeira. Também pode-se usar um frasco spray.

Difusor à vela, difusor elétrico Ao usar um difusor à vela, despeje um pouco de água morna na área de aquecimento antes de adicionar as gotas de óleo, para impedir que elas queimem rápido demais. No caso de difusores ou vaporizadores eletrônicos, siga as instruções do fabricante.

Spray de ambiente Esse tipo de difusor libera uma quantidade mais concentrada de óleo no ar muito rápido. Para fazer, misture 20-30 gotas de óleo essencial com 2 colheres (sopa) de água mineral e 2 colheres (sopa) de álcool de cereais e transfira para um frasco com borrifador esterilizado.

A maioria dos óleos essenciais pode ser utilizada para aromatizar espaços, mas os cítricos são, em particular, refrescantes. Os de cedro, eucalipto, lavanda e tea tree, entre outros com propriedades antissépticas, são ideais para eliminar as impurezas dos ambientes, e os de limão, capim-limão e citronela, aplicados com spray, podem repelir insetos.

Quando **usar**

Difusores podem tanto aromatizar ou eliminar as impurezas dos espaços como compor uma ambientação especial.

Sentar perto de um difusor ou vaporizador é uma forma eficaz de inalar os vapores dos óleos e se beneficiar das propriedades terapêuticas.

Mude o astral de um cômodo com um spray de ambiente, para acalmar, revigorar ou mesmo deixar mais aconchegante.

Sprays são úteis para aromatizar quartos de pessoas enfermas e para repelir insetos.

Óleo de cedro pode ser usado em um difusor para purificar o ar.

Essências personalizadas

Embora alguns óleos essenciais, como ylang ylang, jasmim, camomila, tea tree, lavanda e o absoluto de rosa, possam ser usados como fragrância, a maioria precisa ser diluída – os perfumes são, em geral, misturas de óleos aromáticos em uma base alcoólica. Combine vários para criar uma essência com diferentes "notas". Quando se inala um perfume, em geral, as primeiras notas sentidas são as de topo, seguidas pelas de coração e depois pelas de fundo (p. 164).

Como criar uma essência Não tenha medo de testar combinações para descobrir suas preferências (p. 164). O correto é não usar mais de sete óleos e experimentar a mistura por um dia ou mais para deixá-la assentar e ter uma noção de seu verdadeiro aroma. Para fazer uma essência pessoal, veja a p. 184.

Quando **usar**

Adicionar óleos essenciais a uma solução alcoólica é uma ótima forma de criar uma fragrância. Personalize perfumes para o dia e para a noite de acordo com seu estilo e preferências.

Enxaguatórios bucais e soluções para gargarejo

Embora óleos essenciais não devam ser engolidos, diluí-los em água ou em uma base de suco de aloe vera resulta em um enxaguatório bucal eficaz para manter a saúde e a higiene orais.

As versões caseiras são baratas e podem ser adaptadas conforme as necessidades, além de evitar os ingredientes sintéticos usados nos produtos comerciais.

Como fazer um enxaguatório bucal Para fazer esse produto bucal ou uma solução para gargarejo, dilua 4-5 gotas de um óleo essencial com propriedades antissépticas (os de cravo-da-índia, erva-doce, gengibre, limão-siciliano, hortelã, alecrim e sálvia são boas opções) em 1 colher (sopa) de óleo base e misture em um copo de água morna. Ao utilizar, não engula.

Quando **usar**

Enxaguatórios bucais e soluções para gargarejo são ideais para combater aftas, problemas na gengiva, infecções na garganta e mau hálito.

A hortelã-pimenta tem um aroma fresco e mentolado.

Aplique um pouco de creme na pele irritada ou com coceira.

***Bálsamos nutritivos** podem ser usados para aliviar pele irritada e para hidratar pele seca.*

Pomadas, bálsamos e cremes

Óleos essenciais em pomadas, bálsamos e cremes contribuem para curar e nutrir a pele. Pomadas costumam ter base oleosa; bálsamos e cremes contêm ingredientes que lhes dão textura cremosa. Aplique-os em áreas específicas para ajudar a combater o ressecamento.

Quando **usar**

Utilize para problemas dermatológicos, como eczema, psoríase, hematomas e varizes, e para ajudar na recuperação de feridas.

Óleos essenciais em cremes podem fazer parte da rotina diária de cuidados com a pele.

Use pomadas com tea tree e manuka como primeiros socorros.

Cuidados com o cabelo

Combinar óleos essenciais com infusões de ervas ou com bases nutritivas como óleo de coco são ótimas formas de implementar uma rotina natural de cuidados com o cabelo. Veja nas pp. 202-3 receitas de produtos capilares com óleos essenciais que ajudam a restaurar o brilho e o viço do cabelo, evitando os ingredientes sintéticos das versões comerciais.

Quando **usar**

Faça tratamentos capilares com óleos essenciais nutritivos para revitalizar o cabelo seco e sem vida.

Armazenamento

Óleos essenciais são misturas complexas de substâncias lábeis e **voláteis**, ou seja, evaporam e se deterioram mais rápido quando expostas a luz, ar e calor. A luz do sol é, em particular, prejudicial, pois pode provocar reações químicas e degradá-los. Para obter todos os benefícios **terapêuticos**, armazene-os de maneira adequada para que permaneçam o mais **frescos** possível.

Cuidados com óleos essenciais

As instruções a seguir ajudarão a estender a vida útil dos óleos essenciais para que os benefícios sejam aproveitados ao máximo.

• **Evite frascos de plástico.** Não se recomenda esse material porque ele não é completamente inerte – com o tempo, os óleos interagem com o plástico e podem ser contaminados por substâncias tóxicas que ele libera.

Frascos pequenos e escuros protegem os óleos dos efeitos prejudiciais da luz e do ar.

• **Use frascos de vidro** (ou aço inoxidável) esterilizados com tampa hermética. Os de vidro escuro são preferíveis, para impedir que os raios ultravioleta da luz manchem o óleo ao reagir com seus compostos químicos. Vidros âmbar, azul-escuro ou violeta-escuro oferecem a melhor proteção, mantendo os óleos o mais frescos possível.

• **Guarde os frascos em um armário** protegido de luz direta e do calor. Alguns óleos, como os cítricos, devem ser armazenados na geladeira (p. 35).

• **Anote no frasco a data** em que o óleo foi aberto. Para misturas, crie rótulos com os nomes dos óleos usados e a data da preparação.

• **Frascos de óleo essencial** devem ter dosador, o que dificulta o derramamento do líquido (p. 36) e facilita a dosagem, além de ser uma boa medida de segurança caso uma criança pegue o frasco.

• **Mantenha os frascos fora do alcance de crianças**. Embora os óleos diluídos de modo adequado sejam seguros, eles apresentam uma composição complexa e podem irritar a pele ou os olhos e causar intoxicação se ingeridos (veja o que fazer nesse caso na p. 36).

• **Óleos essenciais, assim como o álcool**, são inflamáveis, portanto, nunca devem ser deixados perto de fogões, lareiras, velas ou chamas desprotegidas.

Descarte seguro de óleos essenciais

Se você tiver óleos essenciais velhos ou de que não precisa mais, entre em contato com um posto de coleta seletiva para saber como descartá-los e siga as recomendações.

Caso não haja instruções específicas, descarte em um centro de reciclagem de resíduos da mesma forma que faria com tintas e solventes não utilizados.

Siga as instruções de armazenamento para manter os óleos frescos por mais tempo e desfrutar de todos os benefícios.

Validade dos **óleos essenciais**

O quadro abaixo é um guia útil de quanto tempo se pode guardar óleos essenciais, antes que percam suas qualidades. As orientações valem para produtos relativamente frescos quando adquiridos (verifique o número do lote ou a data de validade), abertos e, portanto, expostos ao ar pouco depois da compra e armazenados em condições ideais (ver p. anterior). Como poucas gotas são usadas por vez, os óleos em geral vêm em frascos pequenos e podem ser substituídos se necessário.

Caso esteja em dúvida a respeito do frescor de um óleo, não o use na pele (alguns não causam irritação quando frescos, mas quando oxidados, sim) nem com finalidade terapêutica. Em vez disso, utilize-o em um difusor ou adicione-o a um produto de limpeza.

9-12 meses

***Óleos cítricos**, como o de grapefruit, são os que duram menos, pois contêm muitos terpenos, componentes bastante voláteis, propensos à oxidação. Armazene na geladeira.*

12-18 meses

***Os óleos essenciais do gênero** Melaleuca (tea tree, niaouli), de pinho e de cipreste têm validade curta devido aos elementos voláteis de sua composição química.*

2-3 anos

***A maioria dos óleos** essenciais destilados a vapor se mantém por 2-3 anos. Alguns destilados de resina, como sândalo e mirra, podem durar mais que isso.*

3-5 anos

***Os absolutos**, como o de rosa e o de jasmim, apresentam a maior longevidade de todos os óleos e podem permanecer inalterados por até 5 anos.*

Validade dos **óleos base**

Em geral, os óleos base duram menos que os essenciais, pois ficam rançosos quando velhos. Seu olfato perceberá se algo estiver errado, e, nesse caso, o produto é inadequado para uso na pele.

Armazene óleos base em frascos de vidro escuro, longe da luz e do calor.

10-12 meses

***Óleos de borragem, semente de uva e prímula** tendem a oxidar em 10-12 meses.*

12-18 meses

***A maioria dos óleos base** tem validade de 12-18 meses assim que abertos.*

2-3 anos

***Óleos de coco e de jojoba** duram mais e costumam se manter por 2-3 anos.*

Uso seguro

Os óleos essenciais são **muito concentrados**. Por isso, têm de ser utilizados com bom senso e **diluídos** de maneira adequada. Saiba o que fazer em caso de emprego indevido e quais usar em crianças, na gravidez, durante a amamentação e no caso de algumas doenças.

CUIDADOS COM OS ÓLEOS

Óleos essenciais são seguros se utilizados com bom senso. Antes de usá-los, siga as orientações de segurança e as recomendações para diluição.

Derramamentos e **acidentes**

Muitos óleos essenciais irritam a pele se aplicados puros, sem diluição em um óleo base ou outra loção. Quando derramados, podem estragar o verniz de móveis e manchar tecidos, como tapetes e roupa de cama. Confira algumas dicas para lidar com acidentes e limpar difusores e vaporizadores:

Ingestão acidental Beba leite para diluir o óleo e consulte um médico em seguida (veja, no quadro abaixo, informações gerais a respeito da ingestão de óleos essenciais).

Pele Espalhe rapidamente um óleo vegetal (de girassol, azeite ou qualquer outro de cozinha ou óleo base) para diluir o essencial. Em seguida, lave a área com água e sabão. Se não tiver nenhum óleo vegetal à disposição, use bastante água fria.

Ingestão de óleos essenciais

***Nunca ingira** um óleo essencial sem a orientação de um médico qualificado. Algumas substâncias atóxicas para a pele são bastante perigosas se ingeridas, podendo causar irritação na garganta ou no estômago e até danos ao fígado ou ao sistema nervoso.*

Olhos Enxágue os olhos com leite ou lave-os com bastante água fria e consulte um médico com urgência.

Móveis Com luvas, seque imediatamente o óleo com papel-toalha e lave a área com água e sabão. Se a superfície ficar danificada, será preciso restaurá-la. Para evitar acidentes, coloque os frascos sobre pires ou tigelas, não direto sobre os móveis.

Tecidos Aplique um removedor de manchas de óleo e lave com detergente.

Limpeza de difusor ou vaporizador Esfregue com um pano embebido em aguarrás ou vinagre branco e, depois, use outro com água e sabão para eliminar o cheiro. Enxágue o pano e limpe mais uma vez para remover qualquer resíduo.

Problemas **de saúde**

Em geral, o uso de óleos essenciais é seguro para a saúde, mas em certos casos deve-se ter cautela. Alguns acreditam que os óleos têm de ser evitados por **hipertensos**, porém, nenhuma evidência confirma isso. É importante manter-se atento.

- **Asma:** evite o vapor direto na inalação (prefira um difusor) e use óleos essenciais muito bem diluídos.
- **Epilepsia:** não utilize óleos de hissopo e absinto.
- **Para crianças com atopia** (tendência hereditária a reações alérgicas ou histórico familiar de alergias) ou pessoas com pele hipersensível: use menos de 0,5% de óleos essenciais em uma mistura e faça um teste de contato (p. 37).
- **Para as demais contraindicações:** consulte as orientações de uso seguro nas pp. 38-145.

Termos de segurança

__A seção__ "Óleos essenciais" fornece orientações de segurança para cada óleo. Todas elas se baseiam na substância diluída de maneira apropriada em um óleo base para aplicação na pele (veja a tabela na p. seguinte). Tenha em mente que, embora muitos óleos sejam atóxicos e não irritantes para a maioria das pessoas, reações alérgicas e individuais podem ocorrer. Nesse caso, interrompa o uso de imediato. Confira os termos usados na seção "Óleos essenciais":

***Atóxico** O óleo não representa ameaça se usado corretamente, e uma reação adversa é improvável.*

***Não irritante** É improvável que cause irritação ou reação adversa.*

***Sensibilizante** O uso contínuo pode provocar irritação ou reação adversa em algumas pessoas.*

***Fotossensibilizante** Pode deixar a pele mais suscetível a danos em caso de exposição a raios ultravioleta.*

Gravidez e **amamentação**

Há alguns óleos essenciais que não podem ser usados durante a gravidez e a amamentação, por serem estimulantes demais nas primeiras semanas de gestação, como o de sálvia, ou por apresentarem certo nível de toxicidade, como o de manjericão. Na gravidez, a pele pode ficar hipersensível, portanto, é preciso evitar óleos como o de canela. Consulte as orientações nas pp. 38-145.

Óleos essenciais na gravidez

***Os óleos essenciais** a seguir são seguros durante a gravidez e a amamentação. Observe o nome científico no rótulo, pois variedades diferentes de uma planta talvez sejam impróprias na gestação. Verifique também as orientações de segurança na seção "Óleos essenciais" (pp. 38-145).*

- *Anthemis nobilis* - Camomila-romana
- *Boswellia carterii, B. sacra* - Olíbano
- *Cananga odorata* - Ylang ylang
- *Cedrus atlantica* - Cedro
- *Citrus aurantifolia* - Limão-taiti
- *Citrus aurantium* - Néroli (flores)
- *Citrus aurantium amara* - Petitgrain (folhas)
- *Citrus aurantium bergamia* - Bergamota (sem bergapteno)
- *Citrus limonum* - Limão-siciliano
- *Citrus paradisi* - Grapefruit
- *Citrus reticulata* - Mandarina
- *Citrus sinensis* - Laranja-doce
- *Coriandrum sativum* - Coentro
- *Cupressus sempervirens* - Cipreste
- *Cymbopogon martinii* - Palmarosa
- *Elettaria cardamomum* - Cardamomo
- *Eucalyptus globulus, E. radiata* - Eucalipto
- *Helichrysum italicum* - Immortelle
- *Lavandula angustifolia* - Lavanda
- *Matricaria recutita* - Camomila (azul)
- *Melaleuca quinquenervia* - Niaouli
- *Origanum majorana* - Manjerona
- *Pelargonium graveolens* - Gerânio
- *Piper nigrum* - Pimenta-do-reino
- *Pogostemon cablin* - Patchuli
- *Rosa centifolia* - Absoluto de rosa
- *Thymus vulgaris ct linalool* - Tomilho QT linalol
- *Vetiveria zizanoides* - Vetiver
- *Zingiber officinale* - Gengibre

O refrescante tomilho é relaxante na gravidez.

Bebês e **crianças**

Tenha cuidado ao usar óleos neles, pois a pele delas é sensível e muito permeável, e bebês podem ter dificuldades com os efeitos adversos. Difusores são uma opção melhor.

Para bebês e crianças

Bebês prematuros e de até 3 meses *Óleos essenciais não são recomendados na pele. Utilize óleos base simples, como os de oliva e semente de uva.*

3-6 meses *Use apenas lavanda ou camomila-romana. Dilua a 0,25%: 2 gotas de óleo essencial para 2 colheres (sopa) de óleo base.*

6-12 meses *Use apenas camomila, camomila-romana, lavanda, mandarina, néroli ou absoluto de rosa. Dilua a 0,5%: 4 gotas de óleo essencial para 2 colheres (sopa) de óleo base.*

1-6 anos *Use apenas óleos atóxicos e não irritantes. Dilua a 1%: 8 gotas de óleo essencial para 2 colheres (sopa) de óleo base.*

7-15 anos *Use apenas óleos atóxicos e não irritantes. Dilua a 1,5%: 12 gotas de óleo essencial para 2 colheres (sopa) de óleo base.*

***Óleo de oliva** hidrata a pele de bebês pequenos.*

Teste de **contato**

Pessoas que têm pele sensível ou que nunca usaram determinado óleo essencial, ou blend, devem realizar um teste de contato antes do primeiro uso para verificar se não ocorre reação adversa.

Para o teste, prepare a mistura de óleos conforme as instruções à direita. Aplique uma pequena quantidade na parte interna do cotovelo e espere 24 horas. Se não aparecer nenhuma vermelhidão ou irritação, a combinação pode ser usada em uma área maior.

Misturas de óleos essenciais e base

***Use a tabela** como guia de quantidades de óleo essencial e base.*	Número de gotas de óleo essencial por quantidade de óleo base:			
	10 ml/ 2 col. (chá)	*15 ml/ 1 col. (sopa)*	*30 ml/ 2 col. (sopa)*	*100 ml*
***Adultos com pele sensível** ou para usar na face (menos de 0,5%)*	*1 gota*	*1 gota*	*3 gotas*	*10 gotas*
***Mistura para massagem** em adultos com pele normal (menos de 2,5 %)*	*5 gotas*	*7 gotas*	*15 gotas*	*50 gotas*
***Óleo de banho ou blend terapêutico** para aplicar em uma área pequena do corpo, como uma articulação (até 5 %)*	*10 gotas*	*15 gotas*	*30 gotas*	*100 gotas*

Óleos essenciais

Descubra as características de mais de 80 óleos essenciais. Apresentados em ordem alfabética por nome científico, cada verbete informa a origem e as propriedades da planta, detalha a aparência e o aroma do óleo e sugere as melhores formas de usá-lo.

BANHEIRA FRAGRÂNCIA

Mimosa

Acacia dealbata

Reconfortante e **relaxante**, ela é muito usada em perfumes. Em produtos para a pele, as propriedades nutritivas e **emolientes** propiciam um bálsamo suavizante para pele sensível, e a **ação calmante** ajuda a diminuir a tensão e a aumentar o ânimo.

Quais são os **benefícios?**

Suaviza a pele As propriedades nutritivas são eficazes para hidratar a pele, e o efeito calmante alivia áreas inflamadas e sensíveis. Incorporado a uma rotina de beleza diária, o óleo contribui para regular e tonificar peles mista e oleosa.

Favorece o bem-estar As características calmantes e relaxantes têm ação positiva no corpo e na mente. Além disso, o óleo energiza, o que o torna um afrodisíaco natural.

Melhores **usos**

Óleo de banho Agrade os sentidos e desfrute de momentos relaxantes acrescentando à água quente da banheira uma mistura de 4-5 gotas de óleo essencial de mimosa com 1 colher (sopa) de óleo base ou leite integral.

Fragrância O óleo essencial de mimosa é um bom fixador de perfumes, fazendo-o durar mais. É bastante usado como nota de fundo em essências caras.

Uso seguro *Atóxico e não irritante.*

A planta

Parte da família *da acácia, a mimosa é nativa do sudeste da Austrália. Com flores amarelas redondas e vibrantes, é bastante cultivada como planta ornamental nas regiões de clima quente e temperado de todo o mundo.*

O óleo essencial

Trata-se de *um "absoluto", extraído com solvente das flores e galhos da árvore. O óleo denso varia de amarelo-claro a marrom e tem aroma floral doce com leves notas amadeiradas.*

O aglomerado de flores amarelas ricas em néctar torna a mimosa atraente para as abelhas.

MASSAGEM

INALAÇÃO A VAPOR

Milefólio

Achillea millefolium

Era considerado sagrado por gregos e egípcios antigos. O uso tradicional para **curar a pele** se mantém, e as propriedades descongestionantes aliviam dor de cabeça provocada por sinusite.

Quais são os **benefícios?**

Alivia dores e desconfortos Massageie esse anti-inflamatório natural em articulações doloridas para reduzir a dor e a inflamação, ou no abdome para amenizar cólicas menstruais.

Descongestiona Diminui a congestão, aliviando a dor de cabeça decorrente de sinusite e problemas respiratórios.

Trata a pele Tem propriedades antissépticas que ajudam a tratar pequenos cortes e feridas e exerce potente ação reparadora em escoriações, úlceras, lesões que demoram a sarar, como eczema.

Combate a oleosidade Adicione algumas gotas a cremes e tônicos faciais para regular a pele oleosa e controlar a acne.

Reduz o estresse De ação relaxante, o óleo é eficaz para problemas como hipertensão e insônia.

Melhores **usos**

Óleo de massagem Misture 2-3 gotas com óleo de erva-de-são-joão macerada e passe nas articulações doloridas.

Inalação a vapor Para aliviar os sintomas da rinite e a congestão nasal, acrescente 2-3 gotas de óleo essencial de milefólio a uma tigela de água quente, coloque uma toalha sobre a cabeça e inale o vapor por 2-3 minutos.

Uso seguro *Não irritante quando diluído. Evite durante a gravidez e a amamentação.*

A planta

Espécie campestre *da família da margarida nativa da Europa e da Ásia Ocidental, o milefólio está presente no mundo inteiro. O óleo do milefólio--verde (Achillea nobilis) deve ser evitado na aromaterapia.*

O óleo essencial

A erva é seca *e então destilada a vapor para liberação do óleo, que vai do azul-claro ao escuro ou esverdeado. O aroma herbáceo forte e algo doce lembra o da camomila.*

DIFUSOR POMADA

Buchu

Agathosma betulina

Uma das plantas **medicinais** mais conhecidas da África do Sul, o buchu rende um óleo essencial versátil que trata diversas moléstias. As propriedades **antissépticas**, **anti-inflamatórias** e **desintoxicantes** amenizam e tratam problemas digestivos.

Quais são os **benefícios?**

Trata a pele Com potente efeito antisséptico, o óleo essencial de buchu é ideal para tratar infecções.

Ajuda a desintoxicação Estimula a eliminação de toxinas como o ácido úrico, aliviando inflamações e dor nas articulações. A forte ação desintoxicante trata celulite e retenção de líquido.

Auxilia a digestão Em uma mistura para massagem, alivia desconforto estomacal e indigestão.

Repele insetos O aroma acentuado repele insetos. Levar um pouco de óleo em viagens é boa ideia para afastar moscas, mosquitos e pulgas.

Melhores **usos**

Difusor Coloque 2-3 gotas de óleo essencial de buchu em um vaporizador ou difusor para arejar o ar estagnado ou dilua em água e use em um borrifador para repelir insetos.

Pomada Adicione 2-3 gotas a 1 colher (sopa) de pomada de base neutra para criar um produto antisséptico para a pele.

***Uso seguro** Use muito bem diluído (menos de 1%). Evite durante a gravidez e a amamentação.*

UMA MISTURA PERFEITA

Bons blends reúnem artemísia, cânfora, alcaravia, sálvia esclareia, lavanda, gerânio, patchuli, wintergreen, baunilha e erva-doce.

A planta

As folhas de buchu são coletadas quando a planta está florindo e frutificando. A secagem posterior lhe dá o característico aroma pungente.

O óleo essencial

O óleo dourado é extraído das folhas e flores secas por destilação a vapor. Tem aroma doce e medicinal com notas de cassis e hortelã--pimenta.

INALAÇÃO A VAPOR MASSAGEM COMPRESSA

Fragônia™

Agonis fragrans

Relativamente nova na aromaterapia, ela tem a fama de restaurar **equilíbrio físico e emocional**. Acredita-se que ajuda a regular o relógio biológico e a fortalecer a imunidade ao estimular a circulação eficiente da linfa.

Quais são os **benefícios?**

Alivia dores e desconfortos Revitalizante para articulações e músculos cansados, o óleo essencial de fragônia também age como analgésico suave, amenizando desconfortos nessas áreas, dor de dente leve e cólicas menstruais.

Equilibra as emoções Muito relaxante, é eficaz no combate ao estresse e também ajuda a superar bloqueios emocionais.

Regula o relógio biológico A capacidade de regular os sistemas corporais o torna ideal para lidar com o cansaço decorrente de *jet lag* e alternância de turnos de trabalho entre dia e noite.

Combate infecções Tem propriedades antibacterianas e antifúngicas de ampla ação, eficazes para tratamento de infecções de pele, e a ação antiviral atua contra resfriados.

Fortalece a imunidade Auxilia a circulação e a drenagem da linfa, fortalecendo o sistema imunológico.

Melhores **usos**

Inalação a vapor Acrescente 3-4 gotas de óleo essencial à água morna para fazer uma inalação a vapor que alivia infecções respiratórias e na garganta, expele o catarro e combate infecção.

Óleo de massagem Use em uma mistura para massagem para estimular a circulação da linfa.

Compressa Adicione 3-4 gotas à água quente e faça uma compressa para aliviar dor, congestão, cãibra, inchaço e sensibilidade nos seios.

Uso seguro *Atóxico e não irritante.*

A planta

***Nativo da Austrália**, o pequeno arbusto de fragônia é comumente chamado de tea tree rústico pela indústria da floricultura. Embora as flores brancas sejam perfumadas, o óleo essencial concentra-se em galhos e folhas.*

O óleo essencial

***Destilado a vapor** de folhas e de galhos, o óleo varia de incolor a amarelo-claro, com aroma semelhante ao do tea tree, porém mais suave, com notas cítricas e florais.*

Com agradável aroma, a fragônia produz um óleo suave com propriedades terapêuticas poderosas.

DIFUSOR MASSAGEM PELE

Cidrão (verbena limão)

Aloysia triphylla

Por trás do aroma fresco e **revigorante** do cidrão, há fortes propriedades terapêuticas. Ele tem efeito tonificante e **fortalecedor** nos sistemas nervoso, digestório, respiratório e imunológico. A ação **antisséptica** auxilia a recuperação, e o poder **anti-inflamatório** restaura músculos fatigados após exercícios físicos.

UMA MISTURA PERFEITA

Blends ideais reúnem limão-siciliano, elemi, néroli, lavanda, rosa, bergamota, cedro, zimbro, eucalipto e palmarosa.

Quais são os **benefícios?**

Diminui a ansiedade e aumenta a concentração O cidrão é sedativo e relaxante. Ameniza a sensação de pânico, contribui para a atenção, a concentração e a memorização.

Tem ação afrodisíaca O efeito relaxante na respiração e na frequência cardíaca é a base da crença de que é eficiente para ambos os sexos.

Fortalece a imunidade Auxilia o funcionamento do fígado e baixa a febre, ao estimular a transpiração.

Combate resfriados e gripes A essência cítrica refrescante e a ação antisséptica aliviam os sintomas, atenuando tosses irritantes e diminuindo a congestão.

Alivia dores e desconfortos Uma massagem após exercícios físicos tonifica músculos e reduz o acúmulo de ácido láctico. O óleo também estimula a reparação de tecidos conjuntivos fracos e acelera a recuperação de lesões em articulações. O efeito anti-inflamatório ajuda a atenuar a dor da artrite e melhora a mobilidade geral.

Auxilia a digestão e alivia cólicas menstruais Usar uma mistura com cidrão numa massagem suave melhora náuseas e problemas estomacais. As propriedades antiespasmódicas amenizam as cólicas e, acredita-se, podem regular o ciclo menstrual.

Melhores **usos**

Difusor Dispersado no ar, o óleo auxilia a acalmar e reforça o ânimo em caso de estresse, desânimo e depressão.

Óleo de massagem O cidrão oferece benefícios para a pele e para a saúde ao baixar os ritmos respiratório e cardíaco e fortalecer a imunidade e o funcionamento do fígado. Para uma massagem, misture 8-9 gotas com 2 colheres (sopa) de óleo base.

Loção Acrescente 1-2 gotas do óleo essencial a 1 colher (sopa) de loção.

Uso seguro *Use bem diluído (menos de 0,5%). Evite em pele sensível, crianças menores de 15 anos, antes de exposição ao sol e durante a gravidez e a amamentação.*

A planta

Nativo do Chile e do Peru, *o cidrão hoje cresce em muitas regiões tropicais do mundo. Com folhas pontudas verde-claras e pedúnculos com flores tubulares, tem aroma forte e característico de limão.*

O óleo essencial

As folhas e hastes *são destiladas a vapor para obtenção do óleo verde-amarelado. O aroma fresco de limão é descrito como quente e amargo ao mesmo tempo. A essência, muito sutil, é difícil de sintetizar.*

Seu aroma fresco de limão traz uma sensação de calma e ajuda a aumentar a concentração.

Esse arbusto aromático *floresce no verão, produzindo pedúnculos com delicadas flores brancas ou lilás.*

INALAÇÃO BANHEIRA

Galanga

Alpinia officinarum

Esse óleo essencial não muito conhecido até recentemente está ganhando popularidade devido a suas propriedades **reconfortantes**, estimulantes e **antissépticas**. Ele pode aliviar náusea e enjoo, é um desodorante natural e ajuda a combater infecções fúngicas.

Quais são os **benefícios?**

Combate infecções As propriedades antibacterianas e antifúngicas combinadas tornam o óleo essencial de galanga especialmente útil para tratar erupções na pele e infecções como pé de atleta e também para proteger feridas, mantendo-as limpas.

Auxilia a digestão e alivia problemas estomacais
Reconfortante e calmante, contribui para a digestão, a assimilação de nutrientes e a eliminação de gases desconfortáveis. É útil para levar em viagens, em caso de enjoo e náusea.

Age como desodorante Sua ação antitranspirante reduz o odor corporal, mantendo o corpo fresco.

Energiza e melhora o humor
Além de diminuir a fadiga e o *jet lag*, o galanga tem ação afrodisíaca devido ao aroma sensual e estimulante e à capacidade de aliviar a ansiedade.

Melhores **usos**

Inalação Para diminuir enjoo provocado por movimento, pingue 2-3 gotas em um lenço, guarde-o em um saco plástico e inale quando necessário.

Óleo de banho Misture 3-4 gotas com 1 colher (sopa) de óleo base, leite integral ou óleo de banho. Adicione à água quente para recuperar pele seca e rachada.

Uso seguro *Atóxico e não irritante quando diluído. Evite a proximidade com o rosto ou nariz de crianças menores de 7 anos.*

A planta

***Nativa da Indonésia**, a galanga é uma raiz que pertence à família do gengibre e tem aparência semelhante (acima). Na culinária, pode ser usada da mesma forma que ele.*

O óleo essencial

***O óleo, que vai do amarelo-claro ao marrom-oliva**, é obtido por destilação a vapor da raiz seca. Seu aroma lembra o do gengibre, porém mais suave.*

MASSAGEM BANHEIRA

Endro

Anethum graveolens

É conhecido há séculos por poderes **terapêuticos**. O óleo **estimula** a **digestão**, **acalma** nervos esgotados e possui propriedades **antibacterianas** que aceleram a recuperação de feridas. Também tem efeito diurético suave, o que o torna um auxiliar natural na desintoxicação.

Quais são os **benefícios?**

Auxilia a digestão Por ter efeito calmante e anti-inflamatório no trato digestivo, o endro é usado há muito tempo como tratamento para cólicas e problemas estomacais.

Combate infecções Esse bactericida e diurético natural ajuda a reduzir os sintomas de cistite e infecções de bexiga.

Trata a pele É muito eficaz para a recuperação rápida de cortes, arranhões e feridas, além de protegê-los de infecções.

Promove um sono reparador
Sedativo e calmante para o sistema nervoso, proporciona uma profunda sensação de relaxamento. Isso o torna útil para aliviar ansiedade, tensão, raiva, depressão e insônia, manifestações que podem estar relacionadas a hipertensão.

Ajuda a desintoxicação Suas propriedades diuréticas estimulam a transpiração e a micção, prevenindo o acúmulo de líquido e toxinas.

Melhores **usos**

Óleo de massagem Adicione 6-8 gotas de óleo essencial a 2 colheres (sopa) de óleo base para auxiliar a desintoxicação e induzir a um estado de calma.

Óleo de banho Misture 5-6 gotas com 1 colher (sopa) de óleo base ou leite integral e acrescente à água quente. Relaxe na banheira e inale o vapor.

Uso seguro *Atóxico e não irritante quando diluído.*

A planta

As folhas filamentosas *do endro são muito utilizadas na culinária. As pequenas flores dão lugar a sementes ricas em óleo (acima).*

O óleo essencial

O óleo amarelo-claro *é extraído por destilação a vapor das sementes secas e da planta inteira. Tem um agradável aroma gramíneo e combina com limão-taiti, limão-siciliano e outros cítricos.*

Essa erva aromática *tem aparência delgada com umbelas de pequenas flores amarelas durante o verão.*

MASSAGEM COMPRESSA

Angélica

Angelica archangelica

Reconfortante, o óleo de angélica é também conhecido como óleo dos anjos, porque seu efeito **revigorante** traz tranquilidade, otimismo e sono reparador. Ele também acalma e **descongestiona**, relaxando músculos e aliviando a congestão.

Quais são os **benefícios?**

Ajuda a desintoxicação Levemente diurética, a angélica também estimula a transpiração, beneficiando a saúde ao remover toxinas do corpo.

Alivia dores e desconfortos Suas propriedades térmicas ajudam a ativar a circulação em articulações e músculos doloridos e a amenizar cólicas menstruais.

Descongestiona Em uma mistura de óleo para massagem no peito ou na inalação a vapor, ajuda a lidar com congestão persistente.

Favorece o bem-estar Famosa por estimular o ânimo debilitado, acredita-se que favorece a "descoberta" do eu verdadeiro e pode ser útil em períodos de perturbação ou transição.

Melhores **usos**

Óleo de massagem Em uma mistura, a angélica proporciona uma massagem desintoxicante que eleva o ânimo e melhora o bem-estar. Misture 2-4 gotas com 2 colheres (sopa) de óleo base.

Compressa Acrescente 2-3 gotas à água morna, molhe um pano, torça e use para aliviar cólicas menstruais.

Uso seguro *Atóxica, use bem diluída (menos de 1%). Evite aplicar na pele até 12 horas antes da exposição ao sol.*

A planta

***Nativa do norte da Europa**, a angélica tem inflorescências semelhantes a um guarda-chuva que produzem grande número de sementes. O óleo das sementes é considerado o mais seguro para a aromaterapia, pois contém menos bergaptenos (substâncias fotossensibilizantes) que o das raízes.*

O óleo essencial

***Tanto as raízes** como as sementes podem ser secas e destiladas a vapor para produzir um óleo de aroma doce e picante. O óleo das sementes é incolor, e o das raízes, amarelo-claro.*

***As sementes da majestosa** angélica são colhidas e secas antes da extração do óleo.*

BANHEIRA DIFUSOR

Pau-rosa

Aniba rosaeodora

Também conhecido como ***bois de rose***, integra a família *Lauraceae* – parente da canela e do louro. O óleo transmite uma sensação de **firmeza** e atua na mente e nas emoções.

UMA MISTURA PERFEITA

Combine pau-rosa com gerânio, patchuli, lavanda, rosa, bergamota, néroli, pimenta-do-reino, canela e outros óleos de especiarias.

Quais são os **benefícios?**

Condiciona a pele O óleo essencial de pau-rosa tem propriedades regeneradoras de tecidos que ajudam a desacelerar sinais de envelhecimento prematuro, o que o torna um tratamento eficaz contra pele seca, sem viço ou madura. Por sua ação reparadora em feridas, é um excelente tratamento de primeiros socorros para cortes e picadas de insetos.

Tonifica e acalma a pele Regula o nível de oleosidade de peles mistas e oleosas, auxiliando no controle de espinhas, acne e cravos.

Tonifica o cabelo Assim como na pele, tem ação reguladora no couro cabeludo, normalizando cabelos excessivamente secos ou oleosos.

Tem efeito analgésico leve Alivia dor de cabeça e em músculos e articulações.

Equilibra as emoções Acredita-se que proporciona estabilidade emocional e cria uma sensação de calma e empoderamento. Também ajuda a relaxar e é considerado afrodisíaco.

Melhores **usos**

Óleo de banho Acrescente 5-6 gotas a 1 colher (sopa) de óleo base ou leite integral.

Difusor Use esse aroma floral e amadeirado para se acalmar.

Uso seguro *Atóxico e não irritante.*

A planta

Essa árvore nativa do Brasil *atinge a altura de 40 m. Ameaçada de extinção, sua colheita é controlada. Portanto, o óleo do cerne deve ser evitado. Prefira o das folhas e dos galhos que é mais sustentável.*

O óleo essencial

O óleo amarelo--claro *é destilado a vapor de lascas de madeira da árvore e tem aroma doce e floral com notas de especiarias.*

MASSAGEM ESCALDA-PÉS

Estragão

Artemisia dracunculus

Comum na cozinha, o estragão também é uma erva **medicinal**. O óleo proporciona uma massagem reconfortante, que contribui para **melhorar a circulação** nas extremidades, e é levemente analgésico. Também proporciona **apoio emocional** em épocas agitadas.

Quais são os **benefícios?**

Auxilia a digestão Em uma mistura para massagem, estimula o apetite e auxilia na digestão lenta. É bom para gases, soluços e indigestão nervosa.

Ajuda a desintoxicação É levemente diurético e laxante.

Alivia dores e desconfortos Contém um anestésico natural, o eugenol, também encontrado no cravo-da-índia. Como este, é um tratamento tradicional para dor de dente. Sua ação estimulante melhora a circulação nos músculos, articulações e extremidades. Regula a menstruação e alivia desconfortos relacionados a ela.

Age como desodorante Interfere no odor corporal inibindo o crescimento de micróbios na pele, reduzindo, assim, cheiros desagradáveis.

Proporciona apoio emocional Ajuda a enfrentar épocas de mudança ao atenuar o medo e a sensação de estar "preso".

Melhores **usos**

Óleo de massagem Misture 1-2 gotas com 2 colheres (sopa) de óleo base para aliviar desconfortos digestivos e menstruais.

Escalda-pés Use 2-3 gotas em um escalda-pés para estimular a circulação, aquecer o corpo e inibir odor nos pés.

Uso seguro *Use extremamente bem diluído (menos de 0,1%). Evite durante a gravidez e a amamentação e em crianças menores de 7 anos.*

A planta

Em latim e em árabe, *"estragão" significa "pequeno dragão", em referência à forma enrolada de suas raízes, que lembra um dragão.*

O óleo essencial

O óleo é destilado a vapor *das folhas e das flores para produzir um óleo que varia de incolor a verde-claro, de aroma herbáceo, entre o aipo e o anis.*

DIFUSOR MASSAGEM

Artemísia

Artemisia vulgaris

O **poderoso** óleo de artemísia tem efeitos **intensos** e deve ser usado com moderação. Utilizado em massagens ou borrifado no ar, sua agradável qualidade **reconfortante** estimula a circulação, descongestiona as vias respiratórias e relaxa a mente.

Quais são os **benefícios?**

Alivia dores e desconfortos Útil contra a artrite e outros problemas inflamatórios em articulações, relaxa músculos e melhora a circulação.

Combate resfriados Age como descongestionante, soltando o catarro e o muco e amenizando bronquite e resfriados.

Contribui para a saúde da mulher Com uma massagem leve, alivia cólicas e estimula o fluxo sanguíneo quando a menstruação está atrasada ou escassa.

Proporciona apoio emocional Uma gota no travesseiro pode trazer bons sonhos.

Melhores **usos**

Difusor Adicione 2-3 gotas de cada de óleo essencial de artemísia e de lavanda a um difusor ou vaporizador

Os pequenos aglomerados de flores vão do branco ao amarelo.

para induzir sensações de paz e tranquilidade.

Óleo de massagem Para aquecer e aliviar articulações e músculos doloridos, acrescente 3-6 gotas a 2 colheres (sopa) de óleo base.

Uso seguro *Use bem diluído (menos de 1%). Evite durante a gravidez e a amamentação, em crianças menores de 7 anos e em pessoas com epilepsia.*

A planta

***Erva arbustiva**, a artemísia é encontrada em regiões temperadas, em prados e na beira de estradas. Na medicina chinesa, as folhas secas e prensadas (moxa) são queimadas e aplicadas brevemente à pele para aquecer e curar.*

O óleo essencial

***O óleo de artemísia** é extraído por destilação a vapor das folhas, botões e flores da árvore, resultando em uma substância âmbar de aroma cítrico e doce, quase floral.*

CABELO MASSAGEM

Bétula

Betula alba

Na Escandinávia, folhas e galhos de bétula são colocados em saunas para **tonificar a pele** e **ajudar a circulação**. O óleo **estimula** e **desintoxica**, promovendo o funcionamento eficiente dos rins e a transpiração para acelerar a eliminação de toxinas.

Quais são os **benefícios?**

Ajuda a desintoxicação O óleo de bétula facilita a transpiração e a micção, o que auxilia a remoção de impurezas do corpo. Em um óleo para massagem, melhora a circulação.

Alivia dores e desconfortos Anti-inflamatório e analgésico natural, ajuda a restaurar músculos e articulações doloridos após o exercício, a atenuar a dor localizada e a diminuir o desconforto provocado por artrite e reumatismo.

Atua como antisséptico É útil contra erupções cutâneas e herpes labial. Também é eficaz para eczema e psoríase, mas precisa ser bem diluído.

Tonifica pele e cabelo Tem efeito regulador em pele mista e pode suavizar e dar firmeza à pele madura, dando-lhe uma aparência mais jovem. Usado como enxágue, dá brilho aos fios e acaba com a caspa persistente.

Melhores **usos**

Enxágue de cabelo Acrescente 4-5 gotas em 100 ml de água no final da lavagem para combater a caspa.

Óleo de massagem Misture 6-10 gotas com 2 colheres (sopa) de óleo base para uma massagem de corpo inteiro que ajuda a melhorar a circulação e a eliminar toxinas.

Uso seguro *Use bem diluído (menos de 2%). Evite durante a gravidez e a amamentação, em crianças menores de 15 anos, e se fizer uso de anticoagulantes ou tiver sensibilidade a salicilatos.*

A planta

***A bétula**, também chamada vidoeiro-branco, é nativa do hemisfério norte. A inconfundível casca, que lembra papel, é destilada para gerar um óleo antisséptico, inadequado para a aromaterapia. As folhas novas produzem um óleo mais suave.*

O óleo essencial

***O óleo amarelo--claro**, de aroma amadeirado que remete a especiarias, é destilado a vapor dos brotos das folhas.*

POMADA PELE DIFUSOR MASSAGEM

UMA MISTURA PERFEITA

Blends ideais incluem óleos cítricos, manjericão, cedro, camomila, mirra, néroli, pinho, sândalo, vetiver e de especiarias.

Olíbano

Boswellia carterii, B. sacra, B. frereana etc

Esse é um óleo importante para **tonificar** e **revigorar** a pele, principalmente madura ou danificada pelo sol. Pode ser utilizado como antisséptico e anti-inflamatório, e seu aroma ajuda a **relaxar** e **acalmar** os sintomas de transtornos nervosos, sendo útil para ansiedade.

Quais são os **benefícios?**

Alivia dores e desconfortos A potente ação anti-inflamatória do olíbano alivia a dor provocada por artrite e reumatismo.

Tonifica a pele O óleo ajuda a fechar os poros e tonificar a pele. Suas qualidades rejuvenescedoras o tornam uma excelente opção para peles maduras, ajudando a minimizar rugas e linhas de expressão e reduzir o aparecimento de manchas e danos a longo prazo provocados pelo sol.

Atua como antisséptico Diluído, pode ser usado topicamente para tratar feridas e úlceras na pele.

Combate resfriados O óleo essencial de olíbano ajuda a aliviar problemas respiratórios, limpando as membranas mucosas, acalmando e aprofundando a respiração, diminuindo a tosse e melhorando a bronquite e a laringite.

Diminui a ansiedade Esse óleo calmante eleva o ânimo, aumenta a energia e a concentração e auxilia na meditação; ideal para momentos de estresse e cansaço.

Melhores **usos**

Na pomada Em função das poderosas propriedades anti-inflamatórias, com ele obtém-se uma pomada eficaz para articulações doloridas, que ajuda a reduzir a dor e ampliar o movimento.

No tônico Crie um tônico facial misturando 2 colheres (sopa) de suco de Aloe vera com 6 colheres (sopa) de água e 4 gotas de olíbano.

No difusor Adicione 3-4 gotas em um difusor ou vaporizador.

Óleo de massagem Acrescente gotas do óleo a um óleo base para uma massagem relaxante e tonificante.

Uso seguro *Atóxico, não irritante se diluído.*

A planta

As árvores de olíbano *crescem no nordeste da África e no Omã. Elas produzem uma seiva aromática que, quando seca, é chamada de "pérola do deserto", tradicionalmente queimada como incenso.*

O óleo essencial

O óleo perfumado *é destilado a vapor a partir da resina da árvore (acima). Ela produz um óleo amarelo-claro ou esverdeado com aroma doce e resinoso com notas de especiarias.*

O olíbano provoca uma sensação de otimismo, aumentando o bem-estar.

PELE CABELO FRAGRÂNCIA MASSAGEM BANHEIRA

Ylang ylang

Cananga odorata

Com aroma **exótico** e floral, é **revigorante** e **estimulante**, além de aliviar a ansiedade. Ingrediente-chave do óleo de macassar, tradicional preparação para o cabelo, tem propriedades **reguladoras** que o tornam adequado a todos os tipos de pele.

***As pétalas amarelas** do ylang ylang geram um óleo essencial muito floral.*

Quais são os **benefícios?**

Combate a oleosidade da pele O ylang ylang ajuda a regular o funcionamento das glândulas sebáceas, sendo portanto ideal para limpar peles oleosa e seca. É um tônico eficaz para peles propensas à acne.

Tonifica Melhora a estrutura e a aparência da pele cansada e flácida, restaurando o viço.

Nutre o cabelo Tradicional no tratamento de cabelo seco e quebradiço. Além de nutrir e estimular o couro cabeludo, promove o crescimento dos fios.

Auxilia o relaxamento Aumenta a sensação de bem-estar. As propriedades calmantes têm efeitos comprovados, baixando a pressão arterial e o ritmo respiratório e reduzindo, assim, a ansiedade.

Tem ação afrodisíaca O aroma estimulante e a ação relaxante tornam esse óleo um afrodisíaco popular, pois ajuda a liberar inibições e a aliviar a tensão, enquanto instiga o olfato. Antigamente, pétalas eram espalhadas na cama dos recém--casados para que perdessem a timidez e aliviassem a ansiedade.

Atua como antidepressivo Por ter propriedades sedativas e calmantes, é um apoio útil para depressão e tensão.

Melhores **usos**

Tônico para a pele Acrescente 1-2 gotas do óleo a 2 colheres (chá) de hamamélis e 3 colheres (sopa) de água. Aplique na pele com algodão.

Tônico para o cabelo Para couro cabeludo seco, adicione 1-2 gotas a 1 colher (chá) de azeite e massageie na cabeça antes de dormir. Escove os fios com uma escova de cerdas naturais e enxágue de manhã.

Perfume Misture 1-2 gotas com 1 colher (chá) de óleo base, como o de semente de damasco, e aplicar nos pontos de pulsação.

Óleo de massagem Para uma massagem relaxante e tonificante, adicione 1-2 gotas do óleo de ylang ylang a 2 colheres (sopa) de óleo base.

Óleo de banho Acrescente 1-2 gotas do óleo a 1 colher (sopa) de óleo base ou leite integral e misture à água quente.

***Uso seguro** Atóxico e não irritante. Como o aroma é acentuado, dilua bem.*

A planta

***Espécie nativa da Ásia,** ylang ylang significa "a flor das flores". As pétalas cerosas são usadas em medicamentos e cremes para a pele há milênios. Cultivada sobretudo em Madagascar e Comores, é uma das bases de essências orientais de alta qualidade e ingrediente-chave do Chanel Nº 5.*

O óleo essencial

***O óleo amarelo-claro,** destilado a vapor ou com água das flores, tem fragrância floral doce e exótica. Como o aroma é muito acentuado, use pouco no início até descobrir como fica mais agradável.*

A essência das grandes flores pendentes *da árvore tropical ylang ylang é inebriante.*

PELE

INALAÇÃO A VAPOR

Elemi

Canarium luzonicum

Tradicionalmente usado em pomadas **terapêuticas** no Oriente Médio e na Europa, é usado em produtos de beleza de alta qualidade, devido à capacidade de **tonificar** e **firmar** a pele. Também ajuda a aliviar a congestão nos pulmões.

Quais são os **benefícios?**

Combate sinais de envelhecimento O elemi é ideal para pele seca ou danificada pelo sol. Ele acelera a renovação celular e auxilia a síntese de colágeno, prevenindo flacidez e linhas de expressão prematuras. Em produtos dermatológicos, ajuda a harmonizar peles seca e oleosa.

Trata a pele Pode reduzir cicatrizes, e a ação antisséptica eficaz pode prevenir infecção em cortes e feridas.

Alivia problemas respiratórios As propriedades expectorantes e antivirais abrandam problemas respiratórios como infecções no peito, catarro, sinusite e bronquite com apenas algumas gotas na inalação.

Melhora o humor Calmante e revigorante, é um bom óleo para momentos de estresse ou fadiga.

Melhores **usos**

Creme Acrescente 2-4 gotas de óleo essencial de elemi a 2 colheres (sopa) de creme ou loção sem essência e aplique antes de dormir para um tratamento revitalizante na rotina noturna de cuidados com a pele.

Inalação Adicione 3-4 gotas a uma tigela de água quente e inale para aliviar os sintomas da rinite e da congestão que provocam tosse e da dor de cabeça provocada por sinusite

Uso seguro *Atóxico, use bem diluído (menos de 0,5%).*

A planta

Parente *do olíbano e da mirra, o elemi é uma árvore nativa das florestas tropicais das Filipinas e países vizinhos. O nome em árabe significa "acima e abaixo", o que sugere que era valorizado tanto espiritual como fisiologicamente.*

O óleo essencial

Destilado a vapor *da resina da árvore, o óleo é amarelo-claro e tem um aroma cítrico e marcante característico de pinho.*

A resina cor de mel *produz o óleo.*

MASSAGEM

PELE

Alcaravia

Carum carvi

Esse óleo essencial – aquecedor para o corpo e **reconfortante** para a mente – **alivia** a tensão mental e a fadiga emocional. Auxilia os sistemas digestório e urinário, ajuda a **limpar** o respiratório e pode ser usado para tratar problemas persistentes de pele e couro cabeludo.

Quais são os **benefícios?**

Reduz a tensão nervosa O óleo de alcaravia é um tônico natural para sistema nervoso debilitado, acalmando e aliviando a fadiga mental, além de ser eficaz para problemas de digestão, cólica, flatulência e espasmos gástricos.

Combate infecções Devido à ação expectorante, é boa opção para combater bronquite, asma e tosse. Também ameniza dor de garganta e laringite, colabora para o funcionamento saudável do sistema urinário e ajuda a eliminar toxinas.

Trata e suaviza a pele Pelas qualidades regeneradoras de tecidos, pode clarear hematomas, reduzir furúnculos e limpar feridas infeccionadas. É usado, ainda, para controlar pele oleosa, combater acne e caspa e aliviar coceira.

Melhores **usos**

Óleo de massagem Misture 3-6 gotas com 2 colheres (sopa) de óleo base para uma massagem relaxante que alivia o desconforto abdominal.

Creme Adicione 3-6 gotas a 2 colheres (sopa) de creme de base neutra e use para acalmar pele e couro cabeludo secos e com coceira.

***Uso seguro** Atóxico, use bem diluído (menos de 1%).*

A planta

***Nativa do** sudeste europeu, a alcaravia é tanto selvagem como cultivada em toda a Europa e na Ásia temperada. Integrante da família das umbelíferas, é parente do cominho, da erva-doce e do endro.*

O óleo essencial

***Extraído** por destilação a vapor das sementes maduras secas, o óleo vai do incolor ao amarelo-claro e tem aroma doce com toque picante.*

***A aromática erva alcaravia** produz flores brancas delicadas nos primeiros meses do verão.*

CABELO FRAGRÂNCIA POMADA MASSAGEM

Cedro

Cedrus atlantica

UMA MISTURA PERFEITA

Combine com rosa, pimenta-do-reino, bergamota, jasmim, néroli, zimbro, cipreste, sálvia esclareia, olíbano ou mimosa.

Óleo essencial usado há tempos, o cedro apresenta uma impressionante variedade de benefícios. **Antisséptico** e **adstringente**, regula e tonifica a pele e ajuda a tratar infecções e erupções. O aroma **revigorante** traz uma injeção de ânimo que libera a tensão e acaba com a letargia.

Quais são os **benefícios?**

Suaviza a pele Comparado com outros óleos essenciais, o cedro contém o maior nível de sesquiterpenos, substâncias anti-inflamatórias. Por isso, é útil para acalmar pele irritada ou com coceira, em particular em casos de acne, caspa e pé de atleta.

Alivia a dor Tem efeito estimulante e regenerador, e constitui um bom tratamento contra problemas degenerativos crônicos, como a artrite.

Tonifica e trata a pele As propriedades adstringentes auxiliam a regular pele oleosa ou propensa à acne e o tornam um ingrediente para tônico eficaz para cabelo oleoso. Também ameniza feridas e úlceras de pele.

Contribui para a saúde da mulher Por ter efeito estimulante, ajuda a regular o ciclo menstrual e devido às propriedades antissépticas é indicado para cuidar de secreções vaginais.

Ajuda a desintoxicação Estimula o fluxo da linfa, reduz a retenção de líquidos e elimina toxinas do corpo.

Combate tosses e resfriados Usado na inalação ou no difusor, ajuda a expectorar e aliviar tosse e bronquite.

Melhora o humor Calmante, pode combater sentimentos negativos. As qualidades revigorantes tratam tensão, ansiedade, depressão e cansaço, além de aumentar a concentração. É considerado um afrodisíaco para os homens.

Melhores **usos**

Tônico capilar Acrescente 10-20 gotas a um frasco de xampu ou condicionador neutro para combater a caspa.

Spray de ambiente Use 3-4 gotas em um difusor ou vaporizador para arejar o ar e aliviar ansiedade, depressão e cansaço.

Pomada Adicione 12-16 gotas a 2 colheres (sopa) de óleo base ou pomada e aplique várias vezes ao dia para aliviar irritações ou coceira na pele.

Óleo de massagem Misture 12-18 gotas com 2 colheres (sopa) de óleo base para uma massagem revigorante e suavizante para a pele.

***Uso seguro** Atóxico e não irritante quando diluído.*

A planta

***O cedro sagrado** da cordilheira do Atlas, no nordeste da África, é uma árvore imponente que pode viver até 2 mil anos. Como símbolo de proteção e poder, é tão valorizado e procurado que se tornou uma espécie ameaçada. Portanto, antes de comprar o óleo, verifique se foi produzido de maneira sustentável.*

O óleo essencial

***A casca da árvore** é a fonte do óleo essencial denso, que varia do amarelo ao âmbar. O odor, doce e suave, torna-se mais amadeirado à medida que as substâncias voláteis evaporam.*

O óleo do cedro *age como terapia para ansiedade e depressão.*

MASSAGEM POMADA

Cânfora

Cinnamomum camphora

Com aroma **medicinal**, é um óleo muito versátil. Tem dupla ação na pele, no início **resfriando** e depois **aquecendo**. Também estimula a circulação, o metabolismo e a digestão. Age como um analgésico eficaz e ajuda a clarear a mente.

Quais são os **benefícios?**

Melhora a circulação O efeito estimulante do óleo essencial de cânfora ativa más circulação e digestão e regula a taxa metabólica.

Alivia dores e desconfortos Anestésico e antiespasmódico natural, pode aliviar dor e inflamação nos nervos e reduzir cãibras e espasmos musculares.

Combate resfriados e gripes Ajuda a limpar vias aéreas congestionadas, facilitando a respiração.

Melhores **usos**

Massagem Para se aquecer e aliviar dores, acrescente 2-4 gotas a 2 colheres (sopa) de óleo base para uma massagem reconfortante que transmite uma sensação de bem-estar.

Pomada Adicione 2-4 gotas a 2 colheres (sopa) de pomada de base neutra para aliviar músculos doloridos.

Uso seguro *Por ser um óleo essencial forte, dilua bem. Utilize apenas o de cânfora branca.*

A planta

Nativa de Taiwan, China e Japão*, a canforeira atinge uma idade avançada e deve ter no mínimo 50 anos para produzir o óleo, presente em todas as suas partes.*

O óleo ho sho*, destilado das folhas, é muito mais suave que o obtido do restante da planta. Atóxico e não irritante quando diluído, suaviza a pele e acalma a mente.*

O óleo essencial

Quando madeira*, galhos e folhas da canforeira são destilados a vapor, produzem um óleo marrom, que deve ser destilado mais duas vezes antes de se tornar o óleo incolor conhecido como "cânfora branca", de uso seguro na aromaterapia.*

ESCALDA-PÉS DIFUSOR

Canela

Cinnamomum zeylanicum

Esse óleo condimentado era usado pelos egípcios antigos em massagens para os pés. Pelas propriedades antissépticas, é utilizado em quantidades muito pequenas em cosméticos, e o aroma **estimulante** o torna ideal para melhorar o desânimo.

Quais são os **benefícios?**

Alivia dores e desconfortos A canela aquece, pois estimula a circulação até as extremidades. É eficaz para aliviar dor nas articulações provocada por frio e umidade.

Auxilia a digestão Massageado sobre o abdômen, pode estimular a circulação, melhorar a digestão lenta e atenuar a prisão de ventre. Também ajuda a acalmar cólicas e espasmos estomacais.

Atua como antisséptico É eficaz contra uma grande variedade de bactérias, vírus e parasitas, em particular piolho e sarna.

Equilibra as emoções Aromatizador de ambiente revigorante, auxilia a combater a exaustão e a depressão.

Melhores **usos**

Escalda-pés Adicione 1-2 gotas de óleo de canela a uma imersão relaxante.

Difusor Acrescente 1-2 gotas a um difusor para desinfetar o ar do quarto de uma pessoa enferma ou para eliminar odores desagradáveis.

Uso seguro *Dilua muito bem (menos de 0,5%). Na pele, aplique apenas o óleo da folha, nunca o da casca.*

A planta

A caneleira*, nativa do Sri Lanka (antigo Ceilão), é membro da família das lauráceas.*

O óleo essencial

O óleo, amarelo ou amarelo--amarronzado*, é obtido por destilação a vapor da casca interna e das folhas da caneleira e tem aroma reconfortante de especiaria. O das folhas é considerado mais suave e, portanto, seguro para uso na aromaterapia.*

BANHEIRA MASSAGEM

Cistus

Cistus ladaniferus

Planta florescente também conhecida como roselha e ládano, é **perfumada** e tem poderosas propriedades **tonificantes** e **cicatrizantes**. É um estimulante imunológico e antisséptico que combate infecção. Também contribui para aumentar a concentração.

Quais são os **benefícios?**

Ajuda a desintoxicação A massagem com uma mistura de cistus e um óleo base de sua preferência melhora a drenagem linfática, estimula a circulação e aumenta a imunidade.

Cicatriza a pele O óleo de cistus acelera a reparação de tecidos em feridas. As propriedades adstringentes também tratam aftas e gengiva sangrando ou machucada.

Tonifica a pele Rico em antioxidantes e bom adstringente, ilumina a tez de aparência cansada e ajuda a firmar e tonificar a pele madura.

Age como antisséptico Tem ação antiviral eficaz, bastante útil no tratamento de congestão respiratória provocada por resfriados, gripes e outras infecções.

Equilibra as emoções Com efeito centralizador, facilita a meditação e a contemplação. O aroma terroso estimula os sentidos e fortalece as emoções após as perdas.

Melhores **usos**

Banho Acrescente 4-6 gotas a 1 colher (sopa) de óleo base ou leite integral para um banho refrescante e tonificante.

Massagem Adicione 8-12 gotas a 2 colheres (sopa) de óleo base para tonificar e desintoxicar.

Uso seguro *Atóxico e não irritante quando diluído.*

A planta

Além do óleo*, os galhos maduros do cistus, nativo do Mediterrâneo, produzem ládano, uma goma pegajosa usada em fragrâncias como fixador.*

O óleo essencial

A destilação a vapor *das folhas e dos galhos gera um óleo âmbar de aroma cálido e terroso com notas de mel.*

As flores de cir.co pétalas *do cistus vão do branco ao cor-de-rosa e ac lilás.*

PELE DIFUSOR

Limão-taiti

Citrus aurantifolia

Estimulante e **refrescante**, tem propriedades **desengordurantes**, e o aroma agradável acalma e clareia a mente. Reduz a retenção de líquido e o inchaço, como os óleos de grapefruit e limão-siciliano. Também regula pele e cabelo oleosos.

Quais são os **benefícios?**

Ajuda a desintoxicação Auxilia o combate à celulite e ao inchaço relacionado à retenção de líquido. Inalar esse óleo contribui para a perda de peso, pois acelera o metabolismo.

Regula pele e cabelo oleosos O efeito tonificante ajuda a limpar pele com tendência a oleosidade e acne. Em um enxágue de cabelo, hidrata e remove o excesso de óleo, refrescando o couro cabeludo. Para tratar caspa, misture suco de limão-taiti com água e use no final da lavagem.

Tem efeito refrescante É útil para baixar a febre de resfriado. Também fortalece o sistema imunológico e alivia bronquite, tosse, sinusite e asma.

Atua como antisséptico Ajuda a tratar herpes labial e picadas de insetos. Para cuidar de cortes, pingue 2 gotas do óleo em uma compressa fria e pressione-a na área afetada.

Reduz o estresse A essência refrescante e estimulante reduz também o cansaço e a ansiedade, acalma e favorece a criatividade e a concentração.

Melhores **usos**

Loção Adicionado a um creme ou loção facial, o óleo essencial de limão-taiti limpa e ilumina pele congestionada e sem viço.

Difusor Acrescente 1-3 gotas a um difusor ou vaporizador de óleo para estimular o ânimo e manter a mente aguçada.

Uso seguro *Atóxico, dilua muito bem (menos de 1%). Evite aplicar na pele até 12 horas antes da exposição ao sol.*

A planta

O limoeiro*, cultivado em regiões tropicais e subtropicais, produz uma fruta verde ácida usada na culinária*

O óleo essencial

O óleo de limão--taiti*, prensado a frio da casca da fruta, tem aroma cítrico pungente e cor amarelo-clara ou verde-oliva.*

DIFUSOR PELE FRAGRÂNCIA

Néroli

Citrus aurantium

A flor da laranjeira-amarga, ou azeda, é fonte de um óleo **calmante** e revigorante usado há muito tempo no tratamento de ansiedade e depressão. Intenso, mas também **refrescante** e leve, ele é um dos componentes da Eau de Cologne.

Quais são os **benefícios?**

Reduz o estresse O néroli tem tradição como tratamento para ansiedade. Por causa de seu poder regulador e revitalizante, é ótima opção em casos de choque agudo. Alivia os efeitos do estresse crônico nos sistemas endócrino, circulatório e digestório.

Hidrata e tonifica Misturado a um elixir ou creme à base de óleo, regula a umectação da pele, ajudando a reduzir rugas provocadas por desidratação. A ação tonificante suave o torna ideal tanto para a cútis delicada, mantendo a elasticidade, como para a oleosa e propensa à acne.

Promove a cicatrização As propriedades antissépticas e antibacterianas aceleram esse processo.

Auxilia a digestão Uma massagem leve com uma mistura de néroli alivia cólicas estomacais e diarreia.

Flor de laranjeira--amarga

Melhores **usos**

Difusor Para tratar a ansiedade, acrescente 3-4 gotas de néroli a um difusor ou vaporizador de óleo.

Tônico facial Misture 2 colheres (chá) de suco de aloe vera com 6 colheres (sopa) de água e 4 gotas de néroli em um frasco com borrifador.

Perfume O néroli é complexo o bastante para ser usado como único elemento de um perfume, como a rosa e o jasmim.

Uso seguro *Atóxico e não irritante.*

A planta

***Nativa da China**, a laranjeira--amarga é cultivada há centenas de anos nos países mediterrâneos. São necessários ao menos 450 kg de flores para produzir apenas 450 g de óleo de néroli.*

O óleo essencial

***O óleo de melhor qualidade** é destilado das delicadas flores na água, e não a vapor. A cor amarelo-clara escurece com o tempo, e o aroma doce e floral é poderoso, mas refrescante.*

PELE   MASSAGEM

Petitgrain

Citrus aurantium var. amara

Além do néroli, derivado das flores, a laranjeira-amarga produz esse outro óleo **benéfico**, obtido da casca da fruta. Uma de suas propriedades mais valiosas é o efeito **regulador** e tonificante na pele e cabelo oleosos. O aroma relaxante ajuda a acalmar corpo e mente.

Quais são os **benefícios?**

Tonifica pele e cabelo Acrescentado a loções e tônicos, o petitgrain regula a pele oleosa, inibindo a produção de sebo, e ilumina e revitaliza a tez sem viço. Em um enxágue, ajuda a lidar com cabelo oleoso.

Atua como antisséptico Contribui para acalmar surtos de acne e outras erupções. Com ação antisséptica, mantém as feridas limpas durante a cicatrização.

Age como desodorante As propriedades adstringentes auxiliam a regular a transpiração, e a ação bactericida, a controlar o odor corporal.

Acalma corpo e mente O petitgrain tem aroma amadeirado com poder sedativo. Combate a exaustão nervosa e problemas relacionados ao estresse, em particular raiva e pânico, e desacelera a frequência cardíaca.

UMA **MISTURA** PERFEITA

Combina bem com bergamota, olíbano, lavanda, palmarosa, gerânio, alecrim e sândalo.

Melhores **usos**

Tratamento de acne Para controlar pele oleosa e cicatrizar espinhas já existentes, acrescente 2-4 gotas a um tônico ou loção.

Massagem Uma massagem suave com o óleo de petitgrain restabelece a calma em momentos de raiva e ansiedade. Adicione 12-18 gotas a 2 colheres (sopa) de óleo base.

Uso seguro *Atóxico e não irritante quando diluído.*

A planta

***No passado**, o óleo era extraído das laranjas ainda verdes, do tamanho de uma cereja, de onde vem o nome petitgrain, que significa "pequeno grão".*

O óleo essencial

***É extraído das folhas e dos galhos verdes**, com coloração que varia do amarelo--claro ao âmbar. O aroma floral apresenta notas amadeiradas e frescas.*

MASSAGEM COMPRESSA

Bergamota

Citrus aurantium bergamia

Um dos favoritos da aromaterapia, esse óleo equilibra o corpo e a mente. Calmante e **refrescante**, é ideal para pele seca ou com coceira, e o aroma frutado **melhora** o humor, reforçando o bem-estar.

Quais são os **benefícios?**

Acalma a pele O óleo essencial de bergamota regula e melhora o tônus da pele mista. O forte efeito suavizante acalma a seca ou com coceira, e as propriedades cicatrizantes podem, com o tempo, reduzir cicatrizes.

Favorece o bem-estar Tem aroma doce que age como antidepressivo ao regular o humor e aliviar a ansiedade. É um ingrediente muito usado em colônias.

É antitérmico A ação refrescante ajuda a baixar febre.

Atua como antisséptico Tem propriedades antibacterianas e antivirais. Aplique, diluído, em feridas de herpes labial (ele é eficiente contra o vírus) e espinhas.

Melhores **usos**

Massagem Para um sono reparador, crie uma mistura refrescante combinando 2-4 gotas com 2 colheres (sopa) de óleo base e massageie os pés antes de dormir.

Compressa Acrescente 2-3 gotas à água gelada e aplique-a na pele para atenuar insolação ou febre.

***Uso seguro** Atóxico e não irritante quando diluído. Compre o óleo sem bergapteno (também chamado de bergamota FCF); caso contrário, é fotossensibilizante.*

A planta

***O nome homenageia** a cidade italiana de Bergamo. A fruta é muito ácida, mas tem casca perfumada. O aroma é um dos ingredientes do chá earl grey e da água-de-colônia.*

O óleo essencial

***A casca** da bergamota é prensada a frio para produzir um óleo amarelo--claro ou verde-claro de aroma rico, doce e frutado.*

Com casca rugosa, a bergamota tem sabor ácido peculiar com notas florais refrescantes.

UMA MISTURA PERFEITA

Para uma massagem simples, mas relaxante, junte quantidades iguais de bergamota e lavanda no óleo base de sua preferência. Também combina com cipreste, néroli, melissa e pimenta-do-reino.

MASSAGEM COMPRESSA

Limão-siciliano

Citrus limonum

Refrescante e **revigorante**, esse óleo estimula os sentidos e clareia a mente. Tem ação **desintoxicante** e **tonificante** e é um antisséptico natural.

Quais são os **benefícios?**

Tonifica a pele O limão-siciliano ativa a circulação, podendo reduzir varizes e prevenir pé de atleta. Limpa pele e cabelo propensos à oleosidade e tonifica, ajudando a evitar rugas e vasos dilatados.

Atua como antisséptico Estimula as defesas contra bactérias e vírus e mata germes. Use em uma compressa para tratar furúnculos e outras erupções, e aplique diluído em verrugas e olho de peixe.

Ajuda a desintoxicação Na massagem, beneficia o fígado e contribui para a limpeza linfática, reduzindo celulite e retenção de líquido.

Auxilia a digestão Atua no sistema digestório, ajudando a combater a obesidade e a perda de apetite.

Melhora o humor Ideal para dias ocupados, em que é necessário ter foco e uma atitude positiva.

Melhores **usos**

Massagem Adicione 8-12 gotas a 2 colheres (sopa) de óleo.

Compressa Dilua 5-6 gotas em óleo de amêndoa ou tintura de calêndula e acrescente água. Use como compressa para tratar erupções de pele.

Uso seguro *Atóxico, dilua bem (menos de 2%). Evite aplicar até 12 horas antes da exposição ao sol.*

A planta

Nativo da Índia, *o limoeiro chegou à Europa com as Cruzadas, no século XII. A casca é usada na culinária, e o óleo essencial tem uma longa história de uso na perfumaria.*

O óleo essencial

O óleo incolor, *com aroma cítrico refrescante, é prensado da casca da fruta.*

MASSAGEM FRAGRÂNCIA BANHEIRA

Grapefruit

Citrus paradisi

Tem efeito **estimulante** no corpo e na mente. É **revigorante** como aromatizador e, na massagem, estimula a circulação, auxilia a desintoxicação e reduz a retenção de líquido. Antisséptico e adstringente suave, ajuda a controlar a oleosidade da pele e do cabelo.

Quais são os **benefícios?**

Ajuda a desintoxicação O óleo melhora a drenagem linfática, estimula a circulação e o metabolismo e facilita a perda de peso. Tem propriedades diuréticas e purificadoras que, na massagem, combatem a celulite e a retenção de líquido.

Tonifica pele e couro cabeludo Antisséptico e adstringente suave, é ideal para tratar cabelo e pele oleosos, poros dilatados e acne. Tonifica e firma a tez.

Combate o cansaço Com aroma refrescante e ácido, anima e revitaliza em caso de fadiga mental ou após uma noitada

Alivia dores e desconfortos Combine algumas gotas com um óleo base de sua preferência e massageie para aliviar músculos e articulações doloridos e dor de cabeça comum.

Aromatiza o ar Pode ser usado em cozinhas e banheiros.

Melhores **usos**

Massagem Adicione 6-8 gotas a 2 colheres (sopa) de óleo base.

Spray de ambiente Pingue 8-10 gotas em um frasco borrifador com água e agite.

Banheira Acrescente 5-6 gotas a 1 colher (sopa) de óleo base ou leite integral e misture na água quente.

Uso seguro *Atóxico e não irritante quando diluído (menos de 3%). Evite aplicar até 12 horas antes da exposição ao sol.*

A planta

O grapefruit *é nativo do Caribe, e não do Sudeste Asiático, como a maioria dos cítricos. O nome vem do aglomerado em que as frutas crescem, semelhante a um cacho de uva (grape, em inglês).*

O óleo essencial

Prensado a frio *da casca da fruta, pode ser amarelo, verde-claro ou laranja-claro, com aroma cítrico doce e ácido.*

DIFUSOR MASSAGEM

Mandarina

Citrus reticulata, Citrus nobilis

Também conhecida como tangerina, apresenta propriedades **antissépticas** e antifúngicas, como outras frutas cítricas. Tem efeito tonificante no sistema digestório e nutre a pele. O aroma doce **revigora** quase instantaneamente.

Quais são os **benefícios?**

Tonifica a pele O óleo essencial de mandarina nutre a pele e ajuda a melhorar a aparência de estrias e a tonificar áreas flácidas.

Ajuda a desintoxicação Na massagem, estimula a drenagem linfática e melhora a circulação. A ação diurética reduz a retenção de líquido e a celulite.

Regenera a pele Pelas propriedades antissépticas e adstringentes, também útil no combate à oleosidade e à acne.

Auxilia a digestão Com efeito tônico no sistema digestório, a mandarina ajuda o alimento a se locomover pelo trato digestivo e alivia a indigestão e a prisão de ventre, em particular quando relacionadas ao estresse. Em caso de náusea, acalma o estômago.

UMA **MISTURA** PERFEITA

Combinações ideais incluem bergamota, canela, sálvia esclareia, cravo-da-índia, olíbano, lavanda e néroli.

Favorece o bem-estar Esse óleo suave e relaxante, mas também revigorante, é bom para acalmar crianças inquietas e pode ser usado na gravidez.

Melhores **usos**

Difusor Pingue 3-4 gotas para refrescar o ar e acalmar.

Massagem Adicione 2-3 gotas a um óleo base.

Uso seguro *Atóxico e não irritante quando diluído.*

A planta

Nativa da China *e do Extremo Oriente, a mandarineira foi introduzida na Europa no século XIX. De lá, cruzou o oceano até os Estados Unidos, onde a fruta passou a ser chamada de tangerina.*

O óleo essencial

De cor laranja ou âmbar*, com aroma floral, doce e ácido, o óleo é prensado a frio da casca da fruta.*

A mandarina, pequena e fácil de descascar, é famosa pela doçura e suculência.

BANHEIRA MASSAGEM DIFUSOR

Laranja-doce

Citrus sinensis

Esse óleo **versátil** é muito utilizado devido à ação **revigorante** e **desintoxicante**. Também é **calmante**, alivia músculos tensos, e as propriedades **rejuvenescedoras** ajudam a manter a jovialidade da pele. Vibrante e fácil de reconhecer, o aroma tem poder tonificante.

UMA **MISTURA** PERFEITA

Combina bem com limão-siciliano, sândalo, vetiver, olíbano, canela, gengibre, pimenta-do-reino, sálvia esclareia e cravo-da-índia.

Quais são os **benefícios?**

Ajuda na desintoxicação Em uma mistura para massagem, melhora a circulação, estimula o sistema linfático e auxilia o funcionamento da bexiga e dos rins.

Tonifica Em produtos dermatológicos, promove a produção de colágeno e contribui para o processo de reparação natural da pele. As propriedades terapêuticas são atribuídas ao componente aromático limoneno, que também é um antisséptico eficaz.

Revitaliza e ilumina Tem propriedades tonificantes e um pouco adstringentes que melhoram a aparência da pele oleosa, sem viço ou cansada.

Fortalece a imunidade Além disso, as propriedades refrescantes podem aliviar os sintomas da febre provocada por gripes e resfriados.

Auxilia a digestão Assim como outros óleos cítricos, o de laranja acalma o sistema digestório. Ajuda o alimento a se locomover com eficiência pelo intestino, evitando, assim, a prisão de ventre e a flatulência. Também alivia a indigestão.

Diminui a ansiedade O aroma doce e revigorante acalma a tensão nervosa, reduz sentimentos depressivos e proporciona um sono reparador em caso de insônia.

Melhores **usos**

Banheira Desfrute de um banho relaxante que suaviza e tonifica a pele pingando 6-8 gotas em 1 colher (sopa) de óleo base ou leite integral e misturando na água morna.

Massagem Para aliviar a náusea, a indigestão e os sintomas da prisão de ventre, acrescente 4-6 gotas a 1 colher (sopa) de óleo base e massageie o abdome.

Difusor Usado no difusor, o óleo ajuda a purificar o ar e a mente. A ação antisséptica é útil em quartos de pessoas enfermas, e o aroma calmante pode levar a um sono reparador para adultos e crianças.

***Uso seguro** Atóxico e não irritante quando diluído.*

A planta

***Como a maioria das árvores cítricas**, a laranjeira é nativa da China. Hoje, no entanto, a maior parte da produção comercial do óleo essencial ocorre no Brasil, Estados Unidos e Chipre.*

O óleo essencial

***Prensado a frio** da casca da fruta, o óleo é fluido, laranja-esverdeado claro e tem o mesmo aroma frutado doce e refrescante que se sente ao descascar uma laranja.*

O óleo cítrico de aroma doce é revigorante e estimulante, fortalecendo a sensação de bem-estar.

A laranjeira-doce cresce em abundância nos climas quentes e temperados do mundo inteiro.

Espécie arbustiva, a mirra produz uma resina marrom-dourada com aroma de incenso adocicado.

PELE

ENXAGUATÓRIO BUCAL

UMA **MISTURA** PERFEITA

Crie um blend picante com cedro, cipreste, olíbano, limão-siciliano, patchuli e sândalo.

Mirra

Commiphora myrrha, C. molmol

Devido às propriedades **antissépticas**, a mirra é muito popular para tratar cortes e feridas. Conhecida pela ação **antienvelhecimento**, é usada em produtos dermatológicos para prevenir rugas prematuras. Transmite firmeza, estimula e **fortalece** as emoções.

Quais são os **benefícios?**

Trata a pele Utilizado há muito tempo para cuidar de vários tipos de afecções cutâneas, como acne, pé de atleta, eczema e herpes labial, o óleo de mirra é também eficaz no tratamento de cortes, queimaduras e feridas. Embora pouco irritante, não deve ser aplicado puro na pele.

Tonifica a pele A capacidade de preservar o tônus retarda o aparecimento de rugas e outras linhas de expressão. Também é ideal para reparar pele rachada.

Cuida dos dentes e da gengiva Como enxaguatório bucal, as propriedades antissépticas ajudam a combater infecções e inflamações, aliviando úlceras, dor de garganta, sangramento na gengiva, mau hálito e sapinho.

Combate tosse e resfriado A mirra é um excelente expectorante, sobretudo quando se produz muco grosso e esbranquiçado. Experimente usá-la na inalação a vapor para aliviar problemas crônicos de pulmão, tosse, resfriado e bronquite.

Favorece o bem-estar Acredita-se que as propriedades aromaterapêuticas fortalecem a confiança diante de dificuldades, reforçam a concentração e proporcionam um forte senso de propósito.

Melhores **usos**

Tônico para a pele Acrescente 2-4 gotas de óleo essencial de mirra a 2 colheres (sopa) de loção ou tônico facial para melhorar o tônus da pele madura ou danificada pelo sol.

Enxaguatório bucal Adicione 1-2 gotas de óleo à água e enxágue a boca para combater problemas na gengiva e mau hálito.

Uso seguro *Não irritante quando diluído (menos de 0,2%) durante a gravidez e a amamentação.*

A planta

A mirra *pertence a uma família de pequenos arbustos espinhosos nativos do Oriente Médio, do norte da África e do norte da Índia. A resina é recolhida de incisões na árvore, de onde flui livremente.*

O óleo essencial

Pedaços da resina seca *são destilados a vapor para produzir o óleo essencial, que vai do laranja-claro ao âmbar.*

Fortalecedora e cicatrizante, a mirra tem efeito rejuvenescedor na pele.

MASSAGEM
ENXAGUATÓRIO BUCAL

UMA **MISTURA** PERFEITA

Combina com óleos de bergamota, gengibre, limão-siciliano, néroli, jasmim, canela, sálvia esclareia e de especiarias.

Coentro

Coriandrum sativum

Esse óleo bastante **aromático** tem uma longa história na medicina milenar, em particular na aiurvédica e na chinesa. Possui ação **antisséptica** que ajuda a combater espinhas e infecções fúngicas e, usado como enxaguatório bucal, refresca o hálito. O **aroma leve e herbáceo** energiza e é um tônico natural para o desânimo.

Quais são os **benefícios?**

Alivia a dor O efeito térmico do coentro ativa a circulação e alivia músculos e articulações rígidos e doloridos. As propriedades analgésicas ajudam a amenizar dor de cabeça comum e nevralgia localizada, além de cólicas menstruais.

Atua como antisséptico O óleo é eficaz contra manchas, espinhas e infecções fúngicas ocasionais. O forte efeito antisséptico e desodorante também o torna útil contra as bactérias que provocam chulé, mau hálito e problemas na gengiva.

Favorece o bem-estar Usado como aromatizador de ambiente, o relaxante perfume herbáceo do coentro tem efeito energético que ajuda a combater a apatia e a exaustão nervosa.

Melhores **usos**

Massagem Acrescente 6-12 gotas a 2 colheres (sopa) de óleo base para uma massagem aquecedora e que neutraliza os odores.

Enxaguatório bucal Misture 1-2 gotas do óleo essencial de coentro e 1 colher (chá) de glicerina ou tintura de calêndula com água e enxágue a boca para tratar infecções na gengiva.

Uso seguro *Atóxico e não irritante.*

A planta

Tanto as folhas como as sementes *do coentro produzem óleos essenciais. Quando destilado das folhas, é conhecido como óleo essencial de cilantro. As folhas também são um ingrediente popular na culinária.*

O óleo essencial

A destilação a vapor *das sementes maduras moídas produz um óleo que varia do incolor ao amarelo--claro, de essência herbácea doce, picante e um pouco frutada, que é reconfortante, estimulante e calmante.*

O reconfortante coentro gera um óleo que estimula e acalma, perfeito para animar.

As sementes geradas pelas flores do coentro são usadas para produzir o óleo essencial aromático.

MASSAGEM COMPRESSA

Cominho

Cuminum cyminum

O uso do cominho remonta aos egípcios e assírios antigos. Esse óleo essencial **reconfortante** contribui para **relaxar** a musculatura e aliviar articulações doloridas. Ele ativa a circulação, ajuda a **acalmar** e a **estimular** o ânimo. É também um bom antisséptico.

Quais são os **benefícios?**

Ajuda a desintoxicação A ação desintoxicante do cominho o torna um bom óleo de massagem para combater a celulite persistente. Também age no funcionamento do fígado, auxiliando a remover toxinas.

Ativa a circulação O cominho tem efeito tonificante e pode ser usado para controlar a hipertensão.

Alivia dor e desconforto digestivo Ajuda a fortalecer o trato digestivo, aliviando náusea, inchaço e prisão de ventre. Também abranda dor de cabeça leve.

Trata a pele Em produtos dermatológicos, tem ação antisséptica que ajuda a tratar pele seca ou rachada, reduzir contusões e controlar acne, eczema e psoríase. Também revitaliza pele madura e cansada.

Combate a fadiga O aroma estimulante e energizante melhora os estados de letargia, fraqueza e dificuldade de concentração.

Melhores **usos**

Massagem Adicione 2-4 gotas a 2 colheres (sopa) de óleo base para uma massagem que alivia dores nas articulações e músculos.

Compressa Acrescente 2-3 gotas a um pouco de glicerina ou óleo de amêndoa, junte água fria e use como compressa para aliviar coceira e hematomas.

Uso seguro *Dilua muito bem (menos de 0,5%). Evite aplicar até 12 horas antes da exposição ao sol.*

A planta

Encontrada do leste do Mediterrâneo *ao leste da Índia, o cominho pertence à família da salsa. Tem folhas delicadas e pequenas flores brancas com sementes aromáticas ricas em óleo.*

O óleo essencial

As sementes moídas *do cominho são destiladas a vapor para produzir um óleo amarelo-claro que escurece com o tempo e cujo aroma pungente, picante, amadeirado e almiscarado é sensual e estimulante.*

Esse óleo relaxante é ideal para atenuar dores musculares.

COMPRESSA MASSAGEM FRAGRÂNCIA

Cipreste

Cupressus sempervirens

Conhecido como um óleo **que aquece** e **revigora**, o cipreste também suaviza e relaxa, aliviando dores musculares. Tem efeito **estimulante** na circulação e forte ação **tonificante** na pele e vasos sanguíneos. O aroma amadeirado refrescante cria uma sensação de **otimismo**.

UMA MISTURA PERFEITA

Os óleos essenciais de sálvia esclareia, bergamota, limão-siciliano, lavanda, gengibre, zimbro, pinho e gerânio são ótimas combinações.

Quais são os **benefícios?**

Melhora a circulação O óleo de cipreste tem poderosa ação tonificante nos vasos e ajuda a regular o fluxo sanguíneo. Por isso, é útil no tratamento de vasinhos, varizes e hemorroidas.

Tonifica a pele As propriedades reguladoras o tornam ideal para uniformizar pele oleosa e edemaciada e para tonificar áreas flácidas, como as decorrentes após a perda de peso.

Ajuda a desintoxicação Bastante adstringente, o óleo de cipreste é útil para combater a retenção de líquido e a celulite, manter a circulação saudável e eliminar toxinas.

Age como desodorante A qualidade adstringente o torna um antitranspirante e desodorante eficiente. Em um escalda-pés, auxilia a controlar a transpiração e o mau odor.

Colabora para a saúde da mulher A ação calmante é eficaz no alívio de desconfortos e cólicas menstruais.

Alivia dores e desconfortos Diluído em óleo base, a massagem pode amenizar o reumatismo e a artrose, assim como dores em músculos e articulações. Também ajuda a controlar espasmos e a tratar lesões.

Trata feridas Devido às propriedades antissépticas, o óleo essencial de cipreste é usado em loções e cremes para cicatrização. O poder adstringente pode estancar sangramentos nasais, por exemplo.

Reduz a tensão nervosa Refrescante e tonificante para a mente, ajuda a aliviar a fadiga e a tensão.

Melhores **usos**

Compressa Para estancar sangramentos no nariz, pingue 4-5 gotas em uma compressa fria e, mantendo a cabeça na posição normal, pressione-a levemente nas narinas.

Massagem aquecedora Dilua 16-20 gotas em 2 colheres (sopa) de óleo base para amenizar reumatismo, artrite, varizes e cólicas menstruais.

Colônia As notas vigorosas do cipreste são apropriadas para colônias masculinas e loções pós-barba. Muitas mulheres também o apreciam como alternativa a essências florais fortes.

***Uso seguro** Atóxico e não irritante quando diluído.*

A planta

***Nativo das regiões mediterrâneas**, o cipreste é uma árvore conífera perene que pode crescer até 35 m de altura e viver mais de mil anos. Há muito tempo é um ingrediente importante no incenso para usos ritualísticos, além de ser fonte do óleo terapêutico.*

O óleo essencial

***De incolor ao amarelo bem claro**, tem aroma amadeirado, de noz, com notas de especiarias. É obtido por destilação a vapor das folhas frescas e das pinhas.*

PELE DIFUSOR PRIMEIROS SOCORROS

Capim-limão

Capim-limão

Cymbopogon citratus, C. flexuosus

Também conhecido como lemongrass, esse óleo essencial **refresca** e **estimula** o corpo e a mente e tem propriedades antissépticas e adstringentes que agem na pele oleosa ou propensa à acne. Além de **desodorante** e **antibacteriano**, é **repelente de insetos.**

Quais são os **benefícios?**

Atua como antisséptico Tem efeitos adstringentes e antissépticos. Algumas gotas em uma vaporização facial limpam poros dilatados ou obstruídos. As propriedades antissépticas, somadas ao aroma refrescante, ajudam, ainda, a controlar o suor e as bactérias que provocam odores corporais. O óleo também ameniza acne, eczema e pé de atleta.

Repele insetos O capim-limão é um dos principais ingredientes de repelentes naturais contra insetos.

Auxilia a digestão Além de estimulante natural do apetite, é um bom tratamento contra infecções gástricas.

Alivia dores e desconfortos Diluído em uma mistura para massagem, revigora o tônus muscular e tecidos flácidos. Ideal para massagens antes da prática de exercícios físicos e para tratar de dores ou distensão muscular. Também ameniza dor de cabeça.

Favorece o bem-estar Acalma e fortalece o sistema nervoso e diminui a depressão e o estresse.

Melhores **usos**

Tônico Adicione 4-8 gotas a 2 colheres (sopa) de hamamélis ou loção leve.

Difusor O aroma anima e descansa.

Repelente de insetos Misture 4-8 gotas com 2 colheres (sopa) de loção.

Uso seguro *Dilua muito bem (menos de 0,5%). Evite utilizar em pele hipersensível e em crianças menores de 7 anos.*

A planta

Há duas espécies principais de capim-limão: Cymbopogon citratus, *nativa da Índia Ocidental,* e Cymbopogon flexuosus, *da Índia Oriental, que produzem óleos com propriedades semelhantes, utilizados em cosméticos e perfumaria.*

O óleo essencial

Extraído por destilação a vapor *do capim picado, o óleo varia do amarelo-claro ao âmbar e tem aroma cítrico, herbáceo e refrescante.*

BANHEIRA MASSAGEM DIFUSOR

Palmarosa

Cymbopogon martinii

Capim nativo da Índia, tem agradável aroma floral com notas de rosa. Devido à ação **reguladora**, é um ingrediente popular para cuidar da pele: **hidrata** a seca, **revigora** a cansada ou envelhecida e regula a oleosa.

Quais são os **benefícios?**

Hidrata e tonifica Estimula a regeneração celular, melhorando a aparência de cicatrizes e estrias. Reduz rugas e linhas de expressão e ilumina a tez cansada. Em uma vaporização facial, pode desobstruir poros e tonificar pele flácida.

Auxilia a convalescença Tônico suave, o óleo ajuda a acelerar a recuperação após um problema de saúde. Estimula a digestão e o apetite e, diluído e massageado no abdome, alivia sintomas da diarreia.

Atua como antisséptico Age contra as bactérias que provocam acne. Também trata pé de atleta, dermatite e infecções leves de pele.

Favorece o bem-estar Na massagem, o óleo alivia o estresse, a ansiedade e a tensão, além de ser afrodisíaco, combatendo emoções negativas que interferem na satisfação sexual.

Melhores **usos**

Banheira Misture 4-6 gotas com 1 colher (sopa) de óleo base ou leite integral para um banho revigorante em caso de cansaço, recuperação da saúde ou problemas de digestão.

Massagem Adicione 16-24 gotas a 2 colheres (sopa) de óleo base para tonificar a pele.

Difusor Use para refrescar o ar, combater a fadiga e auxiliar a concentração.

Uso seguro *Atóxico e não irritante quando diluído (menos de 5%).*

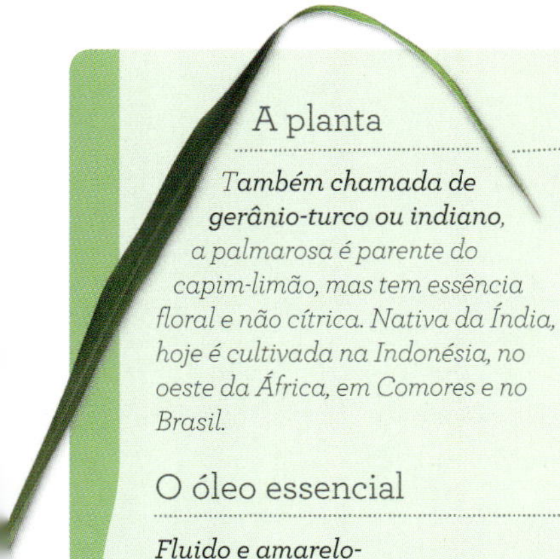

A planta

Também chamada de gerânio-turco ou indiano, *a palmarosa é parente do capim-limão, mas tem essência floral e não cítrica. Nativa da Índia, hoje é cultivada na Indonésia, no oeste da África, em Comores e no Brasil.*

O óleo essencial

Fluido e amarelo--claro, *o óleo pode ser destilado a vapor ou com água do capim fresco ou seco. Tem aroma floral doce com uma leve nota de rosa.*

DIFUSOR PELE

Citronela

Cymbopogon nardus

Mais conhecida como **repelente de insetos** utilizado em velas, *pot-pourris* e loções, ela tem outros usos. Na aromatização de ambientes, ajuda a **purificar** e **refrescar** a mente, e as propriedades antissépticas têm efeito eficaz em desodorantes.

Quais são os **benefícios?**

Tonifica a pele As propriedades tonificantes da citronela auxiliam a regular a pele propensa à oleosidade.

Repele insetos Esse repelente popular é um item muito útil em viagens. Carregue um pano umedecido com citronela para manter os insetos a distância.

Refresca e purifica o ar As propriedades antissépticas ajudam a eliminar vírus, sobretudo durante a temporada de resfriado e gripe ou para purificar o ar do quarto de pessoas enfermas. A ação antisséptica também a torna um ingrediente eficaz em desodorantes.

Aumenta a concentração O óleo essencial de citronela pode avivar as emoções em momentos de desânimo e manter a clareza mental e a concentração.

UMA MISTURA PERFEITA

Experimente combinar com gerânio, lavanda, pinho, hortelã-pimenta, bergamota e outros óleos cítricos.

Melhores **usos**

Difusor Adicione 2-3 gotas a um difusor ou spray com água para criar um repelente de insetos eficaz.

Loção Acrescente 3-6 gotas a 2 colheres (sopa) de loção de base neutra sem perfume e passe nos pés para combater maus odores.

Uso seguro *Não irritante quando diluído (menos de 5%). Evite aplicar em pele hipersensível.*

A planta

Capim rígido *nativo do Sri Lanka e de Java, a citronela se diferencia de seu parente, o capim-limão, pelos talos avermelhados.*

O óleo essencial

Destilado do capim *fresco, seco ou quase seco bem picado, o óleo amarelo-claro ou escuro tem aroma cítrico e doce.*

DIFUSOR PELE

Semente de cenoura

Daucus carota

Esse óleo incomum tem efeito **rejuvenescedor** em vários sistemas do organismo. Ele proporciona **firmeza**, aliviando o estresse e o cansaço. Também tem ação diurética suave, que ajuda a eliminar toxinas, e **propriedades terapêuticas**, que **revitalizam** e nutrem a pele seca e envelhecida.

Quais são os **benefícios?**

Ajuda a desintoxicação O efeito diurético suave do óleo de semente de cenoura auxilia a reduzir a retenção de líquido. O poder desintoxicante colabora para o bom funcionamento do fígado e fortalece o sistema digestório.

Reduz o estresse O aroma terroso é calmante, diminuindo o estresse, e fortalece o organismo para combater sensações de cansaço e letargia geral.

Alivia músculos doloridos Em uma mistura para massagem ou diluído no banho, o óleo é bastante aquecedor, amenizando dores e ativando a circulação.

Repara a pele Muito valorizado em cosméticos, é adicionado a cremes faciais e corporais para nutrir, firmar, revitalizar e tonificar pele de aparência cansada. As propriedades calmantes o tornam adequado também para irritação ou coceira.

Melhores **usos**

Difusor Acrescente 3-4 gotas a um difusor ou vaporizador de óleo para deixar o ar com um aroma terroso sutil.

Creme Adicione 6-8 gotas a 2 colheres (sopa) de creme ou loção de base neutra e use para suavizar pele seca e estimular a renovação celular e o rejuvenescimento da pele.

Uso seguro *Dilua bem (menos de 2%). Evite durante a gravidez e a amamentação.*

Com aroma sutil, esse óleo apresenta propriedades terapêuticas poderosas.

A planta

A cenoura silvestre*, nativa da Europa, tem folhas felpudas e flores brancas delicadas com centro roxo que se agrupam em forma de guarda-chuva. Embora apresente poucas semelhanças com a cenoura-hortense, de raiz comestível, o aroma é o mesmo.*

O óleo essencial

A destilação a vapor *das sementes secas da cenoura silvestre produz um óleo amarelo-amarronzado viscoso. O aroma é sutil, ligeiramente doce, seco e terroso, com notas herbáceas.*

UMA **MISTURA** PERFEITA

Combina bem com óleos de violeta, mimosa, zimbro, lavanda, cedro, gerânio, cítricos e de especiarias.

As características flores brancas rendadas *da cenoura silvestre crescem em forma de guarda-chuva.*

MASSAGEM

ENXAGUATÓRIO BUCAL

Cardamomo

Elettaria cardamomum

Diurético natural e estimulante digestivo, o cardamomo **acelera** o metabolismo, em especial o de gordura. Por ser um **antisséptico** eficaz, é ingrediente comum de enxaguatórios bucais e desodorantes naturais.

Quais são os **benefícios?**

Age como desodorante Contribui para matar as bactérias responsáveis pelo odor corporal.

Cuida dos dentes e da gengiva As propriedades antissépticas são eficazes no tratamento de mau hálito e de dor e sangramento na gengiva.

Ajuda a desintoxicação Diluído em um óleo base e usado em uma massagem, ativa a circulação. A ação diurética suave também facilita a eliminação de toxinas.

Ameniza problemas de digestão O efeito calmante é ideal para tratamento de dor de estômago, náusea e azia.

Combate o cansaço Alivia o estresse e revigora, auxiliando a combater a fadiga. Tem ação afrodisíaca, quando se está muito cansado.

Melhores **usos**

Massagem Adicione 6-8 gotas a 2 colheres (sopa) de óleo base para uma massagem revigorante e desintoxicante no corpo inteiro.

Enxaguatório bucal Misture 1-2 gotas com 1 colher (chá) de glicerina ou tintura de calêndula e acrescente água.

***Uso seguro** Atóxico e não irritante. Evite em crianças menores de 7 anos.*

A planta

***As sementes e bagas** do cardamomo, nativo da Índia, são usadas há séculos na culinária e no tratamento da saúde. Também são utilizadas na medicina tradicional chinesa.*

O óleo essencial

***Extraído por destilação** a vapor das sementes, o óleo vai do incolor ao amarelo-claro e tem aroma doce de especiarias, com notas amadeiradas.*

*As sementes do aromático **cardamomo** são utilizadas na culinária.*

UMA MISTURA PERFEITA

Para uma massagem estimulante, combine com óleo essencial de bergamota, cedro, cravo-da-índia, olíbano, laranja, rosa, sândalo ou ylang ylang.

MASSAGEM | INALAÇÃO A VAPOR | DIFUSOR

Eucalipto

Eucalyptus globulus

Esse óleo **reconfortante** e **antisséptico** é ótimo para aliviar dores e tratar aftas e picadas de inseto. Ele **tonifica** e regula a pele, e seu aroma contribui para **aumentar a concentração** e afastar a depressão.

Quais são os **benefícios?**

Atua como antisséptico Diluído (1 a 2% em óleo base), o óleo trata infecções, feridas bacterianas e fúngicas e alivia picadas. No banho, pode amenizar a cistite. Também traz frescor a quartos de pessoas enfermas.

Tonifica a pele Uma vaporização facial com algumas gotas limpa e tonifica pele oleosa ou propensa à acne.

Alivia dores e desconfortos Em um óleo base ou pomada, ativa a circulação e relaxa músculos e articulações rígidos.

Aumenta o foco O eucalipto favorece a concentração.

Melhores **usos**

Massagem Misture 2-3 gotas com uma pomada de base neutra e esfregue no peito para limpar as vias respiratórias e induzir o sono em caso de congestão.

Inalação Adicione 6-8 gotas à água quente e inale para clarear a mente, limpar e tonificar a pele.

Difusor Use 3-4 gotas para combater o cansaço.

***Uso seguro** Atóxico externamente e não irritante quando diluído (menos de 5%). Evite aproximar do rosto de crianças menores de 7 anos.*

A planta

O eucalipto-comum *(Eucalyptus globulus), nativo da Austrália, é o mais cultivado das centenas de espécies da planta. Muitas outras são usadas na aromaterapia, em particular* Eucalyptus radiata, *mais suave, e* Eucalyptus citronella, *mais refrescante.*

O óleo essencial

Destilado a vapor *das folhas, é incolor ou amarelo-claro, com aroma canfóreo, amadeirado.*

MASSAGEM · ENXAGUATÓRIO BUCAL

Erva-doce

Foeniculum vulgare

A erva-doce (ou funcho) tem uma longa história como erva sagrada e medicinal. O óleo essencial **limpa** e **refresca**, e sua principal ação é **desobstruir** o corpo e a mente, seja aliviando a prisão de ventre e outros problemas, seja permitindo a expressão de emoções reprimidas.

Quais são os **benefícios?**

Ajuda a desintoxicação Tem efeito diurético e ativa a circulação. Diluído em óleo base, promove uma massagem desintoxicante para tratar a celulite persistente.

Cuida dos dentes e da gengiva Bem diluído, pode ser usado como enxaguatório bucal para combater as bactérias que danificam os dentes e causam mau hálito.

Auxilia a digestão Em uma mistura para massagem, ajuda a eliminar gases, inchaço, cólica intestinal e prisão de ventre. Também estimula o apetite e ameniza a indigestão nervosa provocada por agitação ou perturbação emocional.

Combate resfriados Expectorante leve, age na tosse com catarro. Misture com um óleo base para esfregar no peito ou coloque em difusor ou vaporizador.

UMA MISTURA PERFEITA

Para aliviar a indigestão, utilize com óleos de gengibre, noz-moscada e hortelã-pimenta. Também combina com gerânio, lavanda, manjerona e rosa.

Melhores **usos**

Massagem Para indigestão, adicione 4-6 gotas a 1 colher (sopa) de óleo base leve e massageie o abdome no sentido horário.

Enxaguatório bucal Misture 1-2 gotas com 1 colher (chá) de glicerina ou tintura de calêndula e acrescente água.

Uso seguro *Deve ser bem diluído (menos de 2%). Evite durante a gravidez e a amamentação. Não é adequado para crianças menores de 7 anos.*

A planta

A erva-doce *cresce até 2 m de altura. As folhas verdes felpudas e as flores amarelas atraem abelhas e outros insetos e produzem as sementes ricas em óleo.*

O óleo essencial

Destilado a vapor *das sementes moídas, é amarelo-claro, com aroma doce que lembra anis.*

COMPRESSA DIFUSOR POMADA

Wintergreen

Gaultheria procumbens, G.fragrantissima

Também conhecida como gaultéria, é um óleo pungente que deve ser usado com moderação. O aroma mentolado ajuda a clarear a mente e pode ser usado topicamente, diluído, para **aliviar a dor**.

Quais são os **benefícios?**

Alivia a dor O óleo é um ingrediente muito usado em pomadas e cremes para tratar a musculatura. Contém um analgésico natural semelhante à aspirina que combate a dor localizada. Em uma compressa, atenua dor de cabeça, cãibra, dor nas articulações e tendinite. Também ameniza dores relacionadas a artrite e reumatismo.

Auxilia a digestão Absorvido pela pele, estimula o processo digestivo ao induzir a liberação de sucos gástricos.

Tonifica pele e cabelo É forte demais para usar no rosto. Quando bem diluído, tem ação adstringente e antisséptica que trata acne. As propriedades antifúngicas são eficazes contra caspa e pé de atleta.

Clareia a mente Algumas gotas em um vaporizador ou difusor facilitam a respiração e aliviam o estresse e a tensão.

Melhores **usos**

Compressa Misture 3 gotas de óleo com igual quantidade de lavanda para fazer uma aplicação quente ou fria que alivia dor localizada.

Difusor Usado no difusor ou vaporizador, desobstrui as vias respiratórias.

Pomada Acrescente 1-2 gotas a uma pomada de base neutra para atenuar dor localizada.

Uso seguro *Dilua bem (menos de 2%). Evite durante a gravidez e a amamentação. Não adequado para crianças pequenas. Não utilize caso tome medicações anticoagulantes ou tenha sensibilidade à aspirina.*

A planta

É um arbusto perene *nativo da América do Norte. Tem folhas ovais verdes e lustrosas e flores brancas abundantes no verão. No inverno, estas se transformam em bagas vermelho-vivo que duram até a primavera e eram usadas tradicionalmente em misturas herbais para aliviar dor muscular.*

O óleo essencial

Destilado a vapor *das folhas picadas, o óleo, que varia de amarelo-claro a rosado, tem aroma mentolado, fresco e doce. Combina com hortelã-pimenta, bergamota, manjericão, lavanda e capim-limão.*

Esse óleo essencial tem fortes efeitos antibacterianos e antifúngicos.

PRIMEIROS SOCORROS | COMPRESSA | INALAÇÃO A VAPOR | DIFUSOR | PELE

Immortelle

Helichrysum italicum

Também conhecida como **sempre-viva**, rende um óleo **regenerador** fantástico, que **refresca** e acalma a pele. As propriedades antissépticas e **anti-inflamatórias** ajudam a cicatrizar feridas e erupções. Tem forte ação **tranquilizante**, amenizando ansiedade, exaustão nervosa e depressão.

UMA MISTURA PERFEITA

Para obter um aroma equilibrante, experimente combinar com camomila, gerânio e lavanda. Também harmoniza com rosa, pau-rosa, sálvia esclareia, bergamota e outros óleos cítricos.

Quais são os **benefícios?**

Favorece o bem-estar As propriedades terapêuticas do óleo ajudam a tratar tensão, depressão, fadiga e outros problemas relacionados ao estresse. Revigorante, refreia o pessimismo e proporciona uma sensação de segurança.

Alivia a dor Anti-inflamatório eficaz, é uma boa escolha para dores nas articulações, artrite e torções em geral.

Trata feridas e combate infecções Misturado a um creme, pode ser aplicado em feridas para reduzir o inchaço, desinfetar e regenerar o tecido. Também tem ação antibacteriana.

Trata e protege a pele As propriedades anti-inflamatórias e regeneradoras o tornam útil para tratar de problemas como acne, dermatite, hematomas, furúnculos e abscessos. Também ajuda a reduzir cicatrizes, estrias e manchas. Antioxidante, protege a pele dos radicais livres que provocam o envelhecimento precoce.

Suaviza a pele A ação calmante ameniza surtos de alergia, assim como dormência e formigamento causados por problemas nervosos.

Ativa a circulação Ao melhorá-la, ajuda a controlar a pressão arterial e a reduzir varizes.

Combate tosse e resfriados Tem efeito antiespasmócico que alivia asma e tosse persistente. Pode agir como descongestionante em caso de sinusite e catarro, especialmente se provocados por alergia ou estresse.

Melhores **usos**

Primeiros socorros Misture o óleo com um creme e aplique em arranhões e cortes e em queimaduras após a higienização para eliminar o agente agressor.

Compressa Adicione 6-8 gotas a uma compressa fria e pressione sobre a área afetada.

Inalação Use 8-10 gotas para desobstruir as vias respiratórias.

Difusor Coloque 3-4 gotas em um difusor para criar um ambiente tranquilo.

Cuidados com a pele Em sprays, tônicos e loções, o immortelle deixa a pele fresca, tonificada e ameniza a aparência de rugas e manchas.

Uso seguro *Dilua bem (menos de 0,5%).*

A planta

As pequenas flores *dessa espécie mediterrânea dão lindos arranjos. Integrante da família do girassol, elas mantêm a cor vibrante mesmo quando secas, daí os nomes immortelle e sempre-viva.*

O óleo essencial

Amarelo aquoso *com um ocasional toque de vermelho, é obtido da destilação a vapor das flores. Tem aroma peculiar semelhante à palha, com notas de fruta, chá e mel.*

Esse óleo refresca, suaviza e nutre, rejuvenescendo e tratando a pele.

O arbusto perene e perfumado produz aglomerados de flores amarelas vibrantes.

INALAÇÃO A VAPOR

ENXAGUATÓRIO BUCAL

Anis-estrelado

Illicium verum

Valorizado pelos **benefícios terapêuticos** e pelo sabor característico, é usado desde a Antiguidade na Europa, no Oriente Médio e na Ásia. O óleo essencial tem aroma intenso e atua como **analgésico** e **antisséptico** eficaz.

UMA **MISTURA** PERFEITA

Combina com vetiver, palmarosa, laranja e outros óleos cítricos, além de néroli, olíbano, lavanda, ylang ylang e tea tree.

Quais são os **benefícios?**

Alivia dores e desconfortos As propriedades analgésicas aliviam dor muscular localizada e desconfortos causados por reumatismo e artrite.

Atua como antisséptico Tem forte ação antibacteriana e antifúngica, que ajuda a tratar infecções como pé de atleta. Combate piolho e ácaro.

Age como desodorante Bastante utilizado em sabonetes para combater mau odor corporal, é também um refrescante natural para o hálito.

Tonifica a pele As propriedades reguladoras são ótimas para acalmar tipos oleoso e misto.

Promove um sono reparador Tem ação sedativa que ajuda a acalmar, desacelerando a frequência cardíaca, o que é útil contra a insônia relacionada à ansiedade.

Melhores **usos**

Inalação Use 3-4 gotas de óleo para aliviar os sintomas de bronquite, resfriado e gripe.

Enxaguatório bucal Em um copo de água, misture 1-2 gotas com 1 colher (chá) de glicerina ou tintura de calêndula. Faça bochechos para combater as bactérias que provocam mau hálito, tomando cuidado para não ingerir.

Uso seguro *Dilua bem (menos de 1%). Evite durante a gravidez e a amamentação. Não é adequado para crianças menores de 7 anos.*

A planta

Árvore perene *nativa da China e do Vietnã, o anis-estrelado produz frutas na forma de estrela bastante usadas na culinária asiática e na medicina tradicional.*

O óleo essencial

O óleo amarelo-claro *tem aroma semelhante ao do alcaçuz e é destilado a vapor das frutas frescas e parcialmente secas.*

FRAGRÂNCIA PELE

Jasmim

Jasminum officinale

O aroma inebriante do jasmim é muito valorizado pelos perfumistas. O óleo essencial é um dos mais **revigorantes**, e, devido aos efeitos **relaxantes**, é indicado como afrodisíaco.

Quais são os **benefícios?**

Suaviza Em loções, o óleo trata pele sensível, inflamada e quente ao toque.

Tonifica É um tonificante natural, que melhora a elasticidade da pele. Diluído em uma mistura para massagem e usado com regularidade, minimiza estrias e cicatrizes.

Favorece o bem-estar O aroma floral é revigorante. Ajuda a ficar alerta, reduzir a tensão, o estresse e a ansiedade, e dissipar sentimentos negativos. É considerado afrodisíaco para homens e mulheres.

Combate tosse e resfriado Uma inalação a vapor com algumas gotas do óleo ameniza laringite e rouquidão.

Melhores **usos**

Perfume Pode ser o único componente aromático de um perfume (10-15%) devido à complexidade de seu aroma.

Tônico facial Misture 2-3 gotas de absoluto de jasmim com 1 colher (chá) de glicerina ou hamamélis e adicione água. Aplique no rosto com algodão.

Uso seguro *Atóxico e não irritante.*

Refrescante e floral, o aroma doce do jasmim é um revigorante instantâneo.

A planta

Nativo do noroeste da Índia, *o nome jasmim deriva do persa yasmin, que significa flor perfumada. A indústria de perfume valoriza o aroma exótico e intenso.*

O óleo essencial

Como as flores *são delicadas demais para a destilação a vapor, usa-se a extração com solvente. No fim do processo, obtém-se o espesso óleo laranja-amarronzado conhecido como absoluto.*

No auge da floração, *os abundantes jasmins exalam um aroma celestial.*

MASSAGEM DIFUSOR COMPRESSA

Zimbro

Zimbro

Juniperus communis

É um óleo de aroma límpido inconfundível, que **fortalece** o sistema nervoso e **estimula o ânimo**. O efeito diurético leve ajuda a reduzir a retenção de líquido, e a ação **aquecedora** alivia músculos e articulações doloridos.

Quais são os **benefícios?**

Tonifica pele e cabelo Óleo estimulante, adstringente e desintoxicante que ajuda a desobstruir os poros e regular pele oleosa ou acneica. Diluído, pode ser aplicado em eczemas e psoríase, e, no enxágue para cabelo, auxilia no combate à caspa.

Ajuda a desintoxicação Como diurético, é útil contra gota, reumatismo e artrite.

Combate infecções urinárias Algumas gotas diluídas em um óleo base e adicionadas em um banho de assento morno atenuam os sintomas de cistite, e uma massagem na região lombar atenua a dor provocada por cálculo renal.

Alivia desconfortos Ameniza dores reumáticas e artríticas. Ajuda a regular o ciclo menstrual e a atenuar cólicas.

Reduz varizes O poder adstringente suave o torna eficaz no tratamento de varizes e hemorroidas.

Diminui a ansiedade Combate a tensão e a fadiga mental. É útil para amenizar insegurança, solidão e culpa.

Melhores **usos**

Massagem Adicione 6-8 gotas a 2 colheres (sopa) de óleo base.

Aromatizador de ambiente Acrescente 2-3 gotas a um difusor ou spray para purificar o ar estagnado.

Compressa Em uma compressa fria, pode aliviar erupções de pele.

***Uso seguro** Atóxico e não irritante quando diluído.*

A planta

***Também conhecido como junípero**, é uma árvore perene que produz pinhas com bagas, que produzem o óleo mais doce, mas agulhas e galhos também podem ser usados.*

O óleo essencial

***Destilado a vapor** das bagas, é incolor ou amarelo-claro, tem odor herbáceo, amadeirado, reconfortante e refrescante. Elas são um dos aromatizantes do gim.*

INALAÇÃO A VAPOR MASSAGEM

Louro

Laurus nobilis

O mesmo louro que tempera alimentos, quando destilado, produz um óleo essencial que **energiza** e **alivia a dor**, melhora o ânimo e **relaxa** a mente. Também é um **antisséptico** eficaz, em particular contra resfriados e gripes.

Quais são os **benefícios?**

Alivia dores e desconfortos Com leve ação analgésica, o louro pode aliviar músculos doloridos na região lombar, dor de cabeça comum e enxaqueca.

Combate resfriados e gripes Expectorante e descongestionante eficaz, é ótima opção para tratar pulmões congestionados e vias respiratórias obstruídas e para desinfetar quarto de pessoas enfermas.

Ação sedativa Pingue 1-2 gotas do óleo no travesseiro para ter uma boa noite de sono.

Favorece o bem-estar É associado a paz, sabedoria e autoconfiança, e ajuda a manter a coragem e a concentração para enfrentar desafios.

Melhores **usos**

Inalação Use 3-5 gotas para aliviar

Louro

a congestão nasal e a tosse e melhorar a respiração.

Massagem Dilua 1-2 gotas em 1 colher (chá) de óleo base e aplique nas têmporas para amenizar dor de cabeça.

Uso seguro *Dilua bem (menos de 0,5%). Não é adequado para pele hipersensível nem para crianças menores de 7 anos.*

A planta

A árvore *tem folhas verde-escuras em forma de espada. Nativa da Anatólia, estabeleceu-se por todo o Mediterrâneo. As frutas e folhas têm uso culinário e medicinal.*

O óleo essencial

As folhas são destiladas a vapor *para produzir um óleo incolor de aroma floral marcante, muito usado em produtos pós-barba.*

BANHEIRA

MASSAGEM

Lavanda

Lavandula angustifolia

Também conhecido como alfazema, esse óleo versátil tem aroma **calmante**, que promove um sono tranquilo. Os efeitos **rejuvenescedores** e **suavizantes** o tornam um tratamento eficaz para a pele.

Quais são os **benefícios?**

Suaviza Tem efeito hidratante na pele. Experimente adicioná-lo a cremes, óleos base e preparações para banho.

Trata Devido à ação regeneradora, é útil contra feridas e aftas. Aplicado puro, é um recurso terapêutico de primeiros socorros para cortes, queimaduras e picadas. Alivia acne, eczema, rosácea e psoríase e minimiza cicatrizes.

Promove um sono reparador Muito relaxante, ajuda a reduzir o nível de estresse e ansiedade.

Tem efeito analgésico Tem propriedades analgésicas suaves que amenizam dor de cabeça e enxaqueca, assim como dores em músculos e nervos. Antiespasmódico, alivia cólicas menstruais.

Atua como antisséptico Mantém feridas e úlceras limpas. Em um banho de assento, os efeitos antibacterianos e anti-inflamatórios podem combater infecções como a cistite.

Refresca o ar É excelente para aromatizar ambientes.

Melhores **usos**

Banheira Misture 8-12 gotas com 1 colher (sopa) de óleo base ou leite integral e desfrute de um banho relaxante antes de dormir.

Massagem Acrescente 12-20 gotas a 2 colheres (sopa) de óleo base.

Uso seguro *Atóxico e não irritante. Pode ser utilizado puro em áreas pequenas.*

A planta

A lavanda é uma espécie do gênero Lavandula *normalmente usada para obtenção do óleo essencial, e o lavandim, um híbrido de aroma terapêutico e propriedades antissépticas e tonificantes.*

O óleo essencial

Incolor ou amarelo-claro, *tem aroma floral e doce. Como alguns produtos têm componentes sintéticos, procure o nome* Lavandula augustifolia *no rótulo.*

A lavanda produz flores perfumadas em abundância e cresce com facilidade.

CABELO FRIMEIROS SOCORROS

Manuka

Leptospermum scoparium

Muito **antisséptica**, é ideal para tratar cortes e feridas. Tem também efeito **anti-histamínico**, um alívio para quem sofre de rinite alérgica. O **aroma terroso** intenso clareia a mente e afasta ansiedade ou raiva.

Quais são os **benefícios?**

Trata a pele A poderosa ação antisséptica acelera a cicatrização de cortes, arranhões e picadas. Devido às propriedades antifúngicas, é adicionado a pomadas para combater pé de atleta e a enxágues de cabelo para combater caspa.

Combate resfriados e gripes Devido às propriedades antibacterianas, a inalação a vapor com o óleo pode tratar tosses e resfriados.

Age como desodorante Bem diluído, pode controlar a transpiração e as bactérias responsáveis pelo odor corporal.

Alivia desconfortos em geral Anti--inflamatório, ameniza dor nos músculos e articulações e cólicas estomacais.

Ameniza alergias É um anti--histamínico natural que pode minimizar a reação a pólen, pó e partículas que irritam a pele e as vias respiratórias.

Favorece o bem-estar No caso de ansiedade ou raiva, ajuda a acalmar, relaxar e liberar bloqueios emocionais e mentais.

Melhores **usos**

Enxágue capilar Junte 3-5 gotas à água morna para distribuir a oleosidade natural em cabelos mistos.

Primeiros socorros Combine 6-12 gotas a 2 colheres (sopa) de pomada para eliminar bactérias e tratar cortes.

***Uso seguro** Atóxico e não irritante quando diluído.*

A planta

***É um arbusto** nativo da Nova Zelândia com flores cor-de-rosa, vermelho-escuras ou brancas, mas são os galhos e as folhas discretas que produzem o óleo essencial aromático.*

O óleo essencial

***Destilado a vapor** das folhas e galhos, varia do amarelo ao marrom--claro e tem aroma terroso intenso com notas herbáceas e de mel.*

***De cor vibrante**, as flores da manuka são irresistíveis às abelhas.*

MASSAGEM PELE

Litsea

Litsea cubeba

Também conhecida como *may chang*, a litsea reconforta, refresca e revigora, ajudando a **aliviar** a tensão nervosa. É antisséptica e **reguladora da pele**, o que a torna um ingrediente importante em produtos dermatológicos.

Quais são os **benefícios?**

Tonifica Adstringente e anti-inflamatório, o óleo ajuda a controlar a acne e a tratar as espinhas já existentes, além de regular peles oleosa e mista.

Auxilia a digestão Além disso, alivia a náusea e estimula o apetite.

Age como desodorante Em um spray para o corpo ou escalda-pés, ajuda a controlar a transpiração e a combater as bactérias responsáveis pelo odor corporal.

Reduz o estresse Contribui para afastar a depressão e acalmar o ritmo cardíaco acelerado resultante de pânico ou estresse, permitindo pensar com mais clareza sobre uma situação.

Alivia dores e desconfortos A ação estimulante ativa a circulação e diminui a inflamação de músculos fatigados.

Melhores **usos**

Massagem Faça uma aplicação suave com uma mistura contendo óleo de litsea para aquecer, relaxar e acalmar.

Tônico Adicionado a um tônico, limpa e refresca a pele.

Uso seguro *Dilua bem (menos de 0,5%). Não é adequado para crianças menores de 7 anos nem para pele hipersensível.*

A planta

***A litsea** ou may chang **também** é chamada de pimenta-da-montanha, porque suas bagas lembram grãos de pimenta. Todas as partes contêm óleo, mas são as bagas que produzem o de melhor qualidade. Apesar do aroma de limão, é parente da canela e de espécies aromáticas da família do louro.*

O óleo essencial

***As bagas** são destiladas a vapor para extrair um óleo amarelo com um aroma de limão complexo e refinado.*

BANHEIRA MASSAGEM COMPRESSA PELE

Camomila

Matricaria recutita

Popular na forma de chá herbal, produz um óleo de tratamento dermatológico eficaz, devido às propriedades **calmantes** e **tonificantes**. Tem forte ação anti-inflamatória, penetrando as camadas da pele para **suavizar**, tratar, reparar e combater problemas como o eczema.

UMA MISTURA PERFEITA
Combina com bergamota, sálvia esclareia, lavanda, gerânio, jasmim, tea tree, grapefruit, rosa, limão-siciliano e ylang ylang.

Quais são os **benefícios?**

Acalma a pele O óleo tem efeito anti-inflamatório que o torna ideal para tratar alergia e sensibilidade na pele e no couro cabeludo. Atenua a inflamação e a coceira decorrentes de urticária, mamilos rachados e doenças como catapora. A eficácia no combate ao eczema chega a ser comparável a medicamentos sintéticos específicos.

Trata e limpa a pele Com ação reparadora, ajuda a cicatrizar arranhões e feridas. Há evidências de que a ação regeneradora de tecidos é mais rápida em comparação com outros medicamentos para esse fim. As propriedades adstringentes leves auxiliam a desobstrução dos poros.

Atenua a dor Os anti-inflamatórios presentes na camomila, bisabolol e apigenina, têm ação semelhante aos analgésicos sintéticos, diminuindo a dor e aliviando sintomas como os da artrite.

Auxilia a digestão É usado para problemas como indigestão, úlceras gástricas e cólica.

Fortalece a imunidade O óleo é usado para reforçar a imunidade.

Promove um sono reparador Contribui para acalmar a irritabilidade, a tensão nervosa e a dor de cabeça comum, favorecendo o relaxamento.

Melhores **usos**

Banheira Dilua 8-10 gotas com 1 colher (sopa) de óleo base ou leite integral e espalhe na água morna para relaxar os músculos e acalmar a ansiedade.

Massagem Adicione 16-24 gotas a 2 colheres (sopa) de óleo base para uma massagem suave que combate insônia, dor nas costas, problemas digestivos e cólicas menstruais, fortalece a imunidade e afasta a depressão.

Compressa Pingue algumas gotas em um pano umedecido em água fria e aplique para tratar feridas e acalmar alergias.

Creme para a pele Acrescente 8-16 gotas a 2 colheres (sopa) de creme.

Uso seguro *Atóxico e não irritante quando diluído.*

A planta

Também conhecida *como camomila-dos-alemães, tem folhas filamentosas delicadas, flores brancas parecidas com a margarida e caule único. É cultivada no centro e no norte da Europa.*

A camomila-romana *(Chamaemelum nobile) gera um óleo mais suave e doce com propriedades anti-inflamatórias semelhantes, adequado para bebês e crianças.*

O óleo essencial

Destilado a vapor das flores, *o óleo viscoso tem aroma pesado, herbáceo e doce com nota frutada. O da camomila-romana é mais claro.*

As flores da camomila
(ou macela) são delicadas.

PRIMEIROS SOCORROS

ESCALDA-PÉS

Tea tree

Melaleuca alternifolia

Conhecido pela poderosa ação **antisséptica**, o óleo de tea tree, ou melaleuca, é versátil, ótimo para ter no kit de primeiros socorros para o tratamento de feridas e machucados. É eficaz contra bactérias, vírus e fungos e tem forte efeito **desodorante**.

UMA **MISTURA** PERFEITA

Experimente combinar com cravo-da-índia, eucalipto, lavanda, limão-siciliano, pinho, alecrim ou tomilho.

Quais são os **benefícios?**

Fortalece a imunidade O tea tree possui propriedades que revigoram o sistema imunológico e ajudam o corpo a combater infecções. Em uma mistura para massagem, é boa opção para o período de convalescença.

Combate infecções de pele Age como barreira contra bactérias, vírus e fungos. Pode ser adicionado a uma pomada para tratar pé de atleta ou aplicado puro em verrugas, herpes labial e olho de peixe.

Cicatriza cortes, arranhões e hematomas O tea tree estimula a formação de tecido cicatrizante.

Controla a acne Ingrediente popular de produtos dermatológicos, pode ser aplicado em espinhas como tratamento imediato.

Tonifica o cabelo Uma massagem com tea tree no couro cabeludo ajuda a controlar a caspa, e um enxágue regula a oleosidade.

Auxilia a higiene bucal Use bem diluído para tratar mau hálito, aftas e infecções na gengiva.

Elimina mau odor Pode ser adicionado a banhos, sprays corporais ou cremes para uso no corpo e nos pés.

Combate resfriados e gripes É um antisséptico eficaz para esse fim. Em uma inalação a vapor, acalma a congestão e a respiração.

Alivia infecções no sistema urinário Ajuda a combater a cistite e outros problemas genitais como candidíase, herpes, verrugas, pruridos e tricomoníase.

Melhores **usos**

Primeiros socorros Use o óleo diluído a 10% (1 parte de tea tree e 10 de hamamélis) para enxaguar e limpar feridas infeccionadas.

Escalda-pés Para reduzir o cansaço e o mau cheiro ou para tratar pé de atleta, acrescente 20 gotas de tea tree a uma pequena bacia com água morna e deixe os pés de molho por 15 minutos. Seque bem.

Uso seguro *Atóxico externamente e não irritante quando diluído (menos de 10%).*

A planta

Árvore robusta *nativa da Austrália, o tea tree tinha importante uso terapêutico entre os aborígines. De aparência semelhante à do cipreste, tem flores brancas e folhas em forma de agulha.*

Dois parentes próximos *produzem óleos essenciais: o niaouli, também originário da Austrália, bom para problemas dermatológicos e respiratórios, e o cajepute, da Indonésia e das Filipinas, utilizado no tratamento de infecções respiratórias.*

O óleo essencial

Destilado a vapor *das folhas da árvore, o óleo incolor tem aroma medicinal que lembra o eucalipto.*

Os galhos da árvore do tea tree apresentam flores brancas plumosas em abundância.

Esse óleo essencial terapêutico, em geral usado pelo efeito antisséptico, tem aroma medicinal característico.

MASSAGEM DIFUSOR

UMA MISTURA PERFEITA

Boas combinações incluem angélica, bergamota, gerânio, lavanda, sálvia esclareia, pinho, alecrim e ylang ylang.

Cajepute

Melaleuca cajuputi

Integrante da família do tea tree, o cajepute tem aroma **mais suave** e menos dominante, mas apresenta muitos benefícios semelhantes. As propriedades **antissépticas** são úteis para combater infecções respiratórias e urinárias e, como **analgésico** natural, alivia dor de cabeça, nos músculos e nas articulações.

Quais são os **benefícios?**

Atua como antisséptico O óleo de cajepute combate os vírus do resfriado e da gripe, assim como infecções fúngicas e bacterianas do sistema urinário. Diluído, pode ser aplicado em cortes e feridas para mantê-los limpos e livres de contaminação.

É descongestionante e expectorante Ajuda a desobstruir as vias respiratórias e os pulmões.

Tem efeito analgésico As propriedades analgésicas aliviam dores localizadas, como a de cabeça comum, nos músculos e nas articulações.

Tonifica a pele Ilumina peles oleosa e mista e evita as bactérias que provocam acne.

Ajuda a desintoxicação Ao estimular a transpiração, auxilia na remoção de toxinas do corpo e proporciona uma agradável sensação refrescante muito eficaz para baixar febre.

Aumenta a concentração Ajuda a clarear a mente e a combater fadiga e apatia mental.

Melhores **usos**

Massagem Dilua o óleo essencial de cajepute em uma mistura para massagem e aplique em áreas doloridas e incômodas.

Difusor Adicione algumas gotas a um difusor ou vaporizador para limpar o ar ou a uma inalação a vapor para aliviar sinusite e congestão nasal.

Uso seguro *Atóxico externamente e não irritante. Evite a proximidade com o nariz ou o rosto de crianças menores de 7 anos.*

A planta

Também chamado *de tea tree branco, o cajepute é nativo da Malásia e hoje é encontrado em todo o Sudeste Asiático e partes da Austrália. Do malaio "kayu-puti" (madeira branca), o nome descreve sua casca branca. O óleo se concentra nas folhas pontudas.*

O óleo essencial

Incolor ou amarelo-claro, *é destilado a vapor das folhas e galhos frescos e tem aroma penetrante, ligeiramente doce, com uma nota canfórea.*

Esse óleo suave apresenta muitos benefícios terapêuticos.

BANHEIRA | PRIMEIROS SOCORROS | MASSAGEM | INALAÇÃO A VAPOR

Niaouli

Melaleuca viridiflora, M.quinquenervia

Com ação **antisséptica** e adstringente, o niaouli ajuda a combater diversas infecções. **Estimulante** para corpo e mente, aumenta a concentração, clareia os pensamentos e estimula o ânimo. É uma versão mais suave do tea tree – indicado até para peles sensíveis.

Grande e perene, *o niaouli apresenta aglomerados de flores amarelas e folhas pontudas.*

Quais são os **benefícios?**

Trata feridas O efeito antisséptico do niaouli o torna bom para limpar feridas, cortes e úlceras. Use para aliviar a acne e regular pele oleosa.

Reduz a aparência de cicatrizes Estimula a regeneração de tecidos, o que ajuda a minimizar cicatrizes, inclusive as resultantes de acne e catapora.

Combate resfriados e gripes Descongestionante e expectorante, alivia a congestão de pulmões, brônquios e cavidades nasais. As propriedades antivirais e imunoestimulantes o tornam eficaz no tratamento de gripes e resfriados.

Ajuda a desintoxicação Estimula a liberação de sucos gástricos e ativa a circulação sanguínea e linfática, contribuindo para a absorção de nutrientes e a eliminação de resíduos e toxinas.

Atua como analgésico É útil contra dor de cabeça, inclusive enxaqueca, e dor nos músculos e articulações provocadas por distensões.

Aumenta a concentração O aroma intenso do óleo de niaouli expulsa pensamentos indesejados e, por isso, auxilia a meditação e a concentração.

Melhores **usos**

Banheira Ao sentir que está prestes a ficar resfriado, acrescente algumas gotas a uma mistura de óleo de banho para combater a infecção.

Primeiros socorros Dilua algumas gotas em um copo cheio de água e use para limpar cortes e outras irritações de pele.

Massagem Misture com um óleo base e massageie no corpo inteiro para fortalecê-lo ou tratar problemas específicos, como infecção, dor ou má circulação.

Inalação a vapor Acrescente 2-3 gotas à inalação a vapor (ou a um difusor ou vaporizador) e inale por alguns minutos para combater os sintomas de gripe, resfriado, bronquite, coqueluche, sinusite, catarro e outros problemas respiratórios.

Uso seguro *Atóxico e não irritante.*

A planta

Cultivada no Brasil *para fins comerciais, o niaouli tem flores em aglomerados felpudos e casca semelhante a papel, que se renova periodicamente. É nativo da Nova Caledônia, Papua-Nova Guiné e Austrália e pertence à família do tea tree e do cajepute.*

O óleo essencial

Extraído das folhas e galhos *jovens por destilação a vapor, o óleo tem aroma canfóreo, refrescante e levemente adocicado, e sua cor vai do incolor ao verde-amarelado.*

PELE MASSAGEM

Melissa

Melissa officinalis

UMA MISTURA PERFEITA

Combina com todos os óleos cítricos, além dos de camomila, gerânio, lavanda, manjerona e rosa.

Também conhecida como erva-cidreira, a melissa é popular em **produtos dermatológicos**, pela ação calmante e **anti-inflamatória** na pele irritada, e também na aromaterapia, pelo aroma estimulante. Com efeito antisséptico, é bom tê-la sempre à mão para tratar picadas de inseto.

Quais são os **benefícios?**

Trata a pele O óleo de melissa ajuda a acalmar inflamação e alergia. Bem diluído, pode ser usado para tratar úlceras e eczema, em especial quando decorrentes de estresse, e para reduzir vermelhidão e irritação provocadas por picadas de inseto e queimaduras de sol. Devido à propriedade antibacteriana, ameniza a acne e outras erupções de pele, como herpes labial.

Tonifica a pele Ativa a circulação, iluminando pele sem viço, e tem efeito firmador e tonificante. É muito rico em antioxidantes, que combatem o envelhecimento provocado pelos radicais livres.

Alivia dor de cabeça Revigorante e suavizante, é eficaz também para enxaqueca, sobretudo a associada ao estresse e à tensão no pescoço e nos ombros.

Atua como antisséptico Tem ação contra o vírus do herpes labial. Se usado ao primeiro sinal da infecção, pode limitar seu impacto.

Auxilia a digestão Em uma mistura para uma suave massagem abdominal, ajuda a eliminar gases e alivia cólica, indigestão e náusea.

Facilita a respiração Tem efeito anti-histamínico leve, ótimo para rinite e asma, e acalma problemas respiratórios induzidos por ansiedade.

Atenua o pânico Devido à propriedade sedativa, pode regular o batimento cardíaco e a pressão arterial. Proporciona uma massagem relaxante para momentos de exaustão.

Baixa febre A ação refrescante torna a melissa útil para amenizar insolação e febre.

Melhores **usos**

Tônico para a pele Para hidratar, adicione 20 gotas a 1 colher (sopa) de hamamélis ou 1 colher (chá) de glicerina, misture com 3 colheres (sopa) de água e coloque em um frasco com borrifador.

Massagem Para combater os efeitos de excessos que resultam em indigestão, gases e náusea, misture 2-3 gotas com 1 colher (sopa) de óleo base.

Uso seguro *Atóxico externamente. Possibilidade de sensibilização. Dilua bem (menos de 1%).*

A planta

Nativa do centro e do sul da Europa*, as folhas da melissa têm formato semelhante ao da menta, mas, esfregadas entre os dedos, exalam um aroma doce e ácido, similar ao do limão-siciliano.*

O óleo essencial

Amarelo-claro *com aroma agradável de limão, fresco, doce e herbáceo, é destilado a vapor das folhas e flores frescas. A essência pura é cara, pois a planta libera pouco óleo. Por isso, muitas vezes o óleo é adulterado com outras substâncias de odor cítrico.*

Calmante, o óleo de melissa é útil para aliviar picadas de inseto e pele irritada.

As folhas aromáticas dessa planta herbácea produzem o óleo essencial de delicioso perfume.

MASSAGEM

INALAÇÃO A VAPOR

Hortelã-pimenta

Mentha piperita

O óleo diluído **refresca** no início e depois aquece suavemente. As propriedades **estimulantes** e analgésicas a tornam boa opção para o tratamento de nevralgia, desconforto muscular e dor de cabeça. Também é um ótimo **antisséptico**, usado em muitos produtos de beleza.

UMA **MISTURA** PERFEITA

Experimente combinar com eucalipto, lavanda, limão-siciliano, pinho ou alecrim.

Quais são os **benefícios?**

Combate o odor O óleo de hortelã-pimenta é um desodorante corporal eficaz. Em cremes dentais e enxaguatórios bucais, a ação antisséptica ajuda a combater o mau hálito.

Suaviza a pele Diluído, tem efeito refrescante e tonificante na pele e minimiza irritação causada pela exposição excessiva à intempérie. Também contribui para aliviar urticária e outras reações alérgicas.

Atua como antisséptico Devido às propriedades antissépticas e antivirais, é ótimo para o tratamento de herpes labial, até mesmo no caso de cepas resistentes do vírus, e como ingrediente de protetores labiais e cremes para as mãos.

Alivia problemas de digestão Uma massagem no abdome com uma mistura com hortelã-pimenta ameniza a indigestão e a flatulência, acalma a náusea e o enjoo de movimento e melhora a digestão.

Combate resfriados O óleo age como expectorante, atenuando a tosse e limpando os seios paranasais.

Alivia picadas Além de um bom repelente de insetos, auxilia no tratamento de picadas de mosquitos e outras irritações de pele.

Ameniza dor de cabeça O óleo de hortelã-pimenta é reconhecido há muito tempo como tratamento seguro e eficaz para dor de cabeça.

Melhores **usos**

Massagem Adicione 1-2 gotas a 1 colher (sopa) de óleo base e massageie o abdome no sentido horário para aliviar sintomas de indigestão, prisão de ventre e náusea.

Inalação Para descongestionar nariz e pulmões, acrescente 3-4 gotas do óleo a uma inalação a vapor (não adequada para crianças ou para asmáticos) ou a um difusor ou vaporizador.

Uso seguro *Dilua bem (menos de 2%). Não deve ser utilizado por quem sofre de fibrilação atrial. Evite a proximidade com o nariz ou rosto de crianças menores de 7 anos.*

A planta

Essa erva popular *é um híbrido das espécies* Mentha aquatica *(hortelã-aquática) e* Mentha spicata *(hortelã-comum). Usada como tratamento terapêutico há milhares de anos, principalmente em chás para problemas digestivos, hoje é muito comum nas indústrias de aromatizantes e creme dental.*

O óleo essencial

Destilado a vapor *da erva florescente, o óleo fluido, quase aquoso, tem aroma mentolado, intenso e refrescante, com nota adocicada, e varia do incolor ao amarelo-claro.*

A hortelã-pimenta é perene *e tem folhas denteadas com veios violeta e pequenas flores roxas.*

ENXAGUATÓRIO BUCAL BANHEIRA

Noz-moscada

Myristica fragrans

Esse óleo **reconfortante** com propriedades anti-inflamatórias aquece e alivia dores nos músculos e articulações. Ele ajuda a **equilibrar** o sistema nervoso, **estimulando** ou **relaxando** quando necessário, e tem ação **desintoxicante**, que melhora a digestão.

Quais são os **benefícios?**

Cuida dos dentes e da gengiva Bem diluído em um enxaguatório bucal, o óleo tem efeito antisséptico.

Alivia dores e desconfortos Uma massagem aquecedora com uma mistura desse óleo abranda inflamações e dores musculares e ativa a circulação. A ação analgésica trata dor localizada.

Induz o sono Sedativo conhecido, atenua o estresse e contribui para uma noite bem-dormida.

Favorece o bem-estar Em momentos de ansiedade e exaustão, estimula o ânimo e ajuda a recuperar a concentração.

Auxilia a digestão Estimula o apetite e ameniza a prisão de ventre e outros problemas.

Melhores **usos**

Enxaguatório bucal Dilua 2-3 gotas em 1 colher (chá) de glicerina ou tintura de calêndula e misture em meio copo de água. Tome cuidado para não ingerir.

Banheira Dilua 5-6 gotas a 1 colher (sopa) de óleo base ou leite integral e misture na água para aliviar dores musculares e indigestão e induzir o sono.

Uso seguro *Dilua bem (menos de 1%).*

A planta

Nativa das ilhas Banda*, na Indonésia, a noz-moscada é uma árvore perene que produz uma fruta semelhante ao pêssego e duas especiarias: a noz-moscada (proveniente da semente) e o macis (feito do revestimento dela).*

O óleo essencial

Obtido por destilação a vapor *das sementes secas, é transparente, com aroma almiscarado e picante. A noz-moscada da Índia Ocidental é mais suave e mais adequada à aromaterapia que a da Oriental.*

A perene e lustrosa murta produz flores brancas delicadas e bagas roxas.

DIFUSOR

Murta

Myrtus communis

O óleo de murta se popularizou pelas propriedades **antimicrobianas**, adstringentes, antissépticas, anti-inflamatórias, expectorantes, descongestionantes e **estimulantes**. É bastante usado para a saúde da pele e problemas respiratórios.

Quais são os **benefícios?**

Tonifica a pele Tem efeito adstringente que atua na pele oleosa, flácida ou com poros dilatados, assim como em vasos dilatados e hemorroidas.

Descongestiona Expectorante suave, ameniza asma, tosse e bronquite. As propriedades anti-inflamatórias também acalmam reações alérgicas.

Atua como antisséptico O óleo auxilia a tratar feridas, manchas e furúnculos e inibe o crescimento de vários tipos de bactéria e fungos.

Tem leve ação sedativa Acalma e pode amenizar a depressão e a insônia.

Ajuda a tireoide Contribui para regular a atividade dessa glândula.

Repele insetos Em um aromatizador de ambiente ou difusor, o óleo os afasta.

Melhores **usos**

Difusor Adicione 4-5 gotas a um difusor ou vaporizador (ou na inalação a vapor) para aliviar a congestão nasal.

Uso seguro *Dilua bem (menos de 1,5%).*

A planta

A murta é um arbusto perene *com flores perfumadas brancas ou cor-de-rosa. Nativa do norte da África, é encontrada também no sul do Mediterrâneo. Pertence à mesma família do tea tree e do eucalipto e tem características terapêuticas semelhantes.*

O óleo essencial

Destilado a vapor *das folhas, vai de amarelo--claro a verde. Tem aroma estimulante próximo ao da cânfora, entre o do eucalipto e o do olíbano.*

COMPRESSA DIFUSOR

Manjericão

Ocimum basilicum

O manjericão é muito valorizado na medicina aiurvédica como protetor do **bem-estar** mental e físico. O aroma intenso refresca a mente e ajuda a **acalmar** a ansiedade. O nome em inglês, "basil", deriva da palavra grega "**basilikon phuton**", que significa "rei".

Quais são os **benefícios?**

Favorece o bem-estar O óleo de manjericão equilibra, revitaliza e fortalece, combatendo exaustão, ansiedade e depressão.

Tonifica e regula Refresca a pele e contribui para o controle da acne.

Colabora para a saúde da mulher Estimula a menstruação escassa ou atrasada devido a fraqueza ou estresse.

Auxilia a digestão Calmante, alivia a indigestão. A ação antisséptica também ajuda a tratar infecções intestinais.

Combate resfriados É bom para limpar as cavidades nasais e acalmar tosse.

Alivia dores e desconfortos Pode amenizar gota e dor reumática.

Repele insetos Também atenua a irritação provocada por picadas.

Melhores **usos**

Compressa Misture algumas gotas com água morna para aliviar dor e congestão.

Difusor Pingue 3-4 gotas em um difusor ou vaporizador para diminuir dor de cabeça.

Uso seguro *Pode tornar-se tóxico com o tempo. Dilua extremamente bem (menos de 0,5%) e não use por períodos prolongados. Evite durante a gravidez e a amamentação e em crianças menores de 15 anos.*

A planta

Originário da Ásia tropical *e das ilhas do Pacífico, é cultivado no mundo inteiro. As flores variam do branco ao rosa e atraem abelhas e outros polinizadores.*

O óleo essencial

É destilado a vapor *das folhas e flores da planta. De incolor a amarelo-claro, tem aroma doce, intenso, fresco e ligeiramente balsâmico.*

BANHEIRA MASSAGEM

Manjerona

Origanum majorana

Esse óleo aromático que **aquece** e **relaxa** é conhecido por auxiliar a digestão e aliviar cólicas estomacais e menstruais. O leve efeito **sedativo** pode baixar a pressão arterial e a frequência cardíaca e acalmar a ansiedade.

Quais são os **benefícios?**

Diminui a ansiedade Sedativo suave, o óleo trata tensão nervosa, ansiedade, pânico e insônia.

Melhora a circulação Tem poder tonificante que pode ajudar o tratamento de hipertensão.

Combate resfriados e gripes A ação descongestionante e térmica controla os calafrios e alivia a congestão nas vias respiratórias e nos pulmões.

Tem efeito analgésico Ameniza dor de cabeça e enxaqueca. Massageie em músculos e articulações para abrandar dores, torções, distensões, reumatismo e artrite.

Colabora para a saúde da mulher A ação reconfortante atenua sintomas pré-menstruais, como ansiedade, cansaço, irritabilidade, e cólicas durante o ciclo.

MÃOS DIFUSOR

Orégano

Origanum vulgare

Valorizado há séculos pelas qualidades **terapêuticas**, apresenta poderosa ação **antibacteriana**. O óleo essencial é usado para tratar problemas como indigestão, diarreia, picadas, dor de ouvido, reumatismo e tosse.

Auxilia a digestão Estimula a digestão saudável e, devido à ação antiespasmódica, alivia gases e refluxo.

Melhores **usos**

Banheira Acrescente 15 gotas a 1 colher (sopa) de óleo base ou leite integral para um banho revitalizante.

Massagem Pingue 10 gotas em 1 colher (sopa) de óleo base e massageie o abdome no sentido horário para reduzir a dor.

Uso seguro *Atóxico e não irritante quando diluído.*

A planta

A manjerona-doce mediterrânea *é uma erva medicinal tradicional.*

A manjerona-espanhola (Thymus masticina) *apresenta algumas propriedades semelhantes, porém é mais agressiva e deve ser evitada em crianças menores de 7 anos.*

O óleo essencial

Destilado a vapor *da erva florescente seca, vai do amarelo-claro ao âmbar-claro e tem aroma cálido, intenso, que lembra cânfora.*

Quais são os **benefícios?**

Atua como antisséptico O orégano contém compostos que impedem o desenvolvimento de várias bactérias. Também pode amenizar infecções do sistema urinário.

Combate infecções fúngicas O óleo essencial inibe o crescimento do fungo *Candida albicans*, que provoca candidíase, afta, brotoeja e pé de atleta, e também dos que causam micose de unha (onicomicose).

Alivia cólicas menstruais Também atenua outras dores abdominais.

É descongestionante Algumas gotas em um lenço ou na inalação a vapor ajudam a desobstruir as vias respiratórias e a expectorar o catarro.

Melhores **usos**

Higienização das mãos Para matar bactérias, adicione 8-10 gotas a um sabonete líquido sem perfume.

Difusor Acrescente 2-4 gotas a um difusor para aliviar a congestão.

Uso seguro *Dilua bem (menos de 1%). Evite durante a gravidez e a amamentação e em crianças menores de 7 anos.*

A planta

Integrante da família da hortelã, *essa erva aromática culinária, às vezes chamada de manjerona-selvagem, tem origem no interior da Grécia, mas hoje é cultivada no mundo inteiro.*

O óleo essencial

Amarelo-claro, *é produzido por destilação a vapor das folhas frescas do orégano. Tem aroma intenso, apimentado, com uma nota canfórea.*

BANHEIRA DIFUSOR

Gerânio

Pelargonium graveolens

Um óleo **revigorante**, apreciado por adultos e crianças, tem efeito regulador, refrescante e **revitalizante** na pele, sobretudo quando irritada pelo clima. Também é um diurético leve que auxilia a **desintoxicação**, além de aliviar infecções do sistema urinário.

UMA MISTURA PERFEITA

Combina com bergamota, lavanda, limão-siciliano, manjerona, néroli, laranja, palmarosa, rosa e sândalo.

Quais são os **benefícios?**

Ajuda a desintoxicação O óleo de gerânio possui suave ação diurética e contribui para reduzir o inchaço.

Equilibra as emoções Calmante e revigorante, é um antidepressivo natural. Pode amenizar a inquietação e tratar ansiedade em crianças e adultos.

Tem efeito analgésico Alivia a dor da nevralgia e os desconfortos relacionados a herpes-zóster.

Tonifica o couro cabeludo Auxilia a regular a secreção de sebo, o que o torna um bom tratamento para a caspa.

Tonifica a pele É adequado para todos os tipos de pele. Com propriedades antissépticas e anti-inflamatórias, ajuda a controlar a acne e refresca a pele seca e inflamada. A ação revitalizante melhora a aparência de rugas, cicatrizes e manchas.

Colabora para a saúde da mulher Abranda sintomas da menopausa, como ondas de calor e secura vaginal, e dores causadas por infecção urinária.

Melhores **usos**

Banheira Para aliviar a cistite ou pruridos, adicione 5 gotas de gerânio e 5 de lavanda a 1 colher (sopa) de óleo base ou leite integral em um banho de assento.

Difusor Para animar e amenizar a ansiedade, combine 5 gotas de gerânio e 5 de laranja em um difusor ou vaporizador.

Uso seguro *Atóxico e não irritante quando diluído. Possibilidade de sensibilização, não o use por períodos prolongados.*

A planta

Nativo da África do Sul, *é cultivado principalmente na ilha Reunião, na China e no Egito. Apenas 10% das 700 variedades do gênero* Pelargonium *podem ser usadas para produzir o óleo essencial. As plantas são colhidas logo após a floração para captar a maior concentração dele, que vem das folhas e não das flores.*

O óleo essencial

Assim que se colhe a planta, *é destilado a vapor das glândulas de folhas e hastes verdes. Variando do verde ao âmbar, tem aroma poderoso, doce e floral, com notas características de hortelã.*

Esse óleo ajuda a manter a estabilidade emocional.

Com flores coloridas, o gerânio é muito comum em jardins.

O sabor gramíneo da salsa a torna um ingrediente muito usado na cozinha.

O óleo dessa erva bastante conhecida apresenta diversos benefícios terapêuticos.

PELE BANHEIRA

Semente de salsa

Petroselinum crispum

Mais do que apenas uma decoração no prato, a salsa produz um óleo essencial **antibacteriano** com valiosas propriedades **desintoxicantes** que ajudam a digestão e a reduzir a retenção de líquido. O aroma **marcante** é muito valorizado como ingrediente em sabonetes e perfumes, sobretudo em colônias masculinas.

UMA MISTURA PERFEITA

Explore combinações com sálvia esclareia, laranja, rosa, tea tree ou ylang ylang.

Quais são os **benefícios?**

Ativa a circulação O óleo fortalece os vasos sanguíneos, tonificando veias varicosas e desacelerando o avanço de vasinhos faciais.

Tonifica a pele As propriedades antibacterianas e antifúngicas ajudam a tratar acne e infecções na pele, além de limpar poros dilatados.

Estimula o crescimento do cabelo Diluído para uma massagem na cabeça, é boa opção para esse fim.

Atua como antisséptico Inibe e mata micro-organismos, protegendo contra diversas doenças.

Tem efeito analgésico Ao ativar a circulação, prevenindo o acúmulo de ácido úrico nos músculos e articulações, pode agir como analgésico contra artrite e reumatismo.

Ajuda a desintoxicação Contribui para o funcionamento saudável dos rins e da bexiga. Tem ação diurética que reduz a retenção de líquido e é um laxante leve, além de beneficiar o sistema digestório.

Auxilia a digestão Como a erva fresca, o óleo essencial tem propriedades carminativas que aliviam e tratam indigestão, náusea, flatulência, vômito e dor de estômago.

Acalma a mente É ótimo para amenizar o stress, reduzindo a tensão nervosa e equilibrando as emoções.

Favorece o bem-estar Acredita-se que estimula a confiança diante de dificuldades, aumenta a concentração e proporciona um forte senso de propósito.

Melhores **usos**

Sérum facial Para combater vasinhos, misture 1 colher (sopa) de óleo base, 1 gota de óleo de salsa e 2 gotas de óleo de rosa. Massageie de leve nas áreas afetadas.

Banheira Acrescente 6-9 gotas de óleo de salsa a 1 colher (sopa) de óleo base ou leite integral e espalhe na água morna para um banho relaxante.

***Uso seguro** Dilua bem (menos de 1%). Evite usar durante a gravidez e a amamentação.*

A planta

***A salsa é nativa** da região mediterrânea, mas hoje é cultivada no mundo inteiro como erva culinária. As sementes contêm a maior parte do óleo essencial, porém a planta inteira pode ser utilizada.*

O óleo essencial

***Destilado a vapor** das sementes, vai do incolor ao amarelo-claro e tem um aroma doce, cálido, amadeirado e herbáceo.*

DIFUSOR POMADA

Pimenta-da--jamaica

Pimenta dioica

Muitos associam esse óleo estimulante, potente e **picante** mais à culinária que ao spa. Apesar disso, pequenas quantidades em uma mistura aromaterapêutica ajudam a **aliviar** cãibras e cólicas menstruais e **amenizam** dores provocadas por torções ou distensões.

Quais são os **benefícios?**

Tem ação analgésica Ameniza dores causadas por nevralgia, lesões musculares, distensões nas articulações e picadas.

Alivia cãibras e espasmos musculares Tem propriedades térmicas e calmantes.

Possui leve ação sedativa Ajuda a tratar tensão e ansiedade e induz o sono.

Alivia a indigestão Em uma mistura para massagem, ameniza náusea e ajuda a eliminar gases.

Combate resfriados Uma inalação ajuda a reduzir a congestão.

Melhores **usos**

Difusor Use 3-4 gotas para aliviar a ansiedade.

Pomada Dilua 1 gota de óleo em 5 colheres (chá) de óleo base para uma massagem térmica no peito para ajudar a combater o catarro, tosse e bronquite.

***Uso seguro** Não irritante quando diluído, com possibilidade de sensibilização. Pode ser tóxico com o uso prolongado. Dilua extremamente bem (menos de 0,25%). Evite durante a gravidez e a amamentação e em crianças menores de 15 anos.*

A planta

***Árvore nativa** das ilhas do Caribe e da América do Sul, a pimenta-da--jamaica produz pequenas bagas, que são moídas para uso culinário. É delas e das aromáticas folhas que se obtém o óleo essencial.*

O óleo essencial

***Incolor ou marrom-claro,** é destilado a vapor das folhas e bagas. O aroma picante e cálido lembra o de cravo-da-índia e canela.*

As características folhas verde-azuladas do pinheiro, semelhantes a agulhas, são inconfundíveis.

FRAGRÂNCIA

Pinho

Pinus sylvestris

UMA MISTURA PERFEITA
Combinações ideais incluem cedro, eucalipto, lavanda, limão-siciliano, alecrim, sálvia e zimbro.

Revigorante, tem efeito **aquecedor** em articulações e músculos, e a ação **purificadora** ajuda a desobstruir os seios da face e **facilita** a respiração. O óleo é valorizado por perfumistas pela doçura.

Quais são os **benefícios?**

Facilita a respiração Descongestionante e antisséptico, o óleo de pinho ajuda a expectorar e atenua a rinite.

Tem efeito analgésico Além de aquecer, tem propriedades analgésicas e anti-inflamatórias que aliviam dores nos músculos e nas articulações e ativam a circulação.

Atua como antisséptico Pode ser usado para tratar problemas como impetigo e furúnculo.

Repele insetos Adicione algumas gotas a um pedaço de pano ou de madeira e coloque entre as roupas para repelir traças.

Beneficia o sistema urinário Ameniza sintomas de cistite, problemas de próstata e infecções urinárias.

Favorece o bem-estar Óleo que revitaliza a mente e o espírito e combate exaustão, tensão e outros sintomas do estresse.

Refresca o ar É ideal para purificar o ar estagnado e eliminar odores.

Melhores **usos**

Aromatizador de ar Acrescente 20-30 gotas a 60 ml de cada de álcool de cereais e de água. Borrife no ambiente, evitando os móveis.

Uso seguro *Atóxico e não irritante quando diluído. Prefira a variedade* Pinus sylvestris, *menos tóxica e irritante.*

A planta

Há 90 espécies de pinheiro. *O óleo essencial deriva do pinheiro-da--escócia, ou pinheiro-silvestre, que cresce na Europa e na Ásia. Ele é obtido das agulhas verdes o ano todo e gaihos.*

O óleo essencial

Amarelo-claro, *é destilado a vapor dos galhos, agulhas e botões. Tem o aroma refrescante, doce e resinoso que evoca uma floresta de pinheiros.*

DIFUSOR MASSAGEM

Pimenta-do-reino

Piper nigrum

Picante, o óleo aquece e apresenta propriedades **antissépticas** poderosas. O aroma **estimulante** aumenta a concentração e ativa a circulação, revitalizando músculos e articulações desgastadas e **acelerando** o tratamento de contusões.

UMA MISTURA PERFEITA

Combina bem com bergamota, gerânio, grapefruit, limão-siciliano, olíbano, sândalo, ylang ylang, rosa, erva-doce e lavanda.

Quais são os **benefícios?**

Alivia dores e desconfortos A pimenta-do-reino é rica em monoterpenos, que têm propriedades analgésicas. Isso torna o óleo essencial um ótimo ingrediente em pomadas para músculos doloridos. A ação térmica contribui para tratar lesões esportivas e revigora o tônus muscular.

Ativa a circulação das extremidades É ideal para mãos e pés frios, e o uso regular também melhora a aparência da celulite.

Ajuda a desintoxicação Induz a transpiração e, em pequenas doses, auxilia o bom funcionamento do sistema linfático. Tem leve efeito diurético.

Fortalece a imunidade Reforça as defesas do organismo contra infecções.

Facilita a respiração Esse óleo penetrante diminui a congestão nos pulmões.

Auxilia a deixar o cigarro Estudos mostram que a inalação de vapor com pimenta-do-reino pode reduzir o desejo de fumar.

Reforça a atenção O óleo induz um estado geral de aquecimento que pode estimular os sentidos. Também clareia a mente, promove o foco e a motivação, ao mesmo tempo que combate a fadiga mental.

Melhores **usos**

Difusor Adicione 3-4 gotas de óleo a um difusor ou vaporizador para aumentar a motivação e a concentração.

Massagem Para tratar contusões e aliviar músculos e articulações doloridos, acrescente 15 gotas a 1 colher (sopa) de óleo base.

Uso seguro *Atóxico e não irritante quando diluído.*

A planta

Os grãos pretos *são as frutas secas de uma trepadeira nativa da Indonésia, onde se concentra a maior parte do cultivo. Mais conhecida como especiaria, a pimenta-do-reino também tem indicação medicinal na Índia e na China. O óleo adiciona uma nota picante e reconfortante aos perfumes.*

O óleo essencial

Destilado a vapor *da fruta verde seca moída, é fluido e vai do âmbar ao amarelo-esverdeado. O aroma pungente e picante aquece e refresca.*

As frutinhas reluzentes são colhidas ainda verdes e depois secas.

Suavizante e reconfortante, o óleo essencial de pimenta-do-reino alivia dores e ativa a circulação.

FRAGRÂNCIA MASSAGEM

Patchuli

Pogostemon cablin

O óleo essencial vem das folhas dentadas do patchuli.

O óleo **suaviza** e **regenera** a pele, melhorando a aparência de cicatrizes e estrias. Também **revitaliza** pele madura, e as propriedades **antissépticas** tratam espinhas.

Quais são os **benefícios?**

Regenera, tonifica e limpa O óleo de patchuli ajuda a reduzir cicatrizes e estrias e hidrata pele ressecada. Adstringente, regula a secreção de sebo, normalizando pele oleosa e auxiliando o controle da acne. Também é útil para tratar feridas, impetigo e pé de atleta.

Repele insetos Também alivia picadas.

Ajuda a desintoxicação O efeito diurético o torna útil em produtos anticelulite e óleos de massagem.

Favorece o bem-estar Age como antidepressivo e pode tratar a exaustão, o estresse e a ansiedade. Também tem ação afrodisíaca.

Auxilia a digestão Ameniza diarreia e prisão de ventre.

Melhores **usos**

Perfume O patchuli e a rosa produzem um perfume clássico. Adicione 10 gotas de patchuli e 20 gotas de absoluto de rosa a 2 colheres (sopa) de óleo base ou álcool de cereais.

Massagem Adicione em um óleo base para uma massagem revigorante e relaxante que também estimula a digestão.

Uso seguro *Atóxico e não irritante quando diluído.*

A planta

O arbusto *tem origem na Índia e na Malásia, onde é chamado de "puchaput". Para produzir o óleo, as folhas são aquecidas ou levemente escaldadas para quebrar as paredes celulares e liberar o aroma.*

O óleo essencial

As folhas são destiladas a vapor, *resultando em um óleo amarelo--claro ou verde-claro com aroma amadeirado e almiscarado apreciado na perfumaria. O aroma é do tipo "ame ou odeie", por isso é melhor usar em pequenas quantidades e em misturas.*

As vibrantes flores brancas da tuberosa produzem uma fragrância intensa e inebriante.

MASSAGEM DIFUSOR

Tuberosa

Polianthes tuberosa

Ajuda a **acalmar** o sistema nervoso e é utilizada para **amenizar** depressão, raiva, exaustão nervosa, estresse e tensão. É considerado um **afrodisíaco** natural.

Quais são os **benefícios?**

Possui leve ação sedativa Calmante para o sistema nervoso, o óleo promove um sono reparador.

Ativa a circulação Óleo aquecedor, ajuda a melhorar calafrios no inverno.

Equilibra as emoções Fortalece a resistência emocional, aliviando estresse, tensão, ansiedade, depressão e raiva, além de inspirar criatividade e calma.

Tem ação afrodisíaca O aroma inebriante e sensual ajuda a desinibir e estimula a libido em baixa, sobretudo em decorrência do estresse.

Combate o odor corporal A combinação do perfume floral intenso e duradouro com as propriedades antibacterianas torna o óleo ideal para esse fim.

Melhores **usos**

Massagem Prepare um blend aquecedor com 2-4 gotas de tuberosa e 2 colheres (sopa) de óleo base. Como ele tem aroma intenso e inebriante, uma pequena quantidade basta; assim, é preciso diluir bem.

Difusor Adicione 3-4 gotas do óleo a um difusor ou vaporizador.

Uso seguro *Dilua bem (menos de 1%). Evite utilizar em pele hipersensível e em crianças menores de 7 anos.*

A planta

A tuberosa, que floresce à noite, *é parente do narciso e do junquilho e tem flores tubulares características. São necessários cerca de 1.550 kg de flores colhidas à mão para extrair 0,5 kg do óleo absoluto.*

O óleo essencial

O absoluto laranja--amarronzado espesso *é extraído com solvente. Tem aroma adocicado intenso.*

INALAÇÃO A VAPOR

POMADA

Ravensara/Ravintsara

Ravensara aromatica, Cinnamomum camphora

Óleo reconfortante e estimulante com propriedades **antivirais** e **antissépticas**, é uma escolha natural durante a temporada de resfriados e gripes. Devido a confusões a respeito de sua origem (ver quadro abaixo), hoje o óleo é chamado de "ravintsara", embora o nome "ravensara" ainda seja usado.

Quais são os **benefícios?**

Trata resfriados e gripes As propriedades descongestionantes e antivirais do óleo aliviam tosse e sinusite e purificam o ar de quartos de pessoas enfermas.

Combate vírus É útil contra aftas, herpes-zóster e herpes.

Favorece o bem-estar Estimulante e revitalizante, alivia a exaustão nervosa e o estresse, além de amenizar a depressão e o pessimismo.

Fortalece a imunidade O efeito imunoestimulante é eficaz em caso de estresse por excesso de trabalho.

Auxilia a digestão Em uma massagem suave no abdome, estimula a digestão. As propriedades antissépticas o tornam um bom tratamento para transtornos digestivos e gastroenterite.

Alivia a dor Tem ação relaxante e analgésica em músculos e articulações e pode ser usado em uma compressa para amenizar entorses e distensões.

Melhores **usos**

Inalação a vapor Para atenuar infecções nos seios paranasais ou no trato respiratório, adicione 3-4 gotas a uma tigela de água quente, cubra a cabeça e a tigela com uma toalha e respire por 15 minutos. Misture com óleos que tenham propriedades descongestionantes parecidas, como os de eucalipto, tomilho ou pinho.

Tratamento de herpes labial Aplique diluído, com um cotonete.

***Uso seguro** Atóxico e não irritante quando diluído*

A planta

***Há confusão** a respeito desse óleo. No passado, "ravensara" designava o óleo da árvore Agatophyllum aromaticum, que é usado na perfumaria. O óleo aromaterapêutico ravintsara, por sua vez, se origina da folha de uma variedade de canforeira de Madagascar.*

O óleo essencial

***Destilado a vapor** dos galhos jovens e frondosos, é fluido e varia do incolor ao amarelo. As notas canfóreas ficam entre os aromas de lavanda e de tea tree.*

Esse óleo imunoestimulante oferece proteção nos meses de inverno.

PELE MASSAGEM

Rosa

Rosa damascena, R. centifólia

Usadas como plantas **medicinais** desde a Antiguidade, as rosas são celebradas pelo aroma calmante e **revigorante**. O óleo tem efeito tonificante, **anti-inflamatório** e **rejuvenescedor**, e as propriedades desintoxicantes e antissépticas podem aliviar dor e náusea.

Quais são os **benefícios?**

Rejuvenesce O óleo contribui para a regeneração de células e tecidos, mantendo a elasticidade da pele e reduzindo linhas de expressão. É uma excelente opção para tratar vasos capilares rompidos.

Trata a pele Ajuda a reparar danos por exposição ao sol e queimaduras, além de minimizar a aparência de estrias. Calmante e anti-inflamatório, pode suavizar pele seca, inflamada e irritada.

Combate micro-organismos Estudos demonstram que o óleo é eficaz contra várias bactérias.

Favorece o bem-estar O óleo dá uma sensação de bem-estar e relaxamento e pode aumentar a vitalidade. Devido a essa ação calmante, ajuda a amenizar problemas relacionados ao estresse.

Contribui para a saúde da mulher Sua ação tonificante no útero pode controlar menstruação intensa, com coágulos ou dolorosa. Também é usado para reduzir os sintomas de tensão pré-menstrual.

Alivia desconforto digestivo Combinadas, as propriedades desintoxicantes, antissépticas e calmantes ajudam a atenuar problemas estomacais, náusea e prisão de ventre. O óleo fortalece a vesícula biliar e o fígado, proporcionando absorção de nutrientes e digestão eficiente.

Melhores **usos**

Tônico para a pele Combine 2 colheres (sopa) de hamamélis e 4 colheres (sopa) de água de rosas com 4 gotas de absoluto de rosa. Coloque em um frasco simples ou com borrifador e use conforme a necessidade. Agite bem antes.

Massagem A rosa pode amenizar depressão, ansiedade e tristeza. Misture 4 gotas de cada de óleos de rosa, gerânio e laranja com 2 colheres (sopa) de óleo base para uma massagem corporal revigorante.

Uso seguro *Não irritante. O absoluto é atóxico; use o óleo essencial diluído a menos de 1% devido à concentração de methyl eugenol.*

UMA **MISTURA** PERFEITA

Experimente combinar com bergamota, camomila, sálvia esclareia, gerânio, jasmim, lavanda ou patchuli.

A planta

***Muito comuns em jardins**, as rosas são cultivadas pela beleza e pela fragrância.*

O óleo essencial

***Quando destilado a vapor**, o óleo essencial é conhecido como otto de rosa e varia de incolor a amarelo-claro, com aroma floral intenso. O absoluto, de cor âmbar e consistência viscosa, é uma opção um pouco mais em conta.*

***Aveludada e sensual**, a rosa tem aroma que acalma, revigora e relaxa profundamente.*

CHUVEIRO MASSAGEM

Alecrim

Rosmarinus officinalis

UMA MISTURA PERFEITA

Tente combinar com manjericão, lavanda, capim-limão, laranja, limão-siciliano, hortelã-pimenta, petitgrain ou pinho.

Tonificante e **purificador**, o óleo de alecrim ajuda a clarear a mente. Contém poderosas substâncias **antibacterianas** e antifúngicas que combatem infecções e apresenta ação **anti-inflamatória** analgésica. O efeito **estimulante** no sistema linfático auxilia a desintoxicação e ativa a circulação.

Quais são os **benefícios?**

Combate micro-organismos Um dos componentes do alecrim é o ácido rosmarínico, que, além de anti-inflamatório, é antiviral e antibacteriano. Isso torna o óleo útil para tratar infecções respiratórias e para uso tópico em infecções de pele para reduzir a inflamação e ajudar a cicatrização.

Tonifica o couro cabeludo A ação estimulante na circulação combate a queda de cabelo.

Ajuda a desintoxicação Por ativar tanto a circulação como o sistema linfático, contribui para a remoção de resíduos e combate a retenção de líquido e a celulite.

Estimula a circulação É bom para controlar hipotensão e aquecer mãos e pés. Alivia entorses, distensões e músculos doloridos após exercícios físicos.

Aumenta a concentração Atua no sistema nervoso e ativa a circulação estimulando a memória e o estado de alerta mental. O efeito revitalizante ameniza o cansaço, a debilidade e a letargia, em especial a decorrente de *jet lag*.

Alivia cólicas menstruais As propriedades térmicas, analgésicas e anti-inflamatórias do óleo o tornam ideal para esse fim.

Melhores **usos**

Banho Para revitalizar corpo e mente após realizar exercícios físicos, adicione 55 gotas de óleo de alecrim, 30 de hortelã-pimenta e 40 de limão-siciliano a um frasco de 250 ml de gel de banho sem perfume e use na ducha.

Massagem Faça um blend aquecedor que alivia a dor e desintoxica com 10 gotas de alecrim e 2 colheres (sopa) de óleo base.

Uso seguro *Não irritante quando diluído. Evite aproximar do nariz ou do rosto de crianças menores de 7 anos.*

A planta

Nativo do Mediterrâneo *e hoje cultivado sobretudo na França, Espanha, Croácia, Tunísia e Marrocos, o alecrim é uma erva aromática popular com folhas verde-prateadas. É usado na culinária, em tratamentos terapêuticos e em cerimônias religiosas há milhares de anos.*

O óleo essencial

Incolor*, é destilado a vapor da parte florescente fresca. Tem aroma herbáceo pungente e agradável.*

Esse óleo refrescante e purificador é um ingrediente muito usado em produtos para o cabelo, pois dá brilho aos fios opacos.

O alecrim apresenta *folhas muito perfumadas em forma de agulha e flores delicadas lilases ou roxas.*

Esse óleo reconfortante e antibacteriano tem forte efeito e deve ser bem diluído antes de usar.

As características folhas de veios finos *desse arbusto perene são bastante aromáticas.*

ENXAGUATÓRIO BUCAL ESCALDA-PÉS

Sálvia

Salvia officinalis

Muito estimulante, o óleo é usado para aquecer e aliviar músculos doloridos. Também apresenta qualidade **adstringente**, o que o torna um bom tônico para a pele. Use para **reduzir** o estresse e melhorar a **concentração** quando estiver cansado ou sob pressão.

UMA MISTURA PERFEITA

Boas combinações incluem bergamota, lavanda, limão-siciliano e alecrim.

Quais são os **benefícios?**

É antisséptico O óleo essencial de sálvia é indicado para cuidar da saúde bucal, e as propriedades antibacterianas podem eliminar as bactérias causadoras de mau hálito e gengivite.

Ilumina a pele Estimula a circulação, melhorando o tônus e minimizando poros dilatados. A ação antioxidante reduz os efeitos nocivos dos radicais livres e revitaliza a pele sem viço ou cansada.

Tonifica cabelo e couro cabeludo É um antifúngico eficaz no controle da caspa.

Reduz a tensão nervosa Durante períodos de estresse e exaustão, pode ter efeito tônico no sistema nervoso, revigorando, estimulando e renovando a vitalidade.

Age como desodorante O óleo é um desodorante natural que ajuda a combater o odor do corpo e dos pés. É benéfico para quem sofre de transpiração excessiva, principalmente durante a menopausa.

Melhores **usos**

Enxaguatório bucal Para tratar gengivite ou mau hálito, adicione 1 gota de óleo de sálvia a 1 colher (chá) de glicerina ou tintura de calêndula e dilua em meio copo de água. Tome cuidado para não ingerir.

Escalda-pés Pingue 4-5 gotas de óleo em uma bacia rasa com água morna e deixe os pés de molho por 10-15 minutos para combater o odor. Seque-os bem.

Uso seguro *Dilua muito bem (menos de 0,5%). Evite durante a gravidez e a amamentação e em crianças menores de 15 anos. É tóxico se ingerido.*

A planta

***Erva popular na culinária**, com tradição de uso medicinal, "sálvia" deriva da palavra latina* salvare, *que significa salvar ou curar. A planta, de folhas cinzento-prateadas e flores azuis a púrpura, é nativa da região mediterrânea, mas hoje cresce em boa parte do mundo.*

A sálvia espanhola (Salvia lavandulifolia) *é bem menos tóxica que a sálvia comum, mas também deve ser evitada durante a gravidez e a amamentação.*

O óleo essencial

***A destilação a vapor das folhas secas** produz um óleo essencial fluido e claro de aroma herbáceo intenso, ligeiramente picante e refrescante.*

BANHEIRA MASSAGEM

Sálvia esclareia

Salvia sclarea

Conhecida por **revigorar** a mente e as emoções, também tem efeito **tonificante** em muitos sistemas do organismo, como o digestório e o circulatório. Pode **revitalizar** músculos cansados, ajuda a aliviar dores menstruais e do parto e é considerada **afrodisíaca**.

Quais são os **benefícios?**

Melhora o humor Ameniza a depressão e acalma, proporcionando uma sensação de paz e, às vezes, euforia. É usada para restaurar as energias após uma doença.

Alivia dores É um poderoso relaxante muscular.

Auxilia a digestão Massageado no abdome, o óleo estimula a digestão e reduz gases e problemas estomacais.

Estimula a circulação Pode baixar a pressão arterial.

Auxilia na saúde da mulher É útil para tratar os sintomas da tensão pré-menstrual, amenizar cólicas e aliviar ansiedade e ondas de calor na menopausa.

Tem ação afrodisíaca Estimula a libido e a vitalidade.

Melhores **usos**

Banheira Para cólica menstrual ou estresse, adicione 5-6 gotas a 1 colher (sopa) de óleo base ou leite integral à água. Fique ao menos 10 minutos.

Massagem Acrescente 1-2 gotas de sálvia esclareia e 2 gotas de lavanda a 1 colher (sopa) de óleo base para auxiliar a digestão e a circulação.

Uso seguro *Dilua bem (menos de 0,5%). Evite utilizar em pele hipersensível e em crianças menores de 7 anos.*

A planta

Parente da sálvia, *mas com caules altos e imponentes, a sálvia esclareia se originou no sul da Europa. É valorizada há muito tempo como planta medicinal e um ingrediente popular em perfumes.*

O óleo essencial

O óleo incolor *a verde-claro tem aroma herbáceo, doce, que lembra um pouco o de nozes. É destilado a vapor das folhas e das partes florescentes da planta.*

Os caules eretos da sálvia esclareia *carregam diversas flores cor-de-rosa delicadas.*

DIFUSOR FRAGRÂNCIA

Sândalo

Santalum album

*O **aromático sândalo** apresenta elegantes folhas ovaladas.*

O sândalo tem uma longa história nas medicinas aiurvédica e chinesa. As propriedades **anti-inflamatórias** e **antissépticas** **revitalizam** a pele seca e danificada. **Restaura** a mente e as emoções e alivia problemas respiratórios.

Quais são os **benefícios?**

Protege e regula a pele Os efeitos anti-inflamatórios e adstringentes do óleo de sândalo contribuem para o equilíbrio da pele, tratando com eficácia tanto a oleosa como a seca, inflamada ou com coceira. Pode melhorar a aparência de cicatrizes e manchas e aliviar irritações provocadas por lâmina de barbear.

Restaura a vitalidade Ameniza a ansiedade e a depressão, beneficiando o sono e reacendendo o entusiasmo pela vida. É considerado afrodisíaco, em especial para os homens.

Atua como antisséptico Útil para aliviar os sintomas de infecções genitais e urinárias.

Facilita a respiração Tem efeito anti-inflamatório nas mucosas e acalma tosse crônica. Ajuda a tratar bronquite, laringite e infecções respiratórias.

Melhores **usos**

Difusor Adicione 3-4 gotas a um difusor ou spray com água para perfumar o ar e promover a calma.

Bálsamo pós-barba Acrescente 1 gota de óleo de sândalo a 1 colher (chá) de óleo base de amêndoa. Aqueça a mistura entre as mãos e use para revitalizar e suavizar a pele após o barbear.

***Uso seguro** Atóxico e não irritante quando diluído (menos de 2%).*

A planta

__A árvore de sândalo__, nativa da Índia, foi por muitos anos uma fonte tão popular de óleo essencial que se tornou ameaçada de extinção. Ao comprar o óleo, verifique se ele tem origem sustentável.

O óleo essencial

__Destilado a vapor__ do cerne da árvore, o óleo, que varia de amarelo-claro a dourado-claro, tem aroma amadeirado sutil, doce e calmante.

PRIMEIROS SOCORROS | MASSAGEM | INALAÇÃO A VAPOR

UMA **MISTURA** PERFEITA

Experimente combinar com manjerona, manjericão, alecrim, lavanda ou óleos essenciais cítricos.

Segurelha

Satureja hortensis

No passado, acreditava-se que a segurelha era um **afrodisíaco** poderoso, tanto que monges da ordem beneditina foram proibidos de cultivá-la. Atualmente é reconhecida pelo efeito **calmante** no sistema digestório, evitando prisão de ventre. Esse óleo é uma boa escolha para **estimular a força e a decisão** em épocas de estresse.

Quais são os **benefícios?**

Combate infecções A segurelha tem propriedades antissépticas eficazes que auxiliam no combate às bactérias que provocam infecções na pele. Isso a torna um bom item para ter no kit de primeiros socorros. Pesquisas revelaram, ainda, que o óleo pode inibir o crescimento do fungo *Candida albicans*, responsável pela candidíase.

Auxilia a digestão Por suas suaves propriedades aromáticas, carminativas e digestivas, é útil no tratamento de problemas digestivos como flatulência, náusea e diarreia.

Reduz o estresse O óleo essencial reforça a confiança de quem se sente estressado a ponto de desistir e ajuda a motivar em momentos de exaustão diante de uma tarefa difícil.

Ameniza dor de garganta Em um difusor ou na inalação a vapor, também atenua tosse e resfriado.

Trata picadas de inseto Aplique o óleo diluído na pele para alívio imediato.

Estimula o crescimento do cabelo Tradicionalmente usado para esse fim, basta diluí-lo e massagear o couro cabeludo.

Melhores **usos**

Primeiros socorros Misture 3-4 gotas de óloeo de segurelha com 1 colher (sopa) de óleo macerado de erva-de-são-joão ou 2 colheres (sopa) de álcool de cereais e aplique em picadas, pé de atleta e outras infecções fúngicas.

Massagem Para tratar desconfortos digestivos após exageros, acrescente 2-3 gotas a 1 colher (sopa) de óleo base. Massageie com suavidade a área abdominal no sentido horário.

Inalação Adicione algumas gotas em uma tigela de água morna e inale para aliviar a congestão e os sintomas do resfriado.

***Uso seguro** Dilua bem (menos de 1,5%). Evite utilizar em pele hipersensível e em crianças menores de 7 anos.*

A planta

***O nome em inglês, "savory" (saboroso),** vem do sabor pungente. Erva nativa do Mediterrâneo, parte da família da hortelã, a segurelha, com folhas pequenas e duras e flores roxo-claras, é bastante utilizada na culinária.*

***A segurelha-das-montanhas** (Satureja montana) apresenta ação antisséptica mais intensa, porém o aroma a torna pouco popular na aromaterapia. No entanto, em pequenas quantidades, aumenta as qualidades terapêuticas de outros óleos.*

O óleo essencial

***Destilado a vapor** das folhas e caules, varia de amarelo-claro a laranja-claro, com aroma herbáceo e marcante.*

Com flores tubulares lilases e folhas alongadas, a segurelha tem efeito calmante.

CABELO DIFUSOR INALAÇÃO A VAPOR

Benjoim

Styrax benzoin

Ingrediente tradicional de **incensos**, esse óleo é também adicionado a cremes para a pele por suas propriedades antissépticas, **cicatrizantes** e **calmantes**. Em perfumes, funciona como fixador, desacelerando a evaporação de componentes mais voláteis.

Quais são os **benefícios?**

Trata a pele O benjoim é eficaz para cuidar de ressecamento, irritação, coceira, danos provocados por sol e vento e doenças como eczema e psoríase. Também melhora a aparência da pele madura, pois aumenta sua elasticidade.

Cicatriza cortes e feridas Apresenta propriedades antibacterianas ideais para isso. Pode ser usado para tratar acne e outras erupções de pele.

Alivia dores e desconfortos Tem efeito estimulante localizado que melhora a circulação. Em uma mistura para massagem, ajuda a relaxar músculos e diminuir as dores da artrite e do reumatismo.

Favorece o bem-estar Suavizante e reconfortante, o benjoim é conhecido por acalmar a mente e amenizar a depressão.

Melhores **usos**

Cabelo Para coceira no couro cabeludo, adicione 5 gotas em um xampu suave sem perfume.

Difusor Libera um perfume adocicado.

Inalação a vapor Ajuda a aliviar a congestão.

Uso seguro *Dilua bem (menos de 2%). Evite utilizar em pele hipersensível e em crianças menores de 2 anos.*

A planta

É uma enorme árvore tropical *nativa da Tailândia e das ilhas vizinhas. A resina, benjoim, é coletada por meio de incisões no tronco. A goma fresca é amarelada, mas, ao secar, tem tom marrom-avermelhado escuro.*

O óleo essencial

É marrom-dourado, *com aroma doce semelhante a baunilha. Viscoso demais como óleo essencial, é comercializado como óleo-resina ou tintura.*

DIFUSOR POMADA

Cravo-da-índia

Syzygium aromaticum, Eugenia caryophyllata

O óleo aquece e tem propriedades **antissépticas** e **analgésicas** e deve ser usado em pequenas quantidades. É um bom enxaguatório bucal.

Quais são os **benefícios?**

Trata os dentes e a gengiva Muito usado em produtos bucais convencionais e alternativos, o cravo ajuda a matar os micro-organismos que provocam mau hálito e inflamação na gengiva, aliviando dor de dente.

Trata acne Atenua inflamações avermelhadas e doloridas e ajuda a eliminar as bactérias causadoras. Pode ser usado para tratar verrugas.

Alivia a congestão As propriedades expectorantes o tornam eficaz contra tosse, resfriado, sinusite, asma e outros problemas respiratórios. Como aromatizador, limpa e desinfeta o ar.

Diminui a ansiedade O aroma relaxante e reconfortante pode reduzir a ansiedade e reforçar a concentração.

Relaxa músculos O efeito aquecedor alivia articulações doloridas.

Os minúsculos botões do cravo-da-índia *são colhidos antes de abrir e secos.*

Melhores **usos**

Difusor Use 2-3 gotas para purificar o ar.

Massagem Acrescente 3 gotas a 1 colher (sopa) de óleo base para massagear músculos.

Uso seguro *Dilua muito bem (menos de 0,5%). Evite utilizar em pele hipersensível ou ferida e em crianças menores de 7 anos.*

A planta

"Cravo-da-índia" é o nome tanto da árvore nativa das ilhas Molucas, Indonésia, como da especiaria, que, na verdade, é o botão de flor seco.

O óleo essencial

O óleo pode ser destilado a vapor das folhas, caules e botões. Varia de incolor a amarelo-claro e tem aroma acentuado, complexo e agradável.

DIFUSOR POMADA

Tagetes

Tagetes erecta

O óleo é usado para tratar infecções e feridas, **repelir** insetos e aliviar a congestão. Também apresenta um **efeito sedativo** leve que **acalma** a ansiedade e o nervosismo. Com aroma **revigorante**, é muito usado em perfumes masculinos.

Quais são os **benefícios?**

Cicatriza feridas O tagetes tem ação antisséptica que ajuda a tratar infecções em cortes e abscessos, além das provocadas por fungos.

Alivia cólicas Ameniza irritações e inflamações digestivas, assim como cólicas menstruais e cãibras, por ter ação antiespasmódica.

Descongestiona Ajuda a desobstruir os seios paranasais e os pulmões.

Reduz a tensão nervosa Com suave efeito sedativo, alivia a ansiedade, o pânico, o estresse e a depressão, dissipa a raiva e induz o relaxamento.

Repele insetos As propriedades inseticidas do óleo ajudam a afastar moscas e mosquitos. Bom para levar em viagens.

Esse arbusto *exibe flores vibrantes amarelas ou laranja.*

Melhores **usos**

Difusor Adicione 3-4 gotas a um difusor ou vaporizador para atenuar tosse e bronquite ou para usar como repelente de inseto.

Pomada Para tratar infecções fúngicas, acrescente 10-15 gotas a uma pomada de base vegetal.

Uso seguro *Dilua bem (menos de 2%). Muito fotossensibilizante mesmo em diluições baixas, evite aplicar na pele até 24 horas antes da exposição ao sol.*

A planta

Também chamado de cravo-de--defunto, é parte da família da calêndula, arbusto comum em canteiros, tem flores vibrantes amarelas e laranja.

O óleo essencial

Destilado a vapor das flores, apresenta cor dourada e aroma perfumado, terroso e floral, com notas cítricas.

BANHEIRA PELE

Tomilho

Thymus vulgaris

Popular para banhos e pomadas, esse óleo **melhora** a circulação e **alivia** músculos e articulações cansados e doloridos. Também é um **antisséptico** eficaz, que ajuda a tratar infecções fúngicas, a combater resfriados e expectorar. O aroma **estimulante** limpa e **refresca** a mente.

UMA MISTURA PERFEITA

Experimente combinar com bergamota, cravo-da-índia, eucalipto, lavanda, mandarina, limão-siciliano ou pinho.

Quais são os **benefícios?**

Alivia a tosse As propriedades antissépticas e antiespasmódicas o tornam ótima opção para acalmar os sintomas do resfriado, como tosse e dor de garganta, e da bronquite crônica.

Combate infecções fúngicas Experimente adicioná-lo a enxágues capilares ou massageá-lo diluído no couro cabeludo, unhas ou pés para ajudar a cuidar de problemas como caspa, dermatite seborreica, pé de atleta e outras infecções fúngicas.

Estimula a circulação O efeito térmico relaxa músculos rígidos e ameniza dor nas articulações.

Controla a acne Estudos mostram que os componentes do tomilho podem ser tão eficazes quanto o peróxido de benzoíla, ingrediente ativo da maioria dos cremes e sabonetes contra acne, para eliminar a *Propionibacterium acnes*, bactéria que a provoca.

Favorece o bem-estar Traz alívio em momentos de ansiedade, estresse ou desânimo.

Combate infecções urinárias Por suas propriedades antissépticas e antifúngicas, é ideal para a cistite.

Melhora a circulação Tem ação estimulante e tonificante geral no sistema circulatório, o que o torna um bom tratamento para hipotensão e anemia.

Melhores **usos**

Banheira Misture 5-6 gotas com 1 colher (sopa) de óleo base ou 40 ml de leite e disperse em um banho morno para ajudar a tratar infecções do sistema urinário.

Tônico para a pele Adicione 2 gotas de cada de óleo essencial de tomilho e de mandarina a uma base de 2 colheres (chá) de suco de aloe vera e 90 ml de hamamélis. Mexa bem e aplique com algodão ou despeje em um frasco com borrifador e use como spray facial refrescante.

***Uso seguro** Dilua bem (menos de 2%).*

A planta

***Erva aromática baixa e rasteira** da família da hortelã, o tomilho tem origem na região do Mediterrâneo, onde nasce em locais quentes, ensolarados e com solo bem drenado. É muito utilizado na culinária e como erva medicinal.*

O óleo essencial

***A parte florescente e as folhas** dessa erva popular podem ser destiladas a vapor para produzir o óleo. Dos vários quimiotipos utilizados, o tomilho linalol (*Thymus vulgaris qt linalool*) é o mais suave e adequado para uso geral na aromaterapia.*

Com propriedades antissépticas, o óleo essencial de tomilho é útil para combater resfriados.

Esse arbusto perene apresenta pequenas folhas ovais e flores brancas ou rosa no início do verão.

PELE MASSAGEM

Feno-grego

Trigonella foenumgraecum

***Cada caule fino** apresenta um trio de folhas alongadas.*

Conhecido pelas propriedades **digestivas** e laxativas, o feno-grego também apresenta ação **relaxante**, **antisséptica** e expectorante em infecções respiratórias. Ele **ativa** a circulação e pode tratar contusões e inchaços.

Quais são os **benefícios?**

Limpa e suaviza a pele Antibacteriano e antifúngico, o óleo de feno-grego ajuda a tratar infecções de pele, como furúnculos. A ação anti-inflamatória alivia coceira e ressecamento.

Ameniza a ansiedade Pode baixar a pressão arterial.

Descongestiona Atua como expectorante e reduz a inflamação de tecidos respiratórios.

Ajuda a desintoxicação As propriedades tonificantes e antioxidantes estimulam a transpiração e o metabolismo. Laxante suave, contribui para eliminar resíduos.

Auxilia a digestão e atenua problemas estomacais.

Colabora para a saúde da mulher Pode aliviar dores menstruais, regular ciclos e abrandar ondas de calor.

Melhores **usos**

Óleo facial Acrescente 4-6 gotas a 1 colher (sopa) de óleo base leve e aplique na pele inflamada ou acneica.

Massagem Adicione 15 gotas de feno-grego a 2 colheres (sopa) de óleo base para relaxar e acalmar a pele ou para tratar a indigestão, massageando o abdome com suavidade no sentido horário.

***Uso seguro** Não irritante quando diluído.*

A planta

***Nativa do Oriente Médio e Próximo**, o feno-grego, também conhecido como alforva, produz sementes triangulares ricas em óleo, e suas folhas podem ser secas e usadas na culinária.*

O óleo essencial

***O óleo** atualmente é um absoluto extraído das sementes. Marrom-amarelado, tem consistência cerosa e aroma potente, doce, picante e terroso.*

No verão, a valeriana apresenta inúmeras flores delicadas de aroma doce.

BANHEIRA MASSAGEM

Valeriana

Valeriana officinalis

É a planta mais usada como **sedativo**. Sua ação é reconhecida como tratamento para a **insônia** e a tensão. **Alivia a depressão** e a ansiedade. Pode regular a pressão arterial, desacelerar palpitações e auxiliar a digestão.

Quais são os **benefícios?**

Promove um sono reparador Pelo alto poder sedativo, trata a insônia e melhora a qualidade do sono.

Equilibra as emoções Acalma e alivia a ansiedade, a depressão e a agitação. É um bom tratamento para o estresse e a tensão.

Reduz a pressão arterial e taquicardia.

Ajuda a desintoxicação O suave efeito laxante estimula movimentos intestinais saudáveis, e a ação diurética induz a micção. Também abranda dores de estômago, como as ligadas ao estresse, e promove o metabolismo eficaz de nutrientes.

Colabora para a saúde da mulher Pode amenizar cólicas estomacais e sintomas da tensão pré-menstrual.

Melhores **usos**

Banho Adicione 2 gotas de cada de óleo essencial de rosa, valeriana e sândalo a 1 colher (sopa) de óleo base ou leite integral e misture na banheira.

Massagem O óleo de valeriana pode ser usado para induzir o relaxamento profundo. Experimente a mistura de 4 gotas de cada de óleo essencial de valeriana, lavanda e cedro com 2 colheres (sopa) de óleo base.

***Uso seguro** Atóxico e não irritante quando diluído.*

A planta

***Nativa de partes da Europa e da Ásia,** a valeriana possui folhas coriáceas características e aglomerados de flores cor-de-rosa ou brancas. O nome deriva do latim* valere, *que significa "estar bem", "sentir-se bem".*

O óleo essencial

***Destilado a vapor da raiz,** o óleo amarelo a amarelo-esverdeado tem aroma terroso, almiscarado e amadeirado que, por ser intenso, deve ser misturado com óleos mais suaves e doces.*

CABELO DIFUSOR

Baunilha

Vanilla planifolia

Amplamente usada na culinária, a baunilha também tem propriedades **calmantes** e suavizantes em seu óleo absoluto, que ajudam a **reparar** pele áspera ou **danificada**. É um **analgésico** leve e apresenta efeito antisséptico.

Quais são os **benefícios?**

Suaviza pele seca O óleo essencial de baunilha protege a pele e os cabelos dos danos provocados por poluentes e toxinas por sua ação hidratante, suavizante e antioxidante.

Tem efeito analgésico A principal substância química aromática da baunilha é a vanilina, que apresenta propriedades analgésicas semelhantes às da capsaicina, encontrada em pimentas. Diluído, o óleo pode ser usado na pele para alívio temporário e localizado de dores gerais e de dente.

Reduz o estresse A baunilha auxilia a dissipar pessimismo e ansiedade. Essa propriedade revigorante também contribui para o efeito afrodisíaco.

Controla a acne A ação antibacteriana auxilia no tratamento da acne e reduz a ocorrência de espinhas, cravos e manchas.

Melhores **usos**

Condicionador Adicione 10 gotas de óleo essencial de baunilha a 1 colher (sopa) de óleo de coco para criar uma máscara capilar que nutre e dá brilho aos fios. Aplique no cabelo e enrole-o em uma toalha por 10-15 minutos antes de lavar com xampu.

Difusor Para ajudar a aliviar o estresse e a ansiedade, pingue 1-2 gotas de absoluto de baunilha em um difusor ou vaporizador.

Uso seguro *Atóxico e não irritante.*

Devido a seu aroma intenso, use-o em baixa concentração.

As favas verdes da baunilha *são secas antes do uso.*

A planta

Vagem de um tipo de orquídea*, a fava da baunilha é seca aos poucos até enegrecer. Assim que começa a se desidratar, está pronta para uso na culinária ou para produção do óleo essencial absoluto.*

O óleo essencial

Óleo castanho-escuro espesso*, o absoluto de baunilha é extraído com solvente das vagens curadas. Como o familiar perfume às vezes é intenso demais, deve ser usado com moderação em qualquer mistura.*

BANHEIRA DIFUSOR

Vetiver

Vetiveria zizanioides

Tem forte ação no estado emocional, estimulando a **autoconfiança** em momentos de angústia ou pânico. O óleo essencial pode ajudar a melhorar a circulação, além de ser um **antisséptico** e **adstringente** útil no tratamento de peles oleosa e mista.

Quais são os **benefícios?**

Alivia músculos doloridos Age como relaxante e analgésico para dores musculares, entorses, reumatismo, artrite e rigidez geral.

Ajuda a cicatrizar feridas As propriedades antissépticas e adstringentes fazem dele um bom tratamento para cortes, arranhões e feridas.

Reduz cicatrizes e marcas Ao promover a regeneração da pele e o crescimento de tecido novo, o vetiver é ideal para minimizar estrias, cicatrizes e queimaduras.

Tem ação refrescante Adicione o óleo a uma compressa fria para baixar febre e insolação e aliviar dor de cabeça.

Promove o equilíbrio emocional O vetiver promove uma sensação de firmeza e calma a quem se sente sobrecarregado, com vontade de chorar, sob pressão e sem saber que direção tomar. Pode amenizar angústia, raiva e humor exaltado em adultos e crianças.

Tem ação afrodisíaca É muito usado para despertar o desejo sexual em homens e mulheres, em particular quando a libido está enfraquecida pelo excesso de trabalho e fadiga mental.

Promove um sono reparador Sedativo natural, promove o relaxamento e contribui para uma noite bem-dormida.

Melhores **usos**

Banho Faça um óleo relaxante misturando 4-6 gotas com 1 colher (sopa) de óleo base ou leite integral. Disperse na água morna e fique em imersão por pelo menos 15 minutos.

Difusor Para promover uma atmosfera de paz em casa ou no escritório, adicione 3-4 gotas de óleo essencial a um difusor ou vaporizador.

Uso seguro *Atóxico e não irritante quando diluído.*

UMA **MISTURA** PERFEITA

Combina com sálvia esclareia, cedro, jasmim, lavanda, patchuli, rosa, gengibre, ylang ylang e óleos cítricos.

A planta

Capim perene alto *nativo da Índia, o vetiver é parente de outras gramíneas perfumadas, como citronela, capim-limão e palmarosa. As raízes com mais de 24 meses contêm maior teor de óleo, mas levam mais tempo para destilar, o que o torna um produto caro.*

O óleo essencial

As raízes são picadas *e embebidas em água antes da destilação. O óleo resultante é um líquido âmbar escuro espesso de fragrância picante e terrosa com notas cítricas.*

INALAÇÃO A VAPOR

PELE

Violeta

Viola odorata

UMA **MISTURA** PERFEITA

Combinações ideais incluem tuberosa, sálvia esclareia, lavanda, benjoim, cominho, manjericão, sândalo, gerânio e óleos cítricos.

Conhecido pelas propriedades **relaxantes**, calmantes e inspiradoras, o óleo essencial de violeta é usado para aliviar irritações do trato respiratório, **rejuvenescer** pele madura ou danificada pela intempérie e **amenizar** problemas de pele sensível. O delicado aroma floral **tranquiliza** a mente e as emoções.

Quais são os **benefícios?**

Hidrata pele seca Por ter efeito suave e revitalizante, o óleo essencial de violeta alivia pele seca e danificada pelo sol ou pelo vento, além de minimizar o surgimento de vasinhos e poros dilatados.

Tem efeito analgésico Contém compostos anti-inflamatórios que amenizam dor e inflamação em músculos e articulações, ativando a circulação na área afetada quando aplicado no local. Também alivia dor de cabeça e enxaqueca.

Diminui a ansiedade É reconfortante e calmante em caso de nervosismo, ansiedade ou exaustão, além de abrandar a tontura provocada por ansiedade e estresse.

Descongestiona As propriedades expectorantes ajudam a liberar o catarro e a reduzir a pressão provocada pelas vias respiratórias bloqueadas.

Melhores **usos**

Inalação Adicione 5-6 gotas de óleo essencial de violeta a uma tigela de água quente. Coloque uma toalha sobre a cabeça e inale para soltar o catarro ou aliviar a ansiedade. Essa também é uma forma eficiente de limpar e hidratar a pele.

Sérum facial Prepare um óleo simples, mas sofisticado, misturando 2 gotas de absoluto de violeta e 1 gota de óleo de cenoura com 1 colher (sopa) de óleo de rosa-mosqueta.

Uso seguro *Atóxico e não irritante quando diluído.*

A planta

As folhas aveludadas*, e não as flores roxas, concentram o óleo essencial, que é um absoluto. São necessários cerca de 1.000 kg de folhas para produzir apenas 1 kg do absoluto, razão pela qual ele é tão caro e utilizado sobretudo em perfumes de alta qualidade.*

O óleo essencial

O absoluto *é extraído com solvente das folhas moídas. O processo gera um óleo espesso verde a marrom com aroma terroso e notas florais intensas e elegantes.*

***As pétalas da violeta** são ovais ou em forma de coração.*

COMPRESSA DIFUSOR

UMA **MISTURA** PERFEITA

Combina com manjerona, pimenta-do-reino, immortelle, alecrim, cipreste, lavanda e néroli.

Plai

Zingiber cassumunar, Z. montanum

Embora seja parente do gengibre, o plai produz um óleo que **refresca** em vez de aquecer, o que o torna ideal para febres e inflamações. Tem efeito **tonificante** geral no organismo e é muito valorizado por **aliviar** a dor de artrite, reumatismo e até pós-operatória. É utilizado na Tailândia para tratamento de estrias.

Quais são os **benefícios?**

É anti-histamínico As propriedades refrescantes e anti-inflamatórias ajudam a tratar doenças como rinite alérgica. A ação calmante reduz a intensidade das crises de asma em alguns indivíduos, podendo ser usado como tratamento complementar à medicação prescrita.

Tem efeito analgésico Contribui para o alívio de muitos tipos de dor, inclusive a provocada por lesões, distensões musculares, artrite e reumatismo. Algumas evidências sugerem que pode amenizar desconforto e inflamação pós-operatórias.

Suaviza cicatrizes e estrias Na Tailândia, o plai é um tratamento tradicional para esse fim.

Alivia cólicas abdominais As propriedades antiespasmódicas e analgésicas auxiliam a aliviar cólicas menstruais, além da dor provocada pela síndrome do intestino irritável.

Melhores **usos**

Compressa Para amenizar entorses e distensões, adicione 4-5 gotas de óleo a uma tigela rasa com água fria, mergulhe nela um pano pequeno e limpo, torça bem e coloque sobre a área afetada.

Difusor Para aliviar os sintomas provocados por rinite alérgica ou reduzir a gravidade das crises de asma, acrescente 3-4 gotas a um difusor ou vaporizador.

Uso seguro *Atóxico e não irritante quando diluído.*

A planta

O plai é uma planta *ornamental com folhas em forma de lâmina e pseudocaule colorido que se assemelha a uma pinha. As propriedades terapêuticas concentram-se na raiz.*

O óleo essencial

Destilado a vapor *das raízes frescas, o óleo, que varia de incolor a amarelo-claro, tem aroma revigorante, herbáceo e picante com notas de eucalipto.*

ENXAGUATÓRIO BUCAL

MASSAGEM

O gengibre tem aparência nodosa peculiar.

Gengibre

Zingiber officinale

Muito conhecido pelas propriedades revitalizadoras e para **aliviar** a náusea típica da gravidez e do enjoo de movimento, também é um **antisséptico** útil em caso de resfriado ou gripe e **analgésico**, ajudando a tratar dor de cabeça comum e muscular.

Quais são os **benefícios?**

Auxilia a digestão O gengibre alivia a má-digestão provocada por estresse ou excessos, bem como a náusea provocada pela gravidez, enjoo de movimento e efeitos colaterais de medicação.

Revitaliza a mente cansada Reconfortante e aquecedor, auxilia a amenizar sensação geral de cansaço. Também é revitalizante para quem está sofrendo de fadiga nervosa ou confusão mental.

Combate resfriados Antisséptico e analgésico, pode afastar os vírus do resfriado e, quando a doença já se estabeleceu, amenizar a sensação de desconforto, a congestão e a dor de garganta.

Alivia dor muscular Aplicado no local da dor, ativa a circulação e gera calor, o que revigora e alivia músculos doloridos e cansados.

Ameniza dor de cabeça As propriedades anti-inflamatórias e analgésicas fazem do gengibre uma escolha natural para aliviar dor de cabeça e enxaqueca.

Melhores **usos**

Gargarejo Adicione 2 gotas de óleo de gengibre a 1 colher (chá) de álcool de cereais e dilua em um copo pequeno de água quente. Quando esfriar, faça gargarejo para tratar dor de garganta.

Massagem Para um alívio rápido de dor de cabeça, enxaqueca e/ou náusea, misture 2 gotas de óleo de gengibre com 1 colher (chá) de óleo base. Massageie nas têmporas e pontos de pulsação.

Uso seguro *Atóxico e não irritante quando diluído.*

A planta

O gengibre *produz uma raiz nodosa característica que é utilizada como ingrediente culinário e medicinal há milhares de anos, especialmente pelos chineses. A popularidade duradoura comprova as propriedades terapêuticas e do uso culinário da raiz.*

O óleo essencial

Destilado a vapor *da raiz carnuda do gengibre, o óleo varia de amarelo-claro a âmbar-escuro e tem aroma quente, picante e amadeirado com notas de limão e pimenta.*

Bastante calmante, o gengibre é a escolha ideal para problemas digestivos.

Óleos base

Óleos base ou carreadores são um meio para diluir e dispersar óleos essenciais, que de outra maneira poderiam irritar a pele. Derivados de vegetais, oleaginosas ou sementes, ou produzidos pela maceração de uma erva no óleo vegetal, eles têm benefícios próprios.

Argan

Argania spinosa

O óleo de argan se origina de uma árvore que cresce apenas no Marrocos. Com alto nível de **vitamina E**, um antioxidante, e ácidos graxos essenciais, é suavizante para todos os tipos de pele e para cabelo e unhas. **Hidrata** e protege contra fatores ambientais, como frio e poluentes.

***As sementes** do argan marroquino produzem o óleo dourado untuoso e nutritivo para a pele.*

***O óleo de argan** apresenta um aroma de nozes característico.*

Quais são os **benefícios?**

Atua como hidratante de uso geral Não gorduroso, seco, pode ser usado sob a maquiagem de dia e para reparar a pele à noite. Ajuda a minimizar cicatrizes, estrias e danos provocados por sol ou vento. Aplique com moderação nos lábios antes de dormir para tratá-los enquanto dorme.

Hidrata as mãos Aqueça algumas gotas entre as palmas e massageie bem as mãos, inclusive unhas e cutículas.

Hidrata o cabelo O óleo de argan hidrata e restaura o brilho de fios danificados ou secos. Use como tratamento profundo pré-lavagem ou, no caso de frizz, esfregue algumas gotas logo após a lavagem, para mantê-los sob controle.

Tonifica a pele Com o uso regular, auxilia a equilibrar o tipo oleoso e amenizar a inflamação em torno de manchas e acne.

Borragem

Borago officinalis

O óleo é prensado das sementes da borragem. Em uma mistura de óleo base, tem **efeito benéfico** na pele madura, danificada ou **sensível**, e na acneica em decorrência de alterações hormonais.

***Sementes de borragem** são cultivadas para o comércio do óleo.*

***O óleo amarelo-claro**, quase inodoro, apresenta propriedades anti-inflamatórias potentes.*

Quais são os **benefícios?**

Rejuvenesce Ótima opção para pele madura ou danificada, contém o ácido graxo gamalinolênico (GLA), que ajuda a tonificar e rejuvenescer. Hidrata e regenera, melhorando a elasticidade.

Reduz a inflamação As propriedades anti-inflamatórias a tornam útil para pele propensa a eczema, psoríase, dermatite seborreica e erupções provocadas por variações hormonais.

***A erva borragem** é nativa da região mediterrânea.*

Mantém as unhas saudáveis Use com regularidade para mantê-las fortes e deixar as cutículas saudáveis.

Melhora a pele Uma pequena quantidade de borragem já enriquece uma mistura de óleo base. Em combinações e séruns, a proporção é de 2-10% do total.

Canola

Brassica napus

Também conhecido como óleo de colza, tem a vantagem de ser **fácil de encontrar** e ter preço acessível. Com frequência é geneticamente modificada e processada, portanto prefira marcas orgânicas. Eficaz na pele seca, sensível ou madura.

***Após a colheita**, as sementes são prensadas para a extração do óleo.*

***O óleo dourado** é quase inodoro; portanto, se adapta bem a misturas aromaterapêuticas.*

Quais são os **benefícios?**

Hidrata Leve e de fácil aplicação, ajuda a manter o equilíbrio da umidade na pele seca.

É fácil de encontrar Certifique-se que o produto não apresenta no rótulo o símbolo que indica a presença de transgênicos. A canola também é muito estável, por isso dura bastante.

Fornece uma base neutra Como o óleo é quase inodoro, combina com a maioria das misturas. Complemente com o de abacate, borragem ou rosa-mosqueta, ou adicione um macerado terapêutico, como calêndula ou erva-de-são-joão.

***Uso seguro** Dê preferência ao óleo orgânico para evitar resíduos de pesticidas que podem estar presentes em organismos geneticamente modificados (OGMs).*

Do gênero Brassica, *a canola apresenta flores amarelas delicadas.*

Manteiga de carité

Butyrospermum parkii

Extraída das castanhas das árvores de carité na África, tem uma longa tradição na culinária e tornou-se comum em cosméticos por suas propriedades **nutritivas**. A **textura espessa e cerosa** age como **emulsificante**.

***A cor** varia do amarelo vibrante (em estado cru) ao branco.*

***O óleo** tem aroma adocicado de nozes. Quanto menos cor e odor, mais refinado é.*

Quais são os **benefícios?**

Repara pele danificada Rica em ácidos graxos, carotenoides antioxidantes e vitamina E, melhora a aparência da pele seca e madura e alivia eczema, psoríase, alergias e manchas. Também é boa opção para couro cabeludo seco e com coceira.

Hidrata Os ácidos graxos da manteiga de carité combinam com os da pele. Ao formar uma fina camada protetora, ajuda a prevenir a perda de umidade e trata lábios rachados. Também contribui para o tratamento de cotovelos, joelhos e calcanhares ressecados.

Serve como bálsamo Acrescentar manteiga de carité à fórmula de cremes de barbear ajuda a suavizar esse procedimento.

Óleo macerado de calêndula

Calendula officinalis

É obtido da infusão das flores em um óleo como o de girassol. O resultado é um óleo herbáceo **nutritivo** com propriedades **terapêuticas** reconhecidas. A calêndula, também conhecida como maravilha, é muito usada na pele sensível, pois **repara** e **alivia** irritação com rapidez.

As flores secas podem ser usadas em infusões.

O óleo macerado, produzido das flores frescas, apresenta tom dourado profundo.

Quais são os **benefícios?**

Repara a pele Antisséptica, a calêndula é eficaz em úlceras, erupções, cortes e dermatite.

Pode ser usada após a exposição ao sol O óleo ajuda a hidratar e restaurar a pele e reduz esse tipo de inflamação.

Atua como óleo de massagem terapêutico É boa opção para cuidar de áreas amplas, pois se espalha com mais facilidade do que um creme.

É útil em primeiros socorros Em uma receita de pomada ou bálsamo, adicione o óleo macerado para acelerar a cicatrização.

Coco

Cocos nucifera

É um óleo semissólido leve, **hidratante** e **nutritivo** que derrete à temperatura do corpo. Adequado para todos os tipos de pele e cabelo, sobretudo para os secos, é melhor quando orgânico, cru, não refinado e sem corante, e dá um **aroma agradável** a misturas.

O óleo de coco branco é uma boa base para óleos essenciais.

O óleo de coco é um semissólido que derrete à temperatura corporal e pode ser usado em aromaterapia.

Quais são os **benefícios?**

Hidrata o cabelo Ajuda a combater a caspa e pode melhorar a aparência e dar brilho a fios secos ou danificados. Use como umectante pré-xampu ou, para hidratação mais intensa, deixe durante a noite e enxágue pela manhã.

Remove a maquiagem Aqueça um pouco de óleo de coco entre as mãos, massageie com suavidade o rosto e retire com um lenço úmido.

Cuida de pele áspera e irritada Tem efeito anti-inflamatório que auxilia no tratamento de feridas, bolhas e urticária e o alívio da irritação após o barbear. Prefira-o a óleos minerais para lábios rachados, eczema e dermatite.

Cuida dos dentes e da gengiva Ajuda a reduzir bactérias, controlar placa e combater cáries e infecções quando usado para diluir óleos essenciais antimicrobianos.

Também conhecida como ***maravilha****, a calêndula tem flores de cores vibrantes.*

Avelã

Corylus avellana

Óleo leve e fluido com aroma suave de nozes, é **rico em nutrientes** como vitamina E e ácido linoleico, ácido graxo essencial que protege a camada externa da pele. **Nutritivo**, é ideal para **revitalizar** pele danificada, seca ou sem viço. A suave ação **adstringente** melhora o tônus.

A avelã tem alto teor de proteínas e gorduras saudáveis que nutrem a pele.

Esse óleo amarelo--claro é rico em vitaminas e minerais.

Quais são os **benefícios?**

Regula O óleo é excelente opção para massagem facial em pele oleosa ou acneica. A ação adstringente ajuda a tonificar e equilibrar, e as propriedades emolientes proporcionam umidade e proteção. Regula e condiciona cabelo oleoso.

Protege Devido à textura fluida, é boa opção para pele danificada por sol e vento. Pode ser adicionado a cremes para aproveitar o FPS suave e a tratamentos após a exposição ao sol para reparar e hidratar.

É eficiente em uma mistura Utilize sozinho ou para enriquecer uma mistura com outro óleo base. Se a pele for muito seca, mas também precisar ser tonificada, combine com um óleo hidratante como o de abacate ou semente de rosa--mosqueta.

Girassol

Helianthus annuus

Óleo versátil popular e acessível, o girassol combina com outras bases e óleos essenciais. É muito rico em **vitamina E**, que repara com facilidade e forma um filme protetor sobre a pele.

Sementes de girassol são prensadas para produzir um óleo rico em vitamina E.

Dourado-claro, o óleo tem aroma delicado de nozes e é um emulsificante natural.

Quais são os **benefícios?**

Hidrata Há evidências de que o óleo de girassol pode reforçar a função de barreira da pele, ajudando a reter a umidade e proteger de infecções. Esse efeito se deve a sua composição química.

Trata O óleo tem ação protetora e auxilia a reparação da pele danificada pelo sol. A vitamina E e os carotenoides são terapêuticos e podem reduzir cicatrizes e amenizar rugas e linhas de expressão. Contém ômega-6 ácido linoleico, que ajuda a diminuir inflamações decorrentes de acne, eczema e queimaduras de sol e na regeneração celular.

O girassol vibrante produz sementes comestíveis.

Trata Os carotenoides do óleo são excelentes para limpar e hidratar pele propensa a acne.

Óleo macerado de erva-de-são-joão

Hypericum perforatum

Os efeitos **sedativos** bem conhecidos da erva-de-são-joão (ou hipérico) são preservados no óleo macerado, produzido pela infusão da erva fresca ou seca em óleo base. Tem efeito **analgésico** e **anti-inflamatório** que acalma pele avermelhada, dolorida ou inflamada.

A erva-de-são-joão é um tratamento popular para a depressão.

***O belo óleo vermelho** é produzido pela maceração da erva fresca em óleo de oliva.*

Quais são os **benefícios?**

Alivia inflamações Experimente o óleo para tratar problemas de pele como eczema, psoríase e alguns tipos de lúpus. Também pode ser utilizado ao primeiro sinal de coceira de herpes labial e lesões virais.

Tem ação analgésica Pode ser usado para acalmar dores nos nervos, aliviar tendinite e articulações inflamadas e reduzir inflamações em queimaduras de sol, escaldaduras leves, cortes e arranhões. Também atenua dores musculares.

Base para massagem A erva-de--são-joão libera um aroma terroso durante a massagem, e o óleo pode ser usado sozinho ou misturado a outro óleo base para intensificar o efeito relaxante. Também é eficaz para tratar nervosismo, depressão e sintomas de TPM e menopausa.

***Uso seguro** Não aplique antes da exposição ao sol, pois pode aumentar a fotossensibilidade da pele.*

Óleo de linhaça

Linum usitatissimum

Retirado das pequenas sementes do linho conhecidas como linhaça, é **rico em ácidos graxos ômega-3** e em vitamina E, o que ajuda a **rejuvenescer** pele cansada, seca ou madura. As propriedades **antioxidantes** e **anti-inflamatórias** podem beneficiar a pele propensa a acne.

***As pequenas sementes** do linho têm propriedades antioxidantes.*

***Os óleos de melhor qualidade** são os prensados a frio e não filtrados.*

Quais são os **benefícios?**

Reduz cicatrizes e estrias
O alto teor de vitamina E contribui para amenizar a aparência dessas marcas.

Hidrata Retém a umidade, revitalizando a pele seca. A ação anti-inflamatória alivia eczema e psoríase.

Tem efeito antienvelhecimento
Os ácidos graxos ômega-3 ajudam a proteger e a rejuvenescer as células da pele, iluminando-a e suavizando rugas.

Trata acne Use para limpar e condicionar pele oleosa ou propensa a acne e rosácea. Contém o ômega-3 ácido alfalinolênico (ALA), anti-inflamatório poderoso que reduz a vermelhidão e a dor.

Complementa misturas de óleos base Em geral, não é usado sozinho, mas adicionado a outros óleos base, cremes e loções devido às propriedades que fortalecem a pele.

Macadâmia

Macadamia ternifolia

Esse **óleo protetor delicado** é prensado da castanha nativa da Austrália. Tem aroma adocicado de nozes e contém grandes quantidades de **ácido palmitoleico**, também encontrado no sebo humano e que ajuda a proteger a pele de envelhecimento precoce e danos provocados pela exposição à intempérie.

A macadâmia é uma boa fonte de selênio.

O óleo amarelo-claro obtido da macadâmia apresenta aroma de nozes e textura semelhante à do sebo humano.

Quais são os **benefícios?**

Protege a pele Contém ácidos graxos nutritivos e esteróis (hormônios vegetais) que ajudam a hidratar e reparar a pele. É ótima opção depois da exposição exagerada ao sol, vento ou frio, assim como para hidratar o cabelo.

Tem efeito antienvelhecimento A macadâmia é rica em ômega-7 (ácido palmitoleico), que ajuda a retardar o envelhecimento da pele. O óleo tem ação regeneradora, umectante e hidratante, em especial na pele madura. Não irrita a área ao redor dos olhos – massageie uma pequena quantidade para combater bolsas e flacidez.

Tem validade longa Dura mais que a maioria dos óleos de castanhas e sementes (até 12 meses), mas precisa ser armazenado em local fresco e escuro para se manter na melhor condição.

Neem

Melia azadirachta

Obtido das frutas e sementes da árvore, o óleo é bastante **antisséptico** – uma pequena quantidade é suficiente. Tem odor forte e pungente, então é melhor **misturá-lo** com outros óleos. É eficiente para **tratar** infecções e problemas de pele seca e como **repelente de insetos**.

Sementes de neem não são comestíveis, mas o óleo tem valor terapêutico.

O óleo tem aparência característica e aroma forte e deve ser usado apenas em pequenas quantidades.

Quais são os **benefícios?**

Controla a caspa Misture com óleo de coco para um pré-xampu. Deixe por 10 minutos e enxágue.

É adequado para misturas É eficaz mesmo em pequenas quantidades e misturá-lo ajuda a neutralizar o aroma forte. Para descobrir a combinação que mais lhe agrada, comece diluindo apenas algumas gotas em um óleo base neutro, como o de girassol ou amêndoa doce, e aumente até no máximo 5% do total.

Repele insetos Esse inseticida poderoso se tornou essencial em repelentes de mosquito e no tratamento contra piolho. Nesse caso, aplique puro da raiz à ponta, passe um pente fino e enxágue.

Trata a pele Pode ser aplicado puro no herpes labial e contém compostos anti-inflamatórios que ajudam a aliviar eczema e psoríase. As propriedades suavizantes melhoram a aparência da escamação.

Moringa

Moringa oleifera

O óleo de moringa, prensado das sementes da planta, contém alto teor de **ácidos oleicos** graxos e é muito penetrante e hidratante. Também é rico em **antioxidantes**, que ajudam a proteger a pele do envelhecimento prematuro provocado pelos radicais livres.

***As sementes** da moringa desidratadas se assemelham a favas.*

***O óleo amarelo-claro** inodoro é rico em ácidos graxos, que suavizam e hidratam a pele.*

Quais são os **benefícios?**

É uma boa base para massagem Lubrificante com composição semelhante à do azeite de oliva, mas inodoro e muito mais leve, o óleo de moringa é uma base ideal para misturas aromaterapêuticas para massagem. A textura leve é adequada também compor para um sérum facial agradável.

Condiciona a pele Contribui para reduzir poros dilatados, linhas de expressão, rugas, estrias e cicatrizes.

Hidrata O alto teor de ácidos graxos nutre e previne a perda de umidade. Proporciona uma hidratação instantânea na pele seca, danificada ou madura. Misture com óleo de coco para restaurar o brilho do cabelo e combater caspa.

Ajuda a controlar acne Com propriedades antibacterianas e anti-inflamatórias, é útil para pele propensa a acne. Estudos mostram que pode eliminar micro-organismos que provocam infecção.

Evening primrose (enotera)

Oenothera biennis

Prensado a frio das sementes ricas em óleo, o evening primrose é **nutritivo** e contém **ácidos graxos benéficos para a pele**, como o ômega-6 ácido linoleico, que fortalece as estruturas da pele, e ácido gama-linolênico (GLA), **antienvelhecimento**.

***As perfumadas flores** do evening primrose são comestíveis.*

***As pequenas sementes** são ricas em ácidos graxos essenciais.*

***Dourado, o óleo de evening primrose** é prensado das sementes da planta, mas tem validade curta.*

Quais são os **benefícios?**

Tem efeito antienvelhecimento Leve e promotor de absorção, tem propriedades anti-inflamatórias e rejuvenescedoras que melhoram o tônus e a elasticidade da pele madura.

Condiciona Auxilia a reter a umidade e melhora a eficiência das células na absorção de oxigênio e no combate a infecções, ajudando a tratar eczema e acne. Para hidratar unhas fracas e quebradiças, esfregue 1-2 gotas nelas todos os dias.

Pode ser adicionado a cosméticos Em preparos caseiros, o óleo de evening primrose deve compor 5-10% da mistura. Como tem validade curta, precisa ser armazenado na geladeira depois de aberto e usado em 6-9 meses. Se for utilizar apenas um pouco para uma massagem ou creme, prefira cápsulas.

Oliva

Olea europea

Rico em **ácidos graxos**, **antioxidantes** e **vitamina E**, nutritivos para a pele, o óleo de oliva é reconhecido como **hidratante** e reparador excelente e acessível. Use puro ou em diversas fórmulas para pele e cabelo.

*O **fruto de sabor amargo** é nativo do Mediterrâneo.*

***Esse óleo espesso e viscoso** é utilizado tanto na culinária como em cosméticos.*

Quais são os **benefícios?**

Hidrata Auxilia na absorção de ativos e na manutenção e condicionamento da pele. O composto natural esqualeno age como uma barreira contra a perda de umidade. Esfregue algumas gotas nas unhas e cutículas para hidratá-las.

Tem efeito antienvelhecimento As propriedades antioxidantes auxiliam a manter a integridade das células da pele e a combater os danos dos radicais livres, que provocam envelhecimento precoce.

Pode ser usado como tônico capilar É um bom tratamento pré-xampu ou como máscara de umectação noturna para cabelo seco e danificado e couro cabeludo irritado e sensível.

Remove a maquiagem Simples e eficaz, ajuda a remover todos os produtos, deixando a pele bem hidratada.

Abacate

Persea gratissima

Esse óleo é um dos melhores para **suavizar** pele seca e áreas ásperas, como cotovelos e calcanhares. Nutritivo e rico em vitaminas, minerais e **antioxidantes**, é prensado a frio da fruta e usado em pequenas quantidades para enriquecer preparações mais leves.

***A fruta** é rica em nutrientes.*

***O óleo de abacate** é prensado da fruta descascada e apresenta um tom verde-escuro característico.*

Quais são os **benefícios?**

Hidrata e suaviza a pele Ajuda a hidratar áreas ressecadas e a regenerar as células da pele. Devido ao alto teor de ácidos graxos, é ótimo para condicionar regiões ásperas de pés, joelhos e cotovelos e para revitalizar cabelo danificado por sol ou secador.

Repara e protege Se usado com regularidade, auxilia a prevenir ou minimizar o aparecimento de estrias.

Tem efeito antienvelhecimento Dá brilho à pele cansada e sem viço. Contém ácidos graxos e fitosteróis (hormônios vegetais) que ajudam a reconstituir e vitalizar a pele madura.

Protege do sol Embora não deva ser usado sozinho como protetor, apresenta FPS natural que ajuda a proteger a pele e o cabelo da exposição ao sol. Também alivia a dor de queimaduras solares.

A oliveira, *da família* Oleaceae, *se desenvolve em climas quentes e ensolarados.*

Amêndoa doce

Prunus amygdalus dulcis

Esse óleo versátil leve é prensado a frio das sementes da amendoeira. Rico em vitaminas, é adequado para **todos os tipos de pele**, mas em particular para a **sensível**. Suave o bastante para ser usado em crianças, **alivia** pele seca e irritada e evita a perda de umidade.

A amêndoa é rica em vitamina E e outros nutrientes importantes.

O óleo de amêndoa doce, prensado das sementes da árvore, é leve e tem um aroma sutil.

Quais são os **benefícios?**

É hidratante natural Estabelece uma barreira duradoura que previne a perda de umidade e suaviza pele seca e irritada, além de aliviar inflamações como eczema.

É adequado para bebês e crianças pequenas Trata assaduras e dermatite seborreica infantil, por exemplo. Outros óleos suaves, como os de oliva e girassol, também são recomendados para bebês.

Ajuda a lubrificar blends para massagens Tem boa espalhabilidade, o que o torna popular como óleo base para massagem. Também tem aroma delicado, que não compete com os óleos essenciais em uma mistura.

Remove a maquiagem Limpa a pele e remove os cosméticos, deixando a pele macia e elástica.

Caroço de damasco

Prunus armeniaca

Esse óleo **prensado a frio** é rico em ácido gama-linolêico (GLA), que ajuda a pele a manter a umidade em equilíbrio. Como não deixa resíduo gorduroso, é muito adequado como base para séruns faciais e loções **hidratantes** leves.

A semente de damasco tem propriedades hidratantes.

O óleo de semente de damasco é um emoliente que ajuda a suavizar a pele. Amarelo-claro ou escuro, tem aroma de nozes.

Quais são os **benefícios?**

Ajuda a restaurar a umidade É perfeito para aplicar de leve na pele antes de se enxugar caso ela fique seca, tensionada ou coçando após o banho. Suaviza e melhora a elasticidade da tez madura, amenizando linhas de expressão.

É adequado para pele sensível Suaviza e age como uma barreira fina contra irritações. É um substituto ideal para óleos de bebê com derivados de petróleo.

É uma boa base para massagem O óleo de damasco é ótimo em misturas para massagem e tratamentos noturnos. Rende bastante, portanto adquira o de melhor qualidade possível.

Condiciona o cabelo É um tratamento eficaz para frizz e minimiza o aparecimento de pontas duplas. Espalhe algumas gotas nos fios úmidos e deixe-os secar naturalmente para manter a umidade o dia inteiro.

Rosa-mosqueta

Rosa cannina

O óleo das sementes da roseira é uma fonte rica de ácidos graxos **nutritivos**. Conhecido pelo efeito anti-inflamatório **suavizante**, é adequado para pele seca, madura e danificada pelo clima.

***A roseira** produz aglomerados de sementes.*

***As sementes de rosa-mosqueta** são ricas em ácidos graxos rejuvenescedores.*

***O óleo dourado** pode ser usado puro em áreas pequenas da pele ou complementar misturas.*

Quais são os **benefícios?**

Tem efeito antienvelhecimento
Os ácidos graxos essenciais ômega-3 e 6 contribuem para a regeneração de células e tecidos, mantendo a pele elástica e reduzindo linhas de expressão ao redor dos olhos. É excelente para tratar vasinhos.

Previne cicatrizes Pode ser acrescentado a loções e cremes corporais para diminuir o surgimento de estrias. Também reduz cicatrizes de feridas, queimaduras e cirurgias.

Trata acne O óleo é fonte de ácido transretinoico, forma de vitamina A que é um tratamento reconhecido para pele propensa a acne. Ajuda a regular a oleosidade da pele, e sua ação tonificante minimiza os poros. Também alivia espinhas e furúnculos.

Atenua a coceira Calmante e de fácil absorção, tem ação refrescante e anti-inflamatória que traz alívio rápido para pele seca e com coceira.

Gergelim

Sesamum indicum

Prensado do conhecido gergelim, esse óleo é **repleto de nutrientes**, inclusive vitamina E e potássio, que ajudam a **rejuvenescer** e **proteger** a pele. Também apresenta propriedades **anti-inflamatórias**, o que o torna adequado sobretudo para o tipo seco.

***Sementes de gergelim** são uma fonte rica de vitaminas e minerais.*

***O óleo amarelo-claro ligeiramente espesso** era usado como bálsamo terapêutico e hoje é comum na culinária.*

Quais são os **benefícios?**

Tonifica O óleo penetra profundamente e ajuda a reparar as células danificadas e a ativar a circulação, o que dá um brilho saudável à pele cansada ou danificada pela intempérie.

Acalma e aquece Para a medicina aiurvédica, o óleo de gergelim tem esses efeitos, ativa a circulação e auxilia a desintoxicação, mesmo sem a adição de óleos essenciais. Também alivia o estresse e promove o sono.

Hidrata Adequado em especial para pele de seca a normal, também alivia problemas que provocam coceira, queimação e inflamação.

Protege do sol Embora não possa ser usado puro, acrescentar um pouco de óleo de gergelim a produtos faciais e corporais aumenta o FPS deles, além de proteger dos danos provocados pelos radicais livres.

Jojoba

Simmondsia chinensis

A jojoba é uma **cera líquida** e não um óleo. Muito semelhante ao sebo humano, é considerada um dos principais tratamentos para pele seca e envelhecida, mas pode ser utilizada em todos os tipos, pois é absorvida com facilidade. Adiciona uma camada **protetora** que ajuda a reter a umidade.

O óleo das sementes é usado na pele há muito tempo.

*O **óleo de jojoba**, que na verdade é uma cera líquida, é duradouro e tem cor dourada vibrante.*

Quais são os **benefícios?**

Hidrata pele e cabelo A jojoba pode ser usada para hidratar pele dura, seca ou áspera e para aliviar os sintomas de problemas como eczema e psoríase. Aplicar uma pequena quantidade no cabelo dá brilho instantâneo. Também pode ser utilizada para tratar caspa e couro cabeludo seco.

Tem efeito antienvelhecimento É um bom óleo para pele madura, seca, rachada e desgastada pelo clima. Ajuda a reduzir a perda de água e melhora a maleabilidade e a elasticidade, minimizando linhas de expressão, rugas e cicatrizes.

Remove a maquiagem Pode ser usado para retirar e dissolver os resíduos de produtos e o sebo que obstruem os poros, hidratando na hora. Espesso e lubrificante, substitui o sabonete durante o barbear ou a depilação com lâmina, permitindo um corte rente e prevenindo a irritação.

Manteiga de cacau

Theobroma cacao

Emoliente natural e eficaz com aroma característico de chocolate e baunilha, pode ser incorporada a bálsamos e a cremes faciais e corporais para **criar uma barreira** contra perda de umidade e danos provocados pelo ambiente. É boa para pele seca e danificada e ajuda a reduzir estrias.

*A **manteiga cerosa** é derretida para produzir o líquido usado em produtos para pele e cabelo.*

*O **óleo** pode ser usado para permitir a dispersão uniforme de produtos.*

Quais são os **benefícios?**

Previne perda de umidade A manteiga de cacau age como barreira contra perda de água, mantendo a pele hidratada. Ao estimular a produção de colágeno, tonifica e contribui para a elasticidade, ajudando a evitar estrias e rugas prematuras. Também hidrata o cabelo.

Age como espessante e emulsificante Sólida e amarelo-clara à temperatura ambiente, pode ser derretida e adicionada a produtos para rosto e corpo para espessá-los e enriquecê-los. A manteiga de cacau é um emulsificante natural, mantendo homogêneas loções à base de óleo e água.

Fecha os poros A manteiga de cacau é oclusiva. Por isso, não é recomendada para pele acneica.

Gérmen de trigo

Triticum vulgare

Produto **nutritivo** e **protetor da pele**, o óleo de gérmen de trigo tem o maior teor de vitamina E entre todos os óleos vegetais e também é rico em betacaroteno. Embora pegajoso e espesso demais para usar sozinho, ele acrescenta benefícios **hidratantes** a óleos base, loções e cremes.

As pequenas sementes de trigo *contêm o gérmen nutritivo em seu interior.*

Esse óleo de cor dourada *tem textura espessa e aroma característico.*

Quais são os **benefícios?**

Repara O óleo de gérmen de trigo hidrata pele seca ou rachada, além de ajudar a minimizar cicatrizes e estrias e a manter um tom uniforme. É uma fonte rica em vitamina E, o que auxilia a proteger dos efeitos do clima.

Tem efeito antienvelhecimento A vitamina E contribui para o combate dos danos provocados pelos radicais livres, a regeneração de células e a formação de colágeno. Tem, também, ação revitalizante na pele madura ou desgastada pelo clima, ajudando a prevenir linhas de expressão prematuras ao redor de olhos e boca.

É adequado para misturas A consistência espessa e pegajosa e o aroma característico de grama e nozes ficam melhor em misturas, acentuando os benefícios de óleos base mais leves. Deve compor 5-10% da mistura final.

Semente de uva

Vitis vinifera

Esse óleo versátil leve, inodoro e em conta pode ser usado de muitas maneiras, de massagens a produtos para a pele. Rico em **antioxidantes**, é suave, mas muito nutritivo. Tem ótimas propriedades **emolientes** e efeito **tonificante** que beneficia tanto as peles maduras como as propensas a acne.

Cosméticos e alimentos *usam sementes de uva prensadas.*

Esse óleo leve *e claro dura apenas 6 meses e deve ser conservado em local fresco e escuro.*

Quais são os **benefícios?**

Tem efeito antienvelhecimento Rico em ácido linoleico (ômega-6), emoliente, o óleo de semente de uva deixa um toque acetinado. É absorvido facilmente e tem ação adstringente que ajuda a tonificar e hidratar pele cansada ou sem viço.

É adequado para pele sensível e com alergia Pode ser usado por quem não tolera produtos à base de oleaginosas. É suave o suficiente para ser usado em crianças e em pele sensível.

Trata acne As propriedades adstringentes da semente de uva ajudam a controlar oleosidade e acne, refrescando a tez e reduzindo vermelhidão e irritação.

É uma boa base para massagem O óleo é uma ótima base não gordurosa. Também se dispersa na água, o que o torna boa opção para misturas de banho.

Receitas variadas

Crie um spa personalizado em casa. Com essas receitas simples e ingredientes naturais, produza diversos produtos maravilhosos para estimular o corpo e a mente: de blends aromáticos a velas perfumadas e cuidados de beleza e de banho.

Como combinar óleos essenciais

A **arte de misturar** óleos com sucesso para criar aromas **agradáveis** e estimulantes tem origem na prática. As famílias de fragrâncias nas pp. 166-7 permitem entender quais aromas combinam. Abaixo há **orientações** para começar. Divirta-se **experimentando** combinações (blends) e descubra quais são suas favoritas. Com o tempo, ganhará autoconfiança e desenvolverá um **instinto** para criá-las.

Como os óleos se **combinam**

Cada óleo essencial é constituído por muitos componentes, responsáveis por diferentes atributos e propriedades. A maravilha dessas substâncias é que uma fragrância não é apenas uma nota individual, mas um complexo harmônico de algumas (ver quadro à direita). É possível trabalhar com essas características para criar blends, adicionando notas cítricas ao acrescentar os óleos de limão--siciliano, grapefruit ou limão-taiti, por exemplo; ou aprimorando uma mistura com notas de especiarias, como óleos de cardamomo ou pimenta-do-reino.

A arte de criar uma boa receita se desenvolve com a prática, mas há algumas orientações que facilitam a prática. Se, por um lado, o desperdício é indesejável, um pouco de tentativa e erro ajuda a entender como os óleos se comportam juntos e a desenvolver a autoconfiança. Assim, não tenha medo de cometer alguns equívocos.

Orientações gerais Comece criando misturas bem simples. Conforme trabalha com os óleos essenciais e se familiariza com eles, notará que alguns têm aroma mais forte e mais penetrante que outros, o que os faz prevalecer sobre aqueles com aroma mais sutil. Tenha isso em mente e pratique com cuidado, gota a gota, para ganhar confiança.

• **Sempre dilua os óleos essenciais** antes de aplicá-los à pele. Siga as orientações para uso seguro indicadas na descrição de cada óleo essencial (pp. 40-145).

Em geral os aromaterapeutas usam as seguintes diretrizes: diluição de 0,5% em um óleo base (ou carreador) para ser usado em pele sensível, para um óleo facial, para crianças, idosos ou para os que têm sistema imunológico debilitado; diluição de até 2,5% em óleo base para um produto corporal destinado a adultos saudáveis; e diluição de até 5% para uma aplicação local ou tópica, como uma compressa (ver a tabela na p. 37 para proporções de óleo essencial e óleo base).

• **Procure usar de quatro a sete óleos** por mistura e evite mais que isso. No início, é preferível juntar apenas dois ou três – essas misturas simples podem ser eficazes. À medida que for ganhando confiança e descobrindo combinações de aromas de que gosta, adicione mais elementos.

• **Se cometer um erro** ao misturar os óleos, como adicionar um com aroma que não lhe agrada, é difícil corrigir o engano. Nesse caso, é melhor descartar a mistura e começar de novo.

Notas de cabeça, de corpo e de fundo

As fragrâncias são construídas *mesclando notas individuais, que, juntas, criam um aroma novo e unificado. Há notas de cabeça, de corpo e de fundo. Combinadas, elas dão estrutura à mistura, com resultados agradáveis e equilibrados de longa durabilidade.*

• ***As notas de cabeça*** *são leves e refrescantes e criam a primeira impressão.*

• ***As notas de corpo*** *são a essência da fragrância e incluem a maior parte dos aromas herbáceos.*

• ***As notas de fundo*** *são aromas fortes, como os de sândalo e ylang ylang, que formam a base do perfume e propiciam sua durabilidade.*

• **Misture óleos** em uma tigela ou frasco pequeno. Se precisar guardar, transfira para um frasco de vidro escuro esterilizado e anote a data e os ingredientes que utilizou.

VARIAÇÕES DE
MISTURAS

Ao longo do capítulo encontre sugestões para experimentar e descobrir, assim, as combinações preferidas.

Use pequenas quantidades de óleo enquanto estiver aprendendo a arte das misturas.

Misturas perfeitas

Os óleos essenciais podem ser organizados em **"famílias" de fragrâncias**, que ajudam a orientar a escolha das combinações. Em geral, os **aromas** de que gostamos pertencem a uma ou duas famílias apenas. Embora não haja regras, os aromas tendem a combinar com os de seu grupo e com os **vizinhos**.

Óleos **florais**

Têm aroma encorpado, como o de rosa, que forma o coração de uma fragrância. Podem ser usados sozinhos ou misturados para obter mais complexidade. Adicione óleos cítricos para abrandar os de personalidade mais forte e herbáceos para dar frescor; os de especiarias contribuem com calidez.

Óleos essenciais
- Pau-rosa • Violeta • Gerânio
- Néroli • Rosa • Ylang ylang
- Jasmim • Lavanda
- Tagetes • Immortelle
- Palmarosa • Mimosa

Lavanda, floral

*As famílias de **óleos essenciais** podem ser combinadas para criar aromas mais complexos.*

Óleos **herbáceos**

Têm aroma "verde", natural e elegante, e costumam formar a "nota de corpo" (p. 164) de uma fragrância. Esse frescor pode equilibrar os óleos florais mais doces e abrandar as notas características mais marcantes dos cítricos.

Óleos essenciais
- Manjericão • Sálvia esclareia
- Orégano • Semente de salsa • Estragão
- Tomilho • Milefólio • Endro • Artemísia
- Alcaravia • Semente de cenoura
- Camomila • Erva-doce • Manjerona
- Murta • Segurelha • Manuka

Camomila, herbáceo

RODA DAS FRAGRÂNCIAS

Em 1983, Michael Edwards, consultor da indústria de perfumes, inventou uma "roda" das fragrâncias. Ele organizou os aromas em florais, orientais, amadeirados e refrescantes, e a maioria dos agrupamentos baseia-se nessas classificações.

Óleos **cítricos**

Vibrante e com personalidade, essa família inclui os de frutas desse tipo e aqueles cujo aroma remete ao delas, como o de fragônia. Eles adicionam acidez aos óleos florais e herbáceos e frescor aos medicinais.

Óleos essenciais
- Bergamota • Limão-siciliano
- Grapefruit • Mandarina • Laranja
- Cidrão • Capim-limão • Melissa
- Limão-taiti • Buchu • Fragônia
- Petitgrain • Citronela • Litsea

Laranja, cítrico

Canela, especiaria

Óleos **de especiarias**

Essa família exótica é dos que têm aroma quente, sensual, sofisticado e aveludado. Óleos como o de canela podem formar a nota central em um perfume, e os marcantes, como o de baunilha, criam uma nota "de fundo" (p. 164), que propicia longa duração. Experimente juntar óleos de especiarias orientais com amadeirados, como o de sândalo, para criar combinações penetrantes e intensas. Eles também combinam com muitos de aroma floral, como os de ylang ylang, jasmim e lavanda, que os abrandam.

Óleos essenciais
• Baunilha • Canela • Noz-moscada • Cardamomo • Cravo-da-índia • Zimbro • Coentro • Pimenta-do-reino • Cominho • Galanga • Feno-grego • Gengibre • Anis-estrelado • Tuberosa • Pimenta-da-jamaica • Cistus

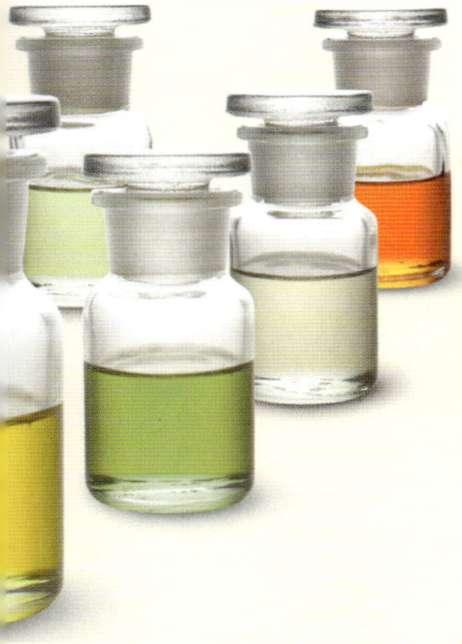

Pinho, amadeirado

Óleos **amadeirados**

Terrosos, musgosos, almiscarados e densos, os óleos dessa família complexa têm aroma dominante. Tendem a ser firmadores, e alguns são sensuais, como o de sândalo; os de cedro e mirra acentuam as notas orientais. Adicionar a eles notas cítricas vibrantes cria um perfume mais vivo e fresco, e a combinação com os medicinais, como o de eucalipto, produz fragrâncias refrescantes, resinosas e mentoladas, que equilibram os tons amadeirados intensos.

Óleos essenciais
• Olíbano • Cipreste • Pinho • Mirra • Patchuli • Sândalo • Cedro • Angélica • Elemi • Benjoim • Valeriana • Vetiver

Sálvia, medicinal

Óleos **medicinais**

Frescos e evocadores de pureza, são mais suaves, produzindo uma nota "de cabeça" refrescante (p. 164) que complementa aromas amadeirados mais densos. Misturá-los com óleos desse tipo ou com herbáceos cria fragrâncias que liberam seus aromas aos poucos.

Óleos essenciais
• Cânfora • Sálvia • Wintergreen • Bétula • Tea tree • Cajepute • Niaouli • Ravintsara • Alecrim • Louro • Hortelã-pimenta • Eucalipto • Plai

Ingredientes adicionais

Os óleos essenciais podem ser combinados com vários ingredientes para criar diversos tratamentos de banho e para o corpo. Os listados nas pp. 148-61 são a base ideal para esses **blends**. Nas receitas a seguir, componentes como **ceras**, águas florais, sal grosso e ácido cítrico resultam em **cremes**, loções, bálsamos, perfumes e infusões.

O óleo de rícino *é ótimo emoliente, pois cria uma barreira na pele. Também serve para limpá-la de modo eficaz.*

O suco de aloe vera *fornece uma base hidratante para os óleos essenciais. Calmante e refrescante, é um ingrediente muito empregado em produtos para a pele, por sua ação cicatrizante e reparadora.*

A cera de abelha *é utilizada em produtos terapêuticos para a pele porque forma uma camada protetora, ajudando a reduzir a perda de água. É um hidratante poderoso e uma boa base para cremes e pomadas. Pode ser adquirida em barra ou flocos, que são mais fáceis de derreter.*

As ceras emulsificantes *ajudam os óleos essenciais e a água a se misturar em cremes e loções e a permanecer estáveis por um longo período.*

A água de rosas *é um subproduto da destilação a vapor do óleo essencial. Com um perfume delicioso, pode ser usada isolada como tônico ou adicionada a preparos. As águas florais compartilham algumas propriedades do óleo, mas são menos concentradas.*

A argila branca *pode ser acrescentado a produtos cosméticos para a pele pela ação esfoliante, que ajuda a remover células mortas e a limpar a pele.*

O bicarbonato de sódio *limpa a pele e auxilia a reduzir a inflamação. Acalma, suaviza e libera toxinas.*

Velas *podem ser feitas com parafina, cera vegetal ou de abelha.*

A glicerina *é uma substância hidratante incolor e inodora. É um ingrediente útil em cosméticos, em especial nos tratamentos para pele seca.*

O ácido cítrico *é um ácido de frutas natural que limpa e contribui para uniformizar o tom da pele.*

O sal grosso *é rico em substâncias desintoxicantes, que estimulam o sistema linfático, e em magnésio, que ajuda a amenizar a fadiga e a aliviar os músculos após o exercício.*

Aromaterapia

O uso de combinações perfumadas de óleos essenciais adequadas ao estilo de cada um é uma ótima maneira de promover o bem-estar e a saúde. Elas têm propriedades maravilhosas: acalmam, equilibram, animam, purificam, estimulam e reduzem a ansiedade. Tudo isso ajuda a relaxar e liberar o estresse, além de revigorar o corpo como um todo.

MASSAGEM BANHEIRA DIFUSOR

Blend relaxante

Reservar tempo para repousar é a chave para o bem-estar. O óleo essencial de lavanda é o mais indicado como **relaxante** e combina bem com o de rosa, que **acalma**. O de vetiver é amadeirado, terroso e um pouco amargo, com **propriedades sedativas**, ideal para uso antes de dormir.

Ingredientes

Rende 30 ml
Óleo de amêndoa doce 2 colheres (sopa)
Óleo essencial de lavanda 5 gotas
Óleo essencial de rosa 3 gotas
Óleo essencial de vetiver 2 gotas

Como **fazer**

Para o óleo de massagem, misture todos os ingredientes em uma tigela, transfira para um frasco de vidro escuro esterilizado e feche com tampa de rosca ou conta-gotas. Guarde em local fresco e escuro. Dura até 3 meses.

Como **usar**

Massagem Passe no corpo todo (evite o rosto) e espere a pele absorver antes de se vestir.

Banho Para uma imersão relaxante na hora de dormir, misture os óleos essenciais com apenas 1 colher (sopa) de óleo de amêndoa doce ou com 1 colher (sopa) de leite integral e adicione à agua morna.

Difusor Coloque os óleos essenciais puros em um difusor ou vaporizador para perfumar o ambiente enquanto relaxa.

Uso seguro *Cuidado para não escorregar ao entrar e sair do banho.*

Uma mistura aromática calmante ajuda a repousar.

VARIAÇÃO DE RECEITA

Para outras combinações relaxantes com uma base de óleo de amêndoa doce, experimente camomila, mandarina e bergamota ou manjerona, lavanda e laranja.

Assim que a mistura *ficar pronta, pode ser adicionada a um banho ou usada em uma massagem.*

CHUVEIRO

Blend revitalizante

Esse trio de óleos **estimulantes** anima o espírito e recarrega a energia. O de grapefruit refresca o corpo e a mente, e o de gerânio ajuda a equilibrar as emoções, porque é **calmante** e **revigorante**. O aroma característico do jasmim completa a receita com perfeição, aumentando a sensação de bem-estar.

Ingredientes

Rende 30 ml

Óleo essencial de grapefruit 4 gotas

Óleo absoluto ou essencial de jasmim 4 gotas

Óleo essencial de gerânio 1 gota

Gel de banho sem perfume 2 colheres (sopa)

Como **fazer**

Misture os óleos essenciais com o gel de banho sem perfume.

Como **usar**

Chuveiro Use essa combinação estimulante no início da manhã para se energizar e iniciar o dia de maneira positiva.

MASSAGEM DIFUSOR

Blend para descontrair

A aromaterapia calmante proporciona uma forma natural e fácil de lidar com a ansiedade e o estresse. Os óleos essenciais florais **estimulantes**, como o de néroli, podem ser combinados com outros que despertam o bom humor, como o de olíbano, criando uma receita muito **relaxante**.

Ingredientes

Rende 30 ml

Óleo de amêndoa doce 2 colheres (sopa)

Óleo essencial de olíbano 3 gotas

Óleo essencial de néroli 3 gotas

Óleo essencial de laranja 2 gotas

Como **fazer**

Para o óleo de massagem, misture todos os ingredientes em uma tigela, transfira para um frasco de vidro escuro esterilizado e feche com tampa ou conta-gotas. Guarde em local fresco e escuro. Dura até 3 meses.

Como **usar**

Massagem Passe no corpo todo (evite o rosto) e espere a pele absorver antes de se vestir.

Difusor Coloque os óleos essenciais puros em um difusor ou vaporizador para criar um ambiente relaxante e tranquilo.

VARIAÇÃO DE RECEITA

Para uma alternativa estimulante, combine óleos essenciais de sândalo, rosa e cipreste.

Aproveite os benefícios terapêuticos *dos óleos essenciais dispersando-os com um difusor ou vaporizador.*

MASSAGEM DIFUSOR BANHEIRA

Blend calmante

As propriedades aromaterapêuticas de certos óleos essenciais atuam na mente e no corpo, ajudando a **equilibrar** as emoções e a suavizar a pele. O de rosa a acalma, reduzindo a vermelhidão e a inflamação, enquanto o de gerânio normaliza o tipo oleoso e tranquiliza **emoções** desestabilizadas. Leve, versátil e suave, o de amêndoa doce é a base ideal para essa receita.

Ingredientes

Rende 30 ml

Óleo de amêndoa doce 2 colheres (sopa)

Óleo absoluto ou essencial de rosa 7 gotas

Óleo essencial de gerânio 7 gotas

O óleo essencial de rosa tem aroma relaxante.

Como **fazer**

Para o óleo de massagem, misture todos os ingredientes em uma tigela, transfira para um frasco de vidro escuro esterilizado e feche com tampa de rosca ou conta-gotas. Guarde em local fresco e escuro. Dura até 3 meses.

Como **usar**

Massagem Passe no corpo todo (evite o rosto) e espere a pele absorver antes de se vestir. Para um óleo facial calmante, misture 2 colheres (sopa) de óleo de amêndoa doce ou de calêndula com 1 gota (cada um) de óleo essencial de rosa e de lavanda.

Difusor Coloque os óleos essenciais puros em um difusor ou vaporizador para perfumar o ambiente com essa mistura calmante.

Banho Misture os óleos essenciais com apenas 1 colher (sopa) de óleo de amêndoa doce ou com 1 colher (sopa) de leite integral ou óleo base de banho e acrescente à água morna.

***Uso seguro** Cuidado para não escorregar ao entrar e sair do banho.*

VARIAÇÃO DE RECEITA

Os óleos essenciais de mandarina, camomila-romana e lavanda combinados com óleo base de amêndoa doce rendem uma mistura calmante para transtornos emocionais.

FRAGRÂNCIA

Blend para a concentração

Óleos essenciais são usados há muito tempo para facilitar a meditação, pois ajudam a aprofundar e desacelerar a respiração, além de **equilibrar** e **centralizar a energia**. O de alecrim tem efeito **estimulante** no sistema nervoso central e é útil para aumentar a concentração. Os de cravo-da-índia e hortelã-pimenta contribuem para afastar o sono e são uma boa combinação para manter o foco.

Ingredientes

Rende 30 ml

Óleo de girassol 2 colheres (sopa)

Óleo essencial de alecrim 6 gotas

Óleo essencial de cravo-da-índia 2 gotas

Óleo essencial de hortelã-pimenta 2 gotas

Como **fazer**

Misture todos os ingredientes em uma tigela, transfira para um frasco de vidro escuro esterilizado e feche com tampa *roll-on* ou conta-gotas. Guarde em local fresco e escuro. Dura até 3 meses.

Como **usar**

Fragrância Passe a mistura perfumada nos pontos de pulsação dos pulsos e têmporas. Use um frasco com tampa *roll-on* para facilitar a aplicação.

Esse grupo de óleos centralizadores ajuda a aumentar a concentração.

***Revitalizante e estimulante**, o aromático alecrim promove o alerta mental.*

MASSAGEM INALAÇÃO A VAPOR DIFUSOR

Blend para limpar e purificar

Use óleos essenciais com propriedades **purificadoras** para desfrutar de uma massagem **desintoxicante**, limpar o ambiente ou higienizar a pele, nesse caso acrescentando-os a um sabonete facial sem perfume, a uma mistura de óleos ou a uma inalação a vapor para desobstruir os poros. O zimbro tem ação estimulante e adstringente, o olíbano tonifica a tez, e o aroma cítrico do limão-siciliano refresca, eliminando odores indesejados.

Ingredientes

Rende 30 ml
Óleo de jojoba 2 colheres (sopa)
Óleo essencial de zimbro 8 gotas
Óleo essencial de olíbano 4 gotas
Óleo essencial de limão-siciliano 2 gotas

Como **fazer**

Para o óleo de massagem, misture todos os ingredientes em uma tigela, transfira para um frasco de vidro escuro esterilizado e feche com tampa de rosca ou conta-gotas. Guarde em local fresco e escuro. Dura até 3 meses.

Como **usar**

Massagem Passe no corpo todo (evite o rosto) e espere a pele absorver antes de se vestir.

Inalação Acrescente os óleos essenciais puros à água quente, cubra a cabeça com uma toalha e deixe o vapor agir por 5 minutos. Lave o rosto com água fria e seque dando batidinhas com uma toalha limpa.

Difusor Coloque os óleos essenciais puros em um difusor ou vaporizador no quarto de uma pessoa enferma ou em outro ambiente para purificar e refrescar o ar.

Adstringente e tonificante suave, essa mistura de óleos essenciais tem ação purificadora poderosa.

VARIAÇÃO DE RECEITA

Para uma combinação que funciona como óleo facial purificador, misture palmarosa, grapefruit e lavanda com 1 colher (sopa) de óleo de semente de uva.

Acrescentar óleos terapêuticos *a uma inalação a vapor ajuda a desobstruir os poros e a limpar a pele.*

MASSAGEM

Blend de massagem sensual masculina

O óleo essencial de ylang ylang tem fragrância exótica e é muito **revigorante** e calmante. Ele combina com o de sândalo, que **desperta** as emoções e **relaxa**. Misture-os com um óleo base nutritivo, acenda uma ou duas velas e presenteie a pessoa amada com uma massagem.

Ingredientes

Rende 30 ml
Óleo de jojoba 2 colheres (sopa)
Óleo essencial de ylang ylang 6 gotas
Óleo essencial de sândalo 6 gotas
Óleo essencial de noz-moscada 2 gotas

Como **fazer**

Misture todos os ingredientes em uma tigela, transfira para um frasco de vidro escuro esterilizado e feche com tampa de rosca ou conta-gotas. Guarde em local fresco e escuro. Dura até 3 meses.

Como **usar**

Massagem Passe no corpo todo (evite o rosto) e espere a pele absorver antes de se vestir.

MASSAGEM

Blend de massagem sensual feminina

Para uma combinação mais feminina, junte óleo absoluto ou essencial de rosa com óleo essencial de patchuli. A rosa abre o coração e **abranda** os sentimentos de ansiedade; o patchuli tem aroma doce e terroso que **fortalece** e **tranquiliza**.

Ingredientes

Rende 30 ml
Óleo de jojoba 2 colheres (sopa)
Óleo absoluto ou essencial de rosa 8 gotas
Óleo essencial de patchuli 4 gotas
Óleo essencial de vetiver 2 gotas
Óleo essencial de gerânio 2 gotas

Como **fazer**

Misture todos os ingredientes em uma tigela, transfira para um frasco de vidro escuro esterilizado e feche com tampa de rosca ou conta-gotas. Guarde em local fresco e escuro. Dura até 3 meses.

Como **usar**

Massagem Passe no corpo todo (evite o rosto) e espere a pele absorver antes de se vestir.

Desfrute dessa combinação de óleos de aroma adocicado.

VARIAÇÃO DE RECEITA

Acredita-se que o óleo essencial de cedro seja afrodisíaco para homens: experimente combiná-lo com bergamota, néroli e olíbano. Outros óleos sensuais femininos são os de jasmim, sálvia esclareia e laranja.

***Tenha uma mistura** de óleos preferida pronta para usar sempre que desejar.*

MASSAGEM

Blend para a imunidade

A imunidade é um dos fatores de **defesa** do organismo. Má nutrição, falta de exercício, estresse e outros fatores do estilo de vida afetam a habilidade do corpo de se manter bem, o que pode levar ao acúmulo de toxinas que podem provocar doenças. Os óleos essenciais de niaouli, lavanda e alecrim ajudam a **fortalecer** o sistema imunológico e são **antimicrobianos** poderosos, auxiliando a combater infecções.

VARIAÇÃO DE RECEITA

Uma alternativa fortalecedora da imunidade é colocar os óleos essenciais de limão-siciliano, tomilho e tea tree em um difusor para refrescar o ambiente e se proteger contra infecções.

Ingredientes

Rende 30 ml

Óleo de semente de uva 2 colheres (sopa)

Óleo essencial de lavanda 2 gotas

Óleo essencial de niaouli 2 gotas

Óleo essencial de alecrim 2 gotas

Como **fazer**

Misture todos os ingredientes em uma tigela, transfira para um frasco de vidro escuro esterilizado e feche com tampa de rosca ou conta-gotas. Guarde em local fresco e escuro. Dura até 3 meses.

Como **usar**

Massagem Passe no corpo todo (evite o rosto) e espere a pele absorver antes de se vestir.

Usufrua das propriedades antissépticas do óleo essencial de lavanda.

MASSAGEM BANHEIRA

Blend regenerador

Óleos essenciais podem contribuir para a **regeneração da pele**, o que os torna úteis em caso de cortes, queimaduras, cicatrizes e estrias. O de mirra é ideal para feridas que demoram a cicatrizar e para eczema purulenta; o immortelle, por ser **anti-inflamatório**, ajuda a acelerar o processo; e o olíbano estimula o desenvolvimento de novas células.

Ingredientes

Rende 30 ml

Óleo de rosa-mosqueta
1 colher (sopa)

Óleo macerado de calêndula
1 colher (sopa)

Óleo essencial de olíbano 6 gotas

Óleo essencial de immortelle
4 gotas

Óleo essencial de mirra 2 gotas

Como **fazer**

Misture todos os ingredientes em uma tigela, transfira para um frasco de vidro escuro esterilizado e feche com tampa de rosca ou conta-gotas. Guarde em local fresco e escuro. Dura até 3 meses.

Como **usar**

Massagem Passe no corpo todo (evite o rosto) e espere a pele absorver antes de se vestir.

Banho Adicione os óleos essenciais a 1 colher (sopa) de óleo de rosa-mosqueta misturado com o de calêndula ou com 1 colher (sopa) de leite integral e disperse na água morna.

***Uso seguro** Não utilize em pele rachada. Cuidado para não escorregar ao entrar e sair do banho.*

Essa combinação de óleos essenciais tem efeito rejuvenescedor na pele.

Fonte rica em ácidos graxos nutritivos, a rosa-mosqueta é ideal para regenerar a pele.

MASSAGEM BANHEIRA

Blend estimulante

Alguns óleos essenciais ajudam a **estimular** o apetite, a digestão, a circulação e os pulmões. Essa combinação dinâmica é ideal para restaurar o organismo: o gengibre **acalma** o sistema digestório e desperta o apetite; o de pimenta-do-reino ativa o sistema circulatório; e o tea tree **fortalece a imunidade**.

Ingredientes

Rende 30 ml

Óleo de amêndoa doce 2 colheres (sopa)

Óleo essencial de gengibre 6 gotas

Óleo essencial de pimenta-do--reino 4 gotas

Óleo essencial de tea tree 4 gotas

Como **fazer**

Misture os ingredientes em uma tigela, transfira para um frasco de vidro escuro esterilizado e feche com tampa de rosca ou conta-gotas. Guarde em local fresco e escuro. Dura até 3 meses.

Como **usar**

Massagem Passe no corpo todo (evite o rosto) e espere a pele absorver antes de se vestir.

Banho Misture os óleos essenciais com apenas 1 colher (sopa) de óleo de amêndoa doce ou com 1 colher (sopa) de leite integral e disperse na água morna. Outra opção é uma ducha estimulante adicionando os óleos essenciais a um gel de banho sem perfume.

Uso seguro *Cuidado para não escorregar ao entrar e sair do banho.*

DIFUSOR

Blend refrescante

Para quem está debilitado e dominado pela exaustão emocional, essa combinação **energética** pode ser uma injeção de ânimo. O óleo de pinho desencadeia um **frescor** que estimula o sistema nervoso, o de eucalipto **melhora a concentração**, e o de hortelã-pimenta é **revitalizante**.

Ingredientes

Rende 1 difusão

Óleo essencial de pinho 2 gotas

Óleo essencial de hortelã-pimenta 2 gotas

Óleo essencial de eucalipto 1 gota

Como **fazer**

Coloque os óleos essenciais em um difusor ou vaporizador, seguindo as instruções do fabricante.

Como **usar**

Difusor Deixe a mistura de óleos se dispersar e aromatizar o ambiente de sua preferência.

Uso seguro *O óleo de hortelã--pimenta pode irritar a pele. Não utilize em concentrações acima de 2% e evite aproximá-lo de bebês e crianças pequenas.*

VARIAÇÃO DE **RECEITA**

Outros óleos essenciais estimulantes que ajudam a revigorar corpo e mente são vetiver, alecrim e capim-limão.

***Acrescente uma mistura aromaterapêutica** ao banho para desfrutar de uma deliciosa imersão revitalizante.*

Casa e corpo

Dispersar óleos essenciais aromáticos ou usá-los como perfume permite melhorar o ambiente e desfrutar dos benefícios terapêuticos o dia todo. Seja criando uma essência personalizada, espalhando um aroma delicioso com um borrifador ou fazendo uma vela perfumada, as receitas a seguir ajudam a criar fragrâncias naturais estimulantes.

FRAGRÂNCIA

Splash corporal floral

Os splashes corporais são uma alternativa a perfumes mais concentrados. Aqui, a uma base **hidratante** de suco de aloe vera e água de rosas combina-se o aroma do ylang ylang, **exótico**, **doce** e **floral**, as notas profundas do vetiver e as **herbáceas** refrescantes da sálvia esclareia.

Ingredientes

Rende 120 ml
Água de rosas 75 ml
Suco ou gel de aloe vera 2 colheres (sopa)
Glicerina 1 colher (sopa)
Óleo essencial de ylang ylang 10 gotas
Óleo essencial de bergamota 5 gotas
Óleo essencial de vetiver 5 gotas
Óleo essencial de sálvia esclareia 5 gotas

Como **fazer**

1 Coloque a água de rosas, o suco de aloe vera e a glicerina em uma tigela, acrescente os óleos essenciais e misture.

2 Transfira para um frasco esterilizado com borrifador. Guarde em local fresco e escuro. Dura até 6 meses.

Como **usar**

Fragrância Agite bem e aplique. Como sprays corporais são mais leves que perfumes, reaplique quando necessário. Evite contato com roupas, tecidos e lençóis, pois o óleo pode manchar.

Experimente diversas misturas para encontrar a essência perfeita para você.

VARIAÇÃO DE RECEITA

Gerânio, néroli, bergamota, laranja e baunilha, misturados com óleos essenciais complementares, produzem perfumes muito apreciados.

Leves e refrescantes, sprays corporais podem ser usados com confiança o dia inteiro.

FRAGRÂNCIA DIFUSOR

Aromatizador de ambiente de limão-siciliano e limão-taiti

Essa mistura **estimulante** de óleos cítricos é ideal para a casa e o escritório. Use em um borrifador ou vaporize em um difusor para refrescar e **aromatizar** o ar. A combinação tem notas refrescantes, **intensas** e **frutadas**, além de ser revigorante e desodorizante, o que a torna adequada para uso diário.

Ingredientes

Rende 60 ml

Álcool de cereais 2 colheres (sopa)

Óleo essencial de limão-taiti 10 gotas

Óleo essencial de limão-siciliano 7 gotas

Óleo essencial de bergamota 6 gotas

Óleo essencial de mandarina 5 gotas

Água mineral 2 colheres (sopa)

Como **fazer**

1 Para um aromatizador de ambiente, misture o álcool de cereais e os óleos essenciais em uma tigela, acrescente a água mineral e mexa.

2 Transfira para um frasco esterilizado com borrifador. Guarde em local fresco e escuro. Dura até 6 meses.

Como **usar**

Aromatizador de ambiente Agite bem e borrife.

Difusor Coloque apenas os óleos essenciais puros em um difusor ou vaporizador.

Essa mistura cítrica vibrante refresca imediatamente.

O aroma refrescante do limão-taiti ajuda a clarear a mente.

FRAGRÂNCIA DIFUSOR

VARIAÇÃO DE **RECEITA**

Experimente um aromatizador relaxante para o quarto combinando os óleos essenciais de lavanda e pinho com o odor amadeirado reconfortante do cedro.

Blend relaxante para o quarto

No fim de um dia longo, muitas vezes é preciso ajuda para relaxar. Essa receita pode promover um estado de **tranquilidade**. A fragrância **floral** e sedutora do **jasmim** harmoniza com a do olíbano, que acalma a respiração e dissipa a ansiedade. Use em um borrifador ou vaporize em um difusor para criar um ambiente calmo. Acenda uma ou duas velas e relaxe.

Ingredientes

Rende 60 ml

Álcool de cereais 2 colheres (sopa)

Óleo essencial de jasmim 8 gotas

Óleo essencial de olíbano 7 gotas

Óleo essencial de cardamomo 6 gotas

Água mineral 2 colheres (sopa)

Como **fazer**

1 Para um aromatizador de ambiente, misture o álcool de cereais e os óleos essenciais em uma tigela, acrescente a água mineral e mexa.

2 Transfira para um frasco esterilizado com borrifador. Guarde em local fresco e escuro. Dura até 6 meses.

Como **usar**

Aromatizador de ambiente Agite bem e borrife.

Difusor Coloque apenas os óleos essenciais puros em um difusor ou vaporizador.

Muito relaxante, o jasmim oferece o aroma calmante perfeito para quartos.

FRAGRÂNCIA

Vela estimulante

Velas podem ser feitas de diferentes tipos de materiais, como parafina, cera de soja ou cera de abelha, a mais **tradicional**. Nem todos os óleos funcionam bem nelas; **faça testes** com os mais baratos. A cor do óleo pode modificar a aparência do produto final.

Como **fazer**

1 Derreta a cera para vela em banho-maria.

2 Para o pavio, com elástico, prenda dois palitos de madeira pequenos pelas extremidades. Insira a ponta de um pavio revestido com cera entre os palitos. Com um ilhós para pavio de vela ou um pingo de cera, fixe o pavio no centro da base de uma fôrma ou vidro limpo e seco. Misture os óleos com a cera derretida e transfira metade para uma jarra refratária.

3 Despeje a cera na fôrma ou vidro em três etapas para obter uma superfície lisa. Primeiro, complete até a metade, com cuidado para não deslocar o pavio. Deixe solidificar e esfriar. Reaqueça a cera restante no banho-maria, mexa e transfira para a jarra. Encha mais um terço da forma e espere solidificar e esfriar. Repita e complete até o topo.

Ingredientes

Rende 1 vela de 90 g
Cera de vela 90 g
Óleo essencial de capim-limão 60 gotas
Óleo essencial de manjericão 40 gotas
Óleo essencial de limão-taiti 40 gotas

Como **usar**

Aromatizador de ambiente Coloque a vela em um local seguro, longe de tecidos e com ventilação suficiente, e aromatize o cômodo com esse perfume revitalizante.

VARIAÇÃO DE
RECEITA

Acrescente óleos florais, como jasmim e rosa, para fazer uma vela de verão. Os fortes e reconfortantes, como canela e cravo, resultam em uma essência aconchegante para o inverno.

***Criar as próprias** velas aromatizadas é uma solução acessível e divertida para perfumar a casa.*

Cuidados e beleza

Recrie a experiência do spa com produtos e tratamentos revitalizantes e rejuvenescedores. São receitas simples de misturas para banho umectantes e refrescantes, óleos hidratantes nutritivos e esfoliantes para o rosto e o corpo, além de tratamentos para mãos e pés que permitem relaxar, espairecer e desfrutar dos benefícios terapêuticos dos óleos essenciais em casa.

BANHEIRA

Infusão para os músculos

Os óleos essenciais desse blend atuam em conjunto para **ativar a circulação**, auxiliar a reparação das fibras musculares e **aliviar a dor**. O sal grosso reduz a fadiga e **ameniza** dores, e as ervas arnica e confrei ajudam na recuperação muscular.

Ingredientes

Rende 530 ml
Água 500 ml
Confrei desidratado 1 col. (sopa)
Arnica desidratada 1 col. (sopa)
O.E.* de lavanda 2 gotas
O.E. de alecrim 2 gotas
O.E. de pimenta-do-reino 1 gota
Sal grosso 1 col. (sopa)

Como **fazer**

1 Para preparar a infusão, ferva a água em um bule, desligue o fogo e acrescente o confrei e a arnica. Deixe por 10 minutos e coe o líquido.

2 Junte os óleos essenciais ao sal grosso.

3 Adicione a mistura à infusão de ervas coada e mexa até os sais se dissolverem.

***Sais marinhos**, ricos em minerais, acalmam a pele e aliviam músculos doloridos.*

Como **usar**

Banho Acrescente a infusão à água da banheira imediatamente e tome banho como de costume.

***Uso seguro** Não use em pele rachada ou recém-depilada ou barbeada.*

* O.E. = óleo essencial.

BANHEIRA

Banho mineral energizante

A determinação e a energia desapareceram? Essa combinação de ervas, sais e óleos essenciais renova o vigor. Os benefícios **estimulantes** e **revigorantes** dos óleos de tea tree e pimenta-do-reino **energizam** por horas, e a infusão de alecrim e hortelã-pimenta misturada com sal grosso ajuda a reduzir o cansaço e a animar.

Ingredientes

Rende 530 ml
Água 500 ml
Hortelã-pimenta seca 1 colher (sopa)
Alecrim seco 1 colher (sopa)
Óleo essencial de hortelã-pimenta 2 gotas
Óleo essencial de tea tree 2 gotas
Óleo essencial de pimenta-do-reino 1 gota
Sal grosso 1 colher (sopa)

Como **fazer**

1. Para preparar a infusão, ferva a água em um bule, desligue o fogo e acrescente a hortelã e o alecrim. Deixe por 10 minutos e coe o líquido.

2. Junte os óleos essenciais ao sal grosso.

3. Adicione a mistura à infusão coada e mexa até dissolver.

Como **usar**

Banho Acrescente a infusão à água da banheira imediatamente e tome banho como de costume.

Uso seguro *Não aplique em pele rachada ou recém-depilada.*

***Estimulante e refrescante**, o óleo essencial de hortelã--pimenta revigora instantaneamente.*

Recoste-se na banheira e desfrute dessa infusão mineral revigorante.

VARIAÇÃO DE RECEITA

O óleo essencial de cedro dissipa a sensação de letargia. Combine-o com zimbro, jasmim, cipreste ou mimosa e uma infusão das mesmas ervas para outra combinação bem energizante.

BANHEIRA

Bomba de rosa

Esse tipo de produto pode combinar com o humor ou o horário do dia. Aqui, a rosa **acalma** e o gerânio **equilibra**, em uma imersão relaxante perfeita para a noite. Experimente com diferentes flores secas, como lavanda, e seus óleos essenciais preferidos.

Ingredientes

Rende 20 unidades
Bicarbonato de sódio 400 g
Ácido cítrico 200 g
Pétalas de rosa secas 2-3 colheres (chá)
Manteiga de cacau ou óleo vegetal 1 colher (chá)
Óleo essencial de gerânio 10 gotas
Óleo essencial absoluto de rosa 5 gotas
Água 1 colher (chá)

Como **usar**

Banho Adicione a bomba perfumada à água morna e deixe-a dissolver enquanto relaxa.

Como **fazer**

1 Unte de leve fôrmas de gelo (óleo em spray é ideal para isso). Misture os ingredientes secos.

2 Derreta a manteiga de cacau em banho-maria e acrescente os óleos essenciais. Junte a mistura aos ingredientes secos e mexa.

3 Adicione água com um borrifador e trabalhe a massa com as mãos até parecer areia úmida e grudar sem efervescer. Se ficar muito esfarelada, junte um pouco mais de água.

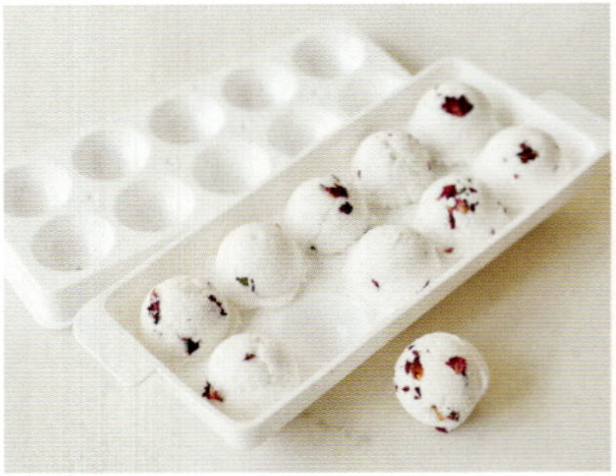

4 Pressione com firmeza a massa na fôrma e deixe-a solidificar por pelo menos 1 hora. Desenforme, guarde em um frasco limpo bem fechado e use como indicado. Duram até 3 meses.

VARIAÇÃO DE **RECEITA**

Experimente adicionar óleos essenciais cítricos, como laranja e grapefruit, para criar bombas vibrantes, ou o de camomila para uma imersão relaxante antes de dormir.

***Prepare várias bombas** para incrementar o banho sempre que desejar.*

BANHEIRA

Manteiga hidratante para banho

Rápida e simples de fazer, essa mistura para banho que suaviza a pele é uma combinação de manteiga de carité **nutritiva**, manteiga de cacau **hidratante** e óleo de coco com óleo essencial de gerânio **regulador.** Pode ser usada na banheira ou no chuveiro, pois o calor da água a amolece, permitindo uma massagem que deixa a pele sedosa.

Ingredientes

Rende 10 unidades
Manteiga de carité 50 g
Manteiga de cacau 50 g
Óleo de coco (sólido) 2 colheres (sopa)
Óleo essencial de gerânio 20 gotas

Como **fazer**

1 Derreta a manteiga de carité e a manteiga de cacau em banho-maria.

2 Acrescente o óleo de coco às manteigas derretidas, adicione o óleo essencial e misture. Transfira para fôrmas de sabonete ou de minicupcakes.

3 Decore as manteigas pressionando flores secas na superfície enquanto esfriam. Deixe solidificar e armazene na geladeira até a hora de usar. Duram até 3 meses.

Como **usar**

Banho Coloque a manteiga na água morna da banheira ou use-a em uma ducha morna, amolecendo-a no calor da água e esfregando-a na pele para hidratar.

Uso seguro *Cuidado para não escorregar ao entrar e sair do banho.*

Desfrute de um banho delicioso e sinta a pele sedosa com essas manteigas de banho que reparam a pele.

VARIAÇÃO DE RECEITA

O extrato de baunilha rende uma manteiga de banho almiscarada e suavizante. Outra opção é adicionar seus óleos florais preferidos à manteiga para um banho perfumado e relaxante.

Manteigas são uma ótima adição à água do banho. Experimente misturas de óleos que promovem um sono reparador.

BANHEIRA ESCALDA-PÉS

Infusão de melissa e lavanda

Experimente essa mistura de ervas, pétalas e óleos perfumados para **acalmar** o corpo e a mente. Com aroma adocicado e herbáceo, a lavanda é muito usada para **relaxar**, enquanto a rosa **revigora** e suaviza. A melissa é um **tranquilizante** maravilhoso.

Ingredientes

Rende 530 ml
Água 500 ml
Melissa seca 1 colher (sopa)
Pétalas de rosa secas 1 colher (sopa)
Óleo essencial de lavanda 10 gotas
Sal grosso 1 colher (sopa)

Como **fazer**

1 Para preparar a infusão, ferva a água em um bule, desligue o fogo e acrescente a melissa e as pétalas de rosa. Deixe por 10 minutos.

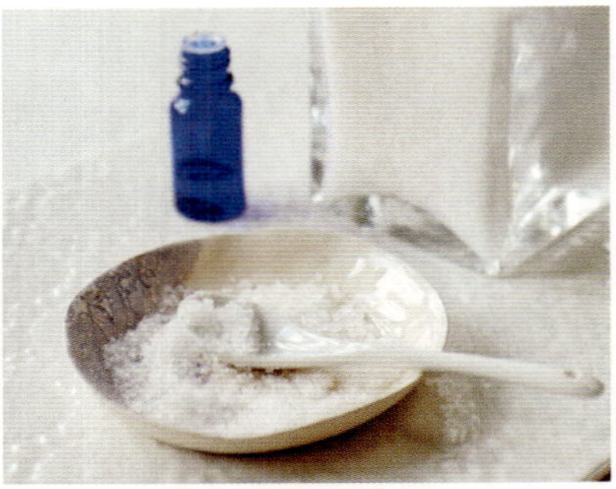

2 Em uma tigela, acrescente o óleo essencial de lavanda e o sal grosso e misture até formar uma pasta.

3 Coe o líquido da infusão em outra tigela. Junte a pasta de óleo e sais à infusão coada e mexa até dissolver.

Como **usar**

Banho Acrescente a infusão à água da banheira imediatamente e relaxe.

Escalda-pés Adicione a infusão a um escalda-pés morno para aliviar pés cansados e doloridos.

VARIAÇÃO DE RECEITA

Infusões para banho podem ser feitas com diferentes flores secas, ervas e óleos. Experimente misturar ervas com óleos refrescantes, como o de bergamota, ou estimulantes, como o de alecrim.

Uma infusão de ervas com óleos essenciais terapêuticos relaxa a mente e o corpo.

***A aveia, que deixa a pele sedosa**, é uma base suave para esse esfoliante corporal aromático.*

PELE

Esfoliante corporal

Usar um esfoliante corporal é uma ótima maneira de ativar a **circulação periférica** e remover células mortas, deixando a pele macia, suave e revigorada. O óleo de amêndoa doce é nutritivo e bom para **hidratar** o tipo seco. A combinação dos óleos essenciais calmantes de camomila-romana e de lavanda com a **abrasão suave** da aveia deixa uma sensação sedosa.

Ingredientes

Rende 45 ml

Flocos de aveia 1 colher (sopa)

Flores de lavanda secas 1 colher (chá)

Óleo de amêndoa doce 2 colheres (sopa)

Óleo essencial de lavanda 4 gotas

Óleo essencial de camomila-romana 4 gotas

Como **fazer**

1 Moa a aveia e as flores de lavanda com um almofariz e um pilão ou no liquidificador até virarem pó.

2 Misture o óleo de amêndoa doce e os óleos essenciais.

3 Adicione a aveia e as flores moídas aos óleos misturados até formar uma pasta (acrescente mais óleo de amêndoa se ficar seca e mais aveia moída se ficar úmida demais). Guarde em um frasco esterilizado com tampa bem vedada. Dura até 3 meses.

Como **usar**

Esfoliante Massageie com delicadeza na pele limpa, enxágue com água morna e seque dando batidinhas com uma toalha limpa.

Uso seguro *Não aplique em pele rachada ou recém-depilada.*

Natural e nutritivo, esse esfoliante perfumado deixa a pele macia e revigorada.

MASSAGEM

Óleo tonificante para o corpo

Essa mistura **desintoxicante** de óleos essenciais favorece um sistema linfático saudável e tonifica e firma a pele. Os de alecrim e hortelã-pimenta combinam o efeito **diurético** com a propriedade **descongestionante**, enquanto o de limão-siciliano estimula esse sistema. A mandarina também tem ação diurética e, em massagens, ajuda a reduzir o aparecimento de estrias.

Ingredientes

Rende 45 ml

Óleo de gérmen de trigo 2 cols. (sopa)

Óleo de rosa-mosqueta 1 col. (sopa)

O.E.* de hortelã-pimenta 8 gotas

O.E. de alecrim 5 gotas

O.E. de limão-siciliano 4 gotas

O.E. de mandarina 3 gotas

Como **fazer**

Misture todos os ingredientes em uma tigela, transfira para um frasco de vidro escuro esterilizado e feche com tampa de rosca ou conta-gotas. Guarde em local fresco e escuro. Dura até 3 meses.

Como **usar**

Massagem Passe na pele com movimentos circulares ascendentes, concentrando-se em áreas ressecadas. Para potencializar o efeito, esfregue o corpo de leve com uma escova de cerdas macias para remover células mortas antes de usar o óleo.

* O.E. = óleo essencial.

Esse blend tonificante de óleos essenciais ajuda a combater áreas de celulite persistente.

VARIAÇÃO DE RECEITA

Crie misturas corporais adequadas a suas necessidades: experimente os óleos essenciais de olíbano e de rosa para uma combinação nutritiva ou os de sândalo e de néroli para animar e desestressar.

Uma escovação leve *no corpo seguida de uma massagem estimulante potencializa os benefícios para a pele.*

CABELO

Tônico capilar

O alecrim estimulante e **purificador** é excelente para problemas capilares, inclusive queda e caspa, enquanto o vinagre de maçã hidrata e dá brilho extra aos fios saudáveis. Combinados com uma infusão de ervas, resultam em um tônico **revigorante** para um enxágue perfumado que não só deixa o cabelo **macio** e **brilhante** como também ajuda a aliviar o ressecamento do couro cabeludo.

Ingredientes

Rende 220 ml
Água 200 ml
Urtiga seca 1 col. (sopa)
Vinagre de maçã 1 col. (chá)
O.E.* de sálvia 1 gota
O.E. de limão-siciliano 1 gota
O.E. de alecrim 1 gota
O.E. de cedro 1 gota

Como **fazer**

1 Para preparar a infusão, ferva a água em um bule, desligue o fogo e acrescente a urtiga. Deixe por 10 minutos e coe para retirar as folhas.

2 Acrescente o vinagre de maçã e os óleos essenciais, misture e transfira para um frasco de vidro esterilizado. Dura até 3 meses.

Apesar do ardor, a urtiga tem diversos benefícios e pode ajudar a limpar e a fortalecer o cabelo.

Como **usar**

Tônico capilar Antes de aplicar o xampu, agite o frasco e despeje uma xícara de tônico sobre o cabelo molhado. Massageie no cabelo ou penteie para espalhar. Lave com xampu, seque e arrume como de costume.

***Uso seguro** Evite o óleo de sálvia durante a gravidez e a amamentação.*

* O.E. = óleo essencial.

Esse tônico capilar refresca, deixa o cabelo brilhante e o couro cabeludo saudável.

Óleo umectante

Variação de receita

O coco combina com outros óleos essenciais condicionadores para o cabelo, como alecrim, camomila, lavanda e cedro.

O óleo de coco e a manteiga de carité são muito utilizados nos cuidados com os fios graças às propriedades **nutritivas** e à capacidade de dar-lhes volume e **brilho**. O cipreste **revitaliza** cabelo seco e sem viço, a lavanda acalma e **cicatriza**, e o limão **hidrata** o couro cabeludo. Aplique o óleo fazendo uma massagem desestressante na cabeça, pressionando suavemente as áreas de tensão.

Ingredientes

Rende 45 ml
Óleo de coco (sólido) 2 colheres (sopa)
Manteiga de carité 1 colher (sopa)
Óleo essencial de cipreste 3 gotas
Óleo essencial de lavanda 2 gotas
Óleo essencial de limão-siciliano 1 gota

Como **fazer**

1 Derreta o óleo de coco e a manteiga de carité em banho-maria. Retire do fogo e acrescente os óleos essenciais.

2 Transfira para um frasco de vidro esterilizado. Deixe esfriar e feche. Dura até 3 meses.

Como **usar**

Umectação Dependendo do comprimento dos fios, uma quantidade do tamanho de uma moeda deve render uma aplicação. Massageie no cabelo, especialmente no couro cabeludo, enrole uma toalha aquecida na cabeça e deixe por 30-60 minutos ou a noite inteira. Para remover o óleo, esfregue com xampu sem molhar antes e enxágue com água morna. Repita para eliminar qualquer resíduo. Deixe secar.

O coco nutritivo dá brilho ao cabelo seco e danificado.

Esfoliante facial de abacate e argan

O óleo de olíbano é usado há séculos para **tonificar** e **firmar** a pele. Aqui, ele é combinado com a farinha de arroz integral, ingrediente natural com leve ação abrasiva. Misturado com o óleo de argan **regenerador** e o de abacate rico em ácidos graxos, esse produto não apenas dá viço, mas também **repara** a pele. Use duas vezes por semana para deixar a tez suave e luminosa.

Ingredientes

Rende 30 ml
Farinha de arroz integral 1 colher (chá)
Argila branca 1 colher (chá)
Óleo de argan 1 colher (sopa)
Óleo de abacate 1 colher (sopa)
Óleo essencial de rosa 1 gota
Óleo essencial de olíbano 1 gota

Como **fazer**

1 Misture a farinha de arroz integral, a argila branca e os óleos de argan e abacate até obter uma pasta (acrescente mais dos dois óleos se ficar seca e mais argila se ficar úmida).

2 Adicione os óleos essenciais. Use imediatamente.

Como **usar**

Esfoliante para o rosto Massageie na pele limpa, evitando a área delicada ao redor dos olhos. Remova com água morna e seque dando batidinhas com uma toalha.

Usar um esfoliante facial como parte da rotina de beleza conserva a maciez e a elasticidade da pele.

VARIAÇÃO DE RECEITA

Experimente para descobrir sua mistura de esfoliação preferida: palmarosa, limão-siciliano, cipreste e outros óleos benéficos para a pele são ótimas opções.

Esse esfoliante facial rejuvenescedor *é um tratamento nutritivo para a pele de aparência cansada.*

VARIAÇÃO DE RECEITA

Experimente outros óleos essenciais hidratantes e refrescantes como os de palmarosa, bergamota e limão--siciliano para sprays faciais com aromas diferentes.

Leve esse spray facial *ao sair de casa e revitalize e hidrate a pele com uma aplicação rápida.*

VAPORIZAÇÃO FACIAL

Vapor facial purificador

Uma das melhores maneiras de desobstruir os poros é com um vapor facial **suave**, que ajuda a dilatar os poros e elimina as toxinas por meio do suor. Aqui, o tea tree **antisséptico**, a palmarosa **reguladora** e a lavanda **cicatrizante** ajudam a limpá-la.

Ingredientes

Rende O suficiente para 1 vaporização facial

Óleo essencial de palmarosa 2 gotas

Óleo essencial de tea tree 1 gota

Óleo essencial de lavanda 1 gota

Como **fazer**

Posicione com segurança uma tigela sobre uma mesa. Encha até a metade com água quente e adicione os óleos essenciais.

Como **usar**

Vaporização Lave o rosto com um sabonete suave e enxágue bem. Prenda o cabelo, coloque uma toalha sobre a cabeça e posicione o rosto sobre o vapor. Afaste-o um pouco se achar quente demais. Permaneça por 10-15 minutos ou até a água esfriar. Enxágue com água morna e seque dando batidinhas com uma toalha limpa.

PELE

Spray facial

A água de rosas pode ser usada como um tratamento simples e **perfumado** para a pele. Ela contém um pouco do óleo essencial, que **acalma** e reduz a vermelhidão. Útil também para **hidratar**, essa mistura é adequada a todos os tipos. Mantida na geladeira, fica super-refrescante.

Ingredientes

Rende 90 ml

Água mineral 75 ml

Água de rosas 1 colher (sopa)

Suco de aloe vera 1 colher (chá)

Glicerina 1 colher (chá)

Óleo absoluto ou essencial de rosa 5 gotas

Como **fazer**

1 Misture a água mineral e a água de rosas.

2 Adicione o suco de aloe vera e a glicerina. Pingue as gotas de óleo essencial.

3 Transfira para um frasco esterilizado com borrifador. Guarde na geladeira. Dura até 3 meses.

Como **usar**

Spray Aplique no rosto ou no corpo após a limpeza ou sempre que precisar se refrescar e hidratar. É prático para viagens.

Óleos para massagem facial são ótimos para revitalizar pele sem viço, pois equilibram e melhoram o tônus.

Guarde misturas faciais *em frascos de vidro esterilizados e deixe-os na geladeira para estender sua validade.*

MASSAGEM

Óleo facial de damasco e rosa

Esse tipo de tratamento é simples de fazer e **hidrata** com eficácia. Aqui, o óleo de damasco, bastante **leve**, é perfeito para pele normal. Combinado com o óleo base de rosa-mosqueta, ajuda a **regeneração** de rugas e cicatrizes.

Ingredientes

Rende 45 ml

Óleo de semente de damasco 2 cols. (sopa)

Óleo de rosa-mosqueta 1 col. (sopa)

Óleo absoluto de rosa 2 gotas

O.E.* de cipreste 2 gotas

O.E. de sálvia esclareia 2 gotas

O.E. de patchuli 1 gota

Como **fazer**

1 Misture os óleos de semente de damasco e de rosa-mosqueta em uma tigela e adicione os óleos essenciais.

2 Transfira para um frasco de vidro escuro esterilizado e feche com tampa de rosca ou conta-gotas. Guarde em local fresco e escuro. Dura até 3 meses.

Como **usar**

Óleo de massagem facial Aplique algumas gotas na ponta dos dedos e passe no rosto e no pescoço, com movimentos ascendentes, evitando a área delicada ao redor dos olhos. Use à noite, depois de lavar a pele, ou sob o seu creme facial diurno, se sua pele for muito seca.

* O.E. = óleo essencial.

MASSAGEM

Óleo facial de tea tree e limão-siciliano

Apropriados para peles mista e oleosa, os óleos base de semente de uva e de jojoba ajudam a restaurar o equilíbrio na produção de sebo. O de limão-siciliano **adstringente** e o de cedro **regulador** tonificam peles problemáticas, e o de tea tree é um **antisséptico** poderoso, que atua em espinhas e cravos.

Ingredientes

Rende 45 ml

Óleo de semente de uva 2 cols. (sopa)

Óleo de jojoba 1 col. (sopa)

O.E.* de tea tree 4 gotas

O.E. de limão-siciliano 2 gotas

O.E. de cedro 1 gota

O.E. de alecrim 1 gota

Como **fazer**

1 Misture os óleos de semente de uva e de jojoba em uma tigela e adicione os óleos essenciais.

2 Transfira para um frasco de vidro escuro esterilizado e feche com tampa de rosca ou conta-gotas. Guarde em local fresco e escuro. Dura até 3 meses.

Como **usar**

Óleo de massagem facial Aplique algumas gotas na ponta dos dedos e passe no rosto e no pescoço, com movimentos ascendentes, evitando a área delicada ao redor dos olhos. Use à noite, depois de lavar a pele.

Uso seguro *Evite se expor ao sol 12 horas após a aplicação.*

* O.E. = óleo essencial.

MÃOS

Bálsamo hidratante para unhas

Uma massagem diária nas mãos com esse bálsamo **refrescante** dá **brilho** a unhas sem viço e ajuda a evitar que descamem ou quebrem. A combinação das manteigas de carité e cacau e óleo de coco **nutritivos** com cera de abelha **protetora** melhora o estado das cutículas e hidrata e fortalece as unhas, enquanto os óleos essenciais de limão-siciliano e taiti **tonificam** e **revitalizam**.

VARIAÇÃO DE **RECEITA**

Para uma mistura com aromas diferentes, substitua o limão-siciliano e o limão-taiti por outros óleos essenciais nutritivos, como os de semente de cenoura, néroli, sândalo, jasmim e gerânio.

Ingredientes

Rende 25 ml
Óleo de jojoba 1 colher (chá)
Manteiga de carité 1 colher (chá)
Manteiga de cacau 1 colher (chá)
Óleo de coco (sólido) 1 colher (chá)
Cera de abelha em flocos ½ colher (chá)
Óleo essencial de limão-siciliano 5 gotas
Óleo essencial de limão-taiti 4 gotas

Como **fazer**

1 Coloque o óleo de jojoba, a manteiga de carité, a manteiga de cacau, o óleo de coco e a cera de abelha em uma tigela refratária e derreta em banho-maria.

2 Retire do fogo. Acrescente os óleos essenciais e misture.

3 Transfira para um frasco de vidro esterilizado, deixe esfriar e feche. Dura até 3 meses.

Como **usar**

Bálsamo para as unhas Massageie nas unhas e cutículas como parte da rotina de cuidados com as mãos. Se as unhas estiverem secas e quebradiças, aplique com maior frequência.

A jojoba *é nativa do sul dos Estados Unidos e do norte do México.*

As sementes de jojoba *se assemelham a grãos de café, mas são maiores e menos uniformes.*

Creme rejuvenescedor para mãos

Essa receita revitaliza a pele das mãos, que está sempre exposta e muitas vezes é negligenciada. O óleo de oliva **suavizante**, o de cânhamo **regenerador**, a manteiga de cacau nutritiva e a cera de abelha **protetora** hidratam e reparam. Os óleos essenciais são **revigorantes** para a mente e favorecem o bem-estar.

Ingredientes

Rende 120 ml
Óleo de oliva 1 col. (sopa)
Óleo de cânhamo* 1 col. (sopa)
Manteiga de cacau 1 col. (chá)
Cera de abelha em flocos 1 col. (chá)
Cera emulsificante 1 col. (sopa)
Água mineral 60 ml
Glicerina 1 col. (chá)
O.E. de petitgrain** 8 gotas
O.E. de limão-siciliano 4 gotas
O.E. de bergamota 4 gotas
O.E. de mirra 2 gotas

Como **fazer**

1 Coloque o óleo de oliva, o óleo de cânhamo, a manteiga de cacau, a cera de abelha e a cera emulsificante em uma tigela refratária e derreta em banho-maria.

2 Aqueça a água a 80 °C e adicione a glicerina. Junte a mistura quente de óleos à água aquecida e bata com um mixer elétrico. Acrescente os óleos essenciais e continue a misturar.

3 Transfira para um frasco de vidro esterilizado, deixe esfriar e feche. Dura até 3 meses.

Como **usar**

Creme Massageie nas mãos secas, esfregando sobre unhas e cutículas. Aplique sempre que for necessário.

* Pode ser substituído por óleo de amêndoa doce.
** O.E. = óleo essencial.

Trate as mãos com esse creme nutritivo, rejuvenescedor e com perfume incrível.

***As sementes de cânhamo** são ricas em vitamina E e ácidos graxos.*

ESCALDA-PÉS

Escalda-pés

Alivie pés doloridos com esse tratamento que contém uma infusão **refrescante** de hortelã-pimenta, além de seu óleo essencial com propriedades analgésicas e **anti-inflamatórias**. O mel **suaviza** a pele, enquanto o vinagre de maçã relaxa a musculatura e é antimicrobiano. Use antes do bálsamo, abaixo.

Ingredientes

Rende 530 ml
Água 500 ml
Hortelã-pimenta seca 1 col. (sopa)
O.E.* de hortelã-pimenta 2 gotas
O.E. de limão-siciliano 2 gotas
Sal grosso 1 col. (sopa)
Mel 1 col. (sopa)
Vinagre de maçã 1 col. (sopa)

Como **fazer**

1 Para preparar a infusão, ferva a água em um bule, desligue o fogo e acrescente a hortelã-pimenta. Deixe por 10 minutos e coe o líquido.

2 Junte os óleos essenciais ao sal grosso e misture.

3 Adicione o mel e o vinagre de maçã à infusão coada e mexa até dissolver.

4 Acrescente a mistura de óleos e sais a 1-2 xícaras da infusão e misture.

Como **usar**

Escalda-pés Assim que a infusão estiver pronta, faça com ela um escalda-pés morno.

Uso seguro *Evite em pele rachada ou recém-depilada.*

* O.E. = óleo essencial.

ESCALDA-PÉS

Bálsamo para os pés

Essa combinação de óleos essenciais **restauradores**, como o de mirra, óleos vegetais **nutritivos** e cera de abelha **protetora** e **hidratante** ajuda a suavizar pele áspera de calcanhares secos ou rachados. O óleo de limão-siciliano **desodorante** complementa o tratamento.

Ingredientes

Rende 90 ml
Cera de abelha 2 cols. (sopa)
Óleo de rícino 1 col. (sopa)
Óleo de semente de cânhamo* 1 col. (sopa)
Óleo de girassol 2 cols. (sopa)
O.E. de mirra** 2 gotas
O.E. de lavanda 2 gotas
O.E. de limão-siciliano 2 gotas

Como **fazer**

1 Coloque a cera de abelha e os óleos vegetais em uma tigela refratária e derreta em banho-maria.

2 Adicione os óleos essenciais e, ainda quente, transfira para um pote esterilizado. Deixe solidificar.

3 Feche o pote. Dura até 3 meses.

Como **usar**

Bálsamo Passe pedra-pomes nas áreas secas dos pés, lave-os e seque-os. Massageie o bálsamo na pele, concentrando-se nas áreas a tratar.

* Pode ser substituído por óleo de amêndoa doce.
** O.E. = óleo essencial.

VARIAÇÃO DE
RECEITA

Crie o bálsamo para os pés com os óleos essenciais de sua preferência. Outras opções restauradoras são immortelle, palmarosa, olíbano e cedro.

Nutritivo para a pele*, esse bálsamo de perfume delicioso é um carinho para os pés.*

Receitas **terapêuticas**

Aproveite as propriedades dos óleos essenciais para tratar diversos problemas comuns. Aprenda como usar óleos em massagens e banhos terapêuticos, inalações purificadoras, compressas suavizantes e pomadas e cremes para melhorar a pele.

Problemas digestivos

Aspectos do estilo de vida, como a dieta, o **estresse** e perturbações emocionais, podem afetar o **funcionamento saudável** do sistema digestório, levando a bloqueios e outros problemas. Os óleos essenciais tratam esses distúrbios de maneira **holística**, abordando suas origens e aliviando sintomas. Caso um incômodo seja persistente ou agudo, consulte um médico.

Inchaço e prisão de ventre

A sensação desagradável de estar estufado ocorre quando o abdome está inchado. É comum se sentir assim após celebrações e períodos festivos. Evite esse desconforto reduzindo o consumo de refrigerantes, controlando o tamanho das porções, comendo com calma e exercitando-se com regularidade. A prisão de ventre pode ser provocada por estresse e má alimentação. Mudanças na dieta e na rotina atenuam os sintomas. Aumente a ingestão de fibras para pelo menos 18-30 g por dia. Frutas frescas, legumes e cereais são ricos em fibras. Inclua também farelo de aveia na dieta, o que facilitará a evacuação. Beba bastante água, pratique exercícios e mantenha-se ativo. Os tratamentos a seguir contribuem para aliviar problemas digestivos.

Compressa calmante de cenoura e laranja

A combinação nessa compressa aquecedora tem efeito tonificante e calmante no sistema digestório. O óleo essencial de laranja atenua a digestão barulhenta e ajuda o alimento a se movimentar pelo trato digestivo, aliviando prisão de ventre, gases e indigestão. O de semente de cenoura é um diurético suave que auxilia a reduzir a retenção de líquido, e o de erva-doce ameniza a indigestão nervosa provocada por transtornos emocionais ou por uma refeição apressada. Essa receita não é adequada durante a gravidez.

Ingredientes

Rende 1 compressa
Óleo de amêndoa doce 1 colher (chá)
Óleo essencial de laranja 3 gotas
Óleo essencial de erva-doce 2 gotas
Óleo essencial de semente de cenoura 2 gotas

Como **fazer**

1 Encha uma tigela com água quente. Junte os óleos essenciais ao óleo base e acrescente-os à água.

2 Mergulhe um pano limpo na mistura e torça-o.

3 Envolva-o com uma toalha ou filme plástico para isolá-lo. Mantenha a compressa sobre o abdome até que atinja a temperatura corporal. Repita 3 vezes.

Massagem estimulante de hortelã-pimenta

Uma massagem abdominal é uma maneira eficiente de tratar prisão de ventre e pode ser autoadministrada com facilidade. O óleo essencial de hortelã--pimenta refrescante ajuda a aliviar a náusea, acalma a digestão e também a estimula, se necessário.

Ingredientes

Rende 30 ml
Óleo de semente de uva 2 colheres (sopa)
Óleo essencial de hortelã-pimenta 5 gotas
Óleo essencial de pinho 5 gotas
Óleo essencial de alecrim 5 gotas

Como **fazer**

1 Misture todos os ingredientes em uma tigela, transfira para um frasco de vidro escuro esterilizado e feche com tampa de rosca ou conta-gotas.

2 Massageie no abdome no sentido horário. Espere a pele absorver antes de se vestir. Guarde em local fresco e escuro. Dura até 3 meses.

Imersão suavizante de endro

Essa mistura para banho acalma a região do abdome. Combina as propriedades antiespasmódicas da manjerona com o efeito estimulante da pimenta-do-reino e a ação suavizante do endro para aliviar gases e acelerar digestão lenta, ajudando o alimento a se movimentar pelo sistema digestório.

Ingredientes

Rende 15 ml
Óleo base ou leite integral 1 colher (sopa)
Óleo essencial de pimenta-do-reino 3 gotas
Óleo essencial de endro 3 gotas
Óleo essencial de manjerona 3 gotas

Como **fazer**

1 Misture todos os ingredientes em uma tigela.

2 Adicione imediatamente a um banho morno e desfrute da imersão relaxante.

Indigestão

Pode se manifestar como dor ou desconforto no abdome superior ou como sensação de queimação atrás do esterno. Os sintomas aparecem logo após comer ou beber e podem ser provocados pelo contato dos sucos gástricos com a parede sensível do estômago. Ácidos, eles corroem esse revestimento, causando irritação e inflamação. Na maioria dos casos, a indigestão está relacionada ao tipo de alimentação e é frequentemente seguida por azia ou refluxo (ver ao lado), embora possa ser desencadeada por fatores como cigarro, consumo de álcool, gravidez, estresse ou alguns medicamentos. Experimente a massagem a seguir para amenizar os sintomas.

Massagem com cardamomo

Óleos essenciais antiespasmódicos, calmantes e estimulantes, como coentro, mandarina e cardamomo, podem ajudar a aliviar a indigestão.

Ingredientes

Rende 30 ml
Óleo de amêndoa doce 2 colheres (sopa)
Óleo essencial de mandarina 5 gotas
Óleo essencial de coentro 3 gotas
Óleo essencial de cardamomo 2 gotas

Como **fazer**

1 Misture todos os ingredientes em uma tigela, transfira para um frasco de vidro escuro esterilizado e feche com tampa de rosca ou conta-gotas.

2 Massageie com suavidade no peito e abdome. Espere a pele absorver antes de se vestir. Guarde em local fresco e escuro. Dura até 3 meses.

Refluxo

Ocorre quando o líquido ácido escapa do estômago e alcança a boca, deixando um gosto desagradável. Às vezes é acompanhado por gases, inchaço, indigestão e azia. Pode ser provocado por diversos fatores, entre eles comer em exagero, fazer refeições ricas em gordura, consumir alimentos ácidos demais e estresse crônico. Essa massagem relaxante acalma tais desconfortos.

Massagem de hortelã-pimenta e gengibre

Óleos essenciais ajudam a aliviar os sintomas do refluxo quando aplicados no peito e no abdome. Uma fatia de limão ou gengibre ou um raminho de hortelã, sempre frescos e infundidos em um copo de água quente, também são eficazes.

Ingredientes

Rende 30 ml
Óleo de girassol 2 colheres (sopa)
Óleo essencial de hortelã-pimenta 7 gotas
Óleo essencial de gengibre 5 gotas
Óleo essencial de endro 3 gotas

Como **fazer**

1 Misture todos os ingredientes em uma tigela, transfira para um frasco de vidro escuro esterilizado e feche com tampa de rosca ou conta-gotas.

2 Massageie suavemente no abdome, tórax e parte superior das costas. Espere a pele absorver antes de se vestir. Guarde em local fresco e escuro. Dura até 3 meses.

O endro tem efeito calmante na digestão.

Náusea e enjoo

A náusea é uma sensação desagradável que surge isoladamente ou que precede o vômito. Este, por sua vez, sobrevém quando o conteúdo do estômago é expulso à força pela boca. Tal desconforto pode ser provocado por comer ou beber em excesso, mudanças hormonais no primeiro trimestre de gravidez ou uma infecção, e requerem pouco ou nenhum tratamento. No entanto, se não houver razão óbvia para enjoos prolongados, consulte um médico, pois é importante identificar a causa subjacente. Experimente os tratamentos a seguir como alívio.

Compressa aquecedora de cardamomo

Se o abdome estiver sensível e dolorido ao toque, aplicar uma compressa morna pode aliviar e ser tão eficiente quanto uma massagem abdominal.

Ingredientes

Rende 1 compressa
Óleo de amêndoa doce 1 colher (chá)
Óleo essencial de cardamomo 2 gotas
Óleo essencial de pimenta-do-reino 2 gotas

Como **fazer**

1 Encha uma tigela com água morna. Junte os óleos essenciais ao óleo base e acrescente-os à água.

2 Mergulhe um pano limpo na mistura e torça-o.

3 Envolva-o com uma toalha ou filme plástico para isolá-lo. Mantenha a compressa sobre o abdome até que atinja a temperatura corporal. Repita 3 vezes.

Difusão de gengibre

O gengibre é um ingrediente clássico para aliviar a náusea e problemas digestivos provocados por exageros, gravidez ou movimento em viagens. Aqui, o óleo essencial dessa raiz é combinado com o de camomila-romana, um pouco mais suave que o de camomila-dos-alemães e adequado para crianças pequenas e pele delicada.

Ingredientes

Rende o suficiente para 1 difusão
Óleo essencial de gengibre 6 gotas
Óleo essencial de camomila-romana 3 gotas
Óleo essencial de hortelã-pimenta 3 gotas

Como **fazer**

1 Coloque a mistura de óleos essenciais em um difusor ou vaporizador.

2 Aromatize suavemente o ambiente escolhido.

O gengibre pode amenizar a sensação de náusea.

Diarreia

Pode ser provocada por ingestão de alimentos que irritam o intestino, infecção ou nervosismo e estresse, e consiste em evacuação frequente e aquosa. Portanto, é preciso manter-se bem hidratado. Os tratamentos a seguir podem trazer alívio às paredes intestinais irritadas.

Massagem calmante para o abdome

Prepare um blend terapêutico com óleos essenciais antiespasmódicos, como os de cipreste e gengibre, e a lavanda, que ameniza a dor.

Ingredientes

Rende 30 ml
Óleo de girassol 2 colheres (sopa)
Óleo essencial de cipreste 6 gotas
Óleo essencial de gengibre 5 gotas
Óleo essencial de lavanda 3 gotas

Como **fazer**

1 Misture todos os ingredientes em uma tigela, transfira para um frasco de vidro escuro esterilizado e feche com tampa de rosca ou conta-gotas.

2 Massageie no abdome no sentido horário. Espere a pele absorver antes de se vestir. Guarde o óleo restante em local fresco e escuro. Dura até 3 meses.

Compressa de mandarina e gerânio

A mandarina pode estabilizar a digestão e é eficaz contra a sensação de náusea.

Aqui, ela é combinada com o gerânio e a pimenta-do-reino, que ajudam a ativar o sistema digestório. Essa compressa acalma um estômago revolto e restaura a evacuação normal. O calor também relaxa a musculatura abdominal.

Ingredientes

Rende 1 compressa
Óleo de amêndoa doce 1 colher (chá)
Óleo essencial de mandarina 3 gotas
Óleo essencial de gerânio 2 gotas
Óleo essencial de pimenta-do-reino 2 gotas

Como **fazer**

1 Encha uma tigela com água quente. Junte os óleos essenciais ao óleo base e acrescente-os à água.

2 Mergulhe um pano limpo na mistura e torça-o.

3 Envolva-o com uma toalha ou filme plástico para isolá-lo. Mantenha a compressa sobre o abdome até que atinja a temperatura corporal. Repita 3 vezes.

Perda de apetite

Há muitas causas para essa situação. Às vezes é algo temporário, mas pode ser um problema sério que exija tratamento, como a anorexia nervosa, distúrbio alimentar em que a pessoa fica muito preocupada com o peso e, mesmo magra, se considera obesa. Consulte um médico se perder a fome sem motivo. O preparo a seguir ajuda a estimular a vontade de comer.

Imersão de hortelã-pimenta

O gengibre e a hortelã-pimenta estimulam o apetite. Em um banho morno, são absorvidos pela pele, e o aroma é inalado. Os chás de hortelã e de gengibre também são benéficos.

Ingredientes

Rende 15 ml
Óleo base ou leite integral 1 colher (sopa)
Óleo essencial de hortelã-pimenta 5 gotas
Óleo essencial de gengibre 2 gotas

Como **fazer**

1 Misture todos os ingredientes em uma tigela.

2 Adicione imediatamente a um banho morno e desfrute da imersão relaxante.

Problemas na boca, gengiva e dentes

As bactérias existentes na boca produzem um material viscoso e incolor chamado placa bacteriana, que endurece e forma o tártaro. A placa e o tártaro contribuem para a ocorrência de cáries e irritam e inflamam a gengiva. Pesquisas relacionam doenças periodontais a distúrbios cardiovasculares e diabetes; portanto, uma boca saudável colabora para o bom estado do organismo.

O mau hálito (halitose) tem diversas causas, mas normalmente se deve à higienização deficiente. Quando bactérias se acumulam na boca, elas decompõem restos de alimentos alojados nos dentes e produzem um odor desagradável. Os tratamentos a seguir ajudam a melhorar a higiene oral.

Óleo suavizante para gengiva

O óleo essencial de mirra auxilia a reduzir a inflamação e, de cravo, anestésico e antisséptico, alivia a dor.

Ingredientes

Rende 15 ml
Óleo de oliva 1 colher (sopa)
Óleo essencial de cravo-da-índia 1 gota
Óleo essencial de mirra 1 gota
Óleo essencial de hortelã-pimenta 1 gota

Como **fazer**

1 Misture todos os ingredientes em uma tigela e transfira para um pote de vidro pequeno esterilizado.

2 Esfregue a mistura de óleo com suavidade na gengiva e enxágue.

Gargarejo de orégano

Para combater a halitose, experimente um gargarejo com óleos antibacterianos.

Ingredientes

Rende 15 ml
Óleo de girassol 1 colher (sopa)
Óleo essencial de hortelã-pimenta 1 gota
Óleo essencial de orégano 1 gota

Como **fazer**

1 Misture os óleos com água fria.

2 Faça bochecho com a solução por 3-5 minutos, cuspa e enxágue. Utilize 3 vezes por dia.

Uso seguro *Não ingerir. Não é adequado durante a gravidez.*

Problemas respiratórios

Embora seja difícil evitar o contato com os vírus que provocam o resfriado, algumas medidas **fortalecem** a imunidade. Tratá-lo logo no início também pode ajudar a minimizar a gravidade. Doenças crônicas, como a asma, exigem cuidados médicos, porém algumas medidas podem controlar os sintomas. As propriedades **descongestionantes**, **antivirais** e **calmantes** dos óleos essenciais contribuem para aliviar queixas respiratórias.

Resfriado e sinusite

O primeiro é uma infecção viral leve das vias aéreas superiores. Essa infecção é muito comum e desaparece em uma ou duas semanas. Os principais sintomas são dor de garganta, congestão nasal, espirros e tosse.

A sinusite é outro problema comum. O revestimento dos seios nasais se inflama, o que normalmente ocorre após uma infecção viral, como o resfriado. Os sintomas incluem muco verde ou amarelo, congestão, dor e sensibilidade na região das bochechas, olhos ou testa, dor de cabeça e febre. Em geral, melhoram em duas a três semanas. Embora não se possa "curar" um resfriado, é possível usar óleos essenciais para aliviar o mal-estar.

Unguento de olíbano para pescoço e peito

O óleo essencial de olíbano ajuda a aliviar a irritação das mucosas e acalmar a respiração. Também pode amenizar tosse, bronquite e dor de garganta. Misturado com outros óleos calmantes para criar uma pomada que aquece a parte superior do corpo, auxilia a combater resfriado e congestão.

Ingredientes

Rende 30 ml
Óleo de girassol 2 colheres (sopa)
Óleo essencial de olíbano 7 gotas
Óleo essencial de sândalo 5 gotas
Óleo essencial de lavanda 3 gotas

Como **fazer**

1 Misture todos os ingredientes em uma tigela, transfira para um frasco de vidro escuro esterilizado e feche com tampa de rosca ou conta-gotas.

2 Massageie suavemente no peito, pescoço e parte superior das costas. Espere a pele absorver antes de se vestir.

Difusão purificadora de eucalipto

O eucalipto tem excelentes propriedades purificadoras que ajudam a aliviar a congestão nasal. Usar um difusor para dispersar o óleo essencial no ar é a melhor opção. Sente-se perto do difusor para um efeito mais direto.

Ingredientes

Rende o suficiente para 1 difusão
Óleo essencial de cedro 4 gotas
Óleo essencial de eucalipto 4 gotas
Óleo essencial de ravensara 4 gotas

Como **fazer**

1 Coloque a mistura de óleos essenciais em um difusor ou vaporizador.

2 Aromatize o ambiente escolhido.

Inalação de cajepute e tea tree

Inalações a vapor são muito eficientes para tratar dor de garganta e aliviar congestão.

Ingredientes

Rende o suficiente para 1 inalação
Óleo essencial de cajepute 3 gotas
Óleo essencial de tea tree 2 gotas
Óleo essencial de lavanda 2 gotas

Como **fazer**

1 Adicione os óleos essenciais a uma tigela com água quente. Cubra a cabeça com uma toalha formando uma tenda sobre o recipiente, incline-se sobre ele e inale profundamente.

2 Deixe o vapor aliviar a garganta por 5-10 minutos, afastando-se um pouco, se necessário.

Asma

Essa é uma doença crônica comum que provoca tosse, falta de ar, chiado e aperto no peito. A gravidade dos sintomas varia. Na maioria dos casos, é possível controlá-la, embora algumas pessoas apresentem problemas mais persistentes.

A asma piora de maneira gradual ou repentina, o que é conhecido como crise. Ocorrências mais graves às vezes exigem tratamento hospitalar urgente e podem até ser fatais, embora isso seja incomum. Não há uma causa única identificada para a asma, pois vários fatores desencadeiam uma crise, entre eles alérgenos inalados ou ingeridos, como ácaros e certos alimentos, exercício e estresse emocional. Aprender a lidar com a doença e evitar potenciais alérgenos é fundamental para preveni-la. Os tratamentos a seguir usam óleos para aliviar sintomas leves e podem ser combinados com os procedimentos convencionais. Consulte seu médico antes de utilizá-los e procure-o com urgência se tiver um ataque grave.

Inalação de eucalipto e limão-siciliano

Os sintomas da asma podem ser desencadeados pela presença de uma infecção, como resfriado ou gripe. Nessas circunstâncias, uma inalação com óleos essenciais purificadores ajuda a aliviá-los.

Ingredientes

Rende o suficiente para 1 inalação
Óleo essencial de limão-siciliano 4 gotas
Óleo essencial de eucalipto 4 gotas
Óleo essencial de hortelã-pimenta 4 gotas

Como **fazer**

1 Pingue as gotas dos óleos sobre um lenço de papel ou tecido.

2 Abane o lenço sob o nariz e inale, mas não cubra as narinas.

Difusão de olíbano

Às vezes, os sintomas da asma pioram quando ocorre um transtorno emocional ou trauma específico. Nesses casos, uma difusão com óleos essenciais calmantes, como os de olíbano, sândalo e lavanda, pode ajudar a aliviar os sintomas.

O eucalipto apresenta propriedades purificadoras.

Ingredientes

Rende o suficiente para 1 difusão
Óleo essencial de olíbano 7 gotas
Óleo essencial de sândalo 5 gotas
Óleo essencial de lavanda 3 gotas

Como **fazer**

1 Coloque a mistura de óleos essenciais em um difusor ou vaporizador.

2 Aromatize suavemente o ambiente escolhido.

Massagem calmante de camomila

Se os sintomas da asma em geral são desencadeados pela exposição a alérgenos, como ácaros ou certos alimentos, tenha à mão uma mistura para massagem feita com um óleo essencial calmante, como o de camomila, e um antiespasmódico, como o de immortelle.

Ingredientes

Rende 30 ml
Óleo de girassol 2 colheres (sopa)
Óleo essencial de immortelle 4 gotas
Óleo essencial de lavanda 4 gotas
Óleo essencial de camomila-romana 4 gotas

Como **fazer**

1 Misture todos os ingredientes em uma tigela, transfira para um frasco de vidro escuro esterilizado e feche com tampa de rosca ou conta-gotas.

2 Massageie suavemente no peito, pescoço e parte superior das costas. Espere a pele absorver antes de se vestir. Guarde em local fresco e escuro. Dura até 3 meses.

Problemas circulatórios

Eles são causados por má alimentação, tabagismo, sedentarismo e estresse. Mudar o **estilo de vida**, adotando uma **rotina de exercícios físicos**, contribui para melhorá-los. Óleos essenciais **ativam** a circulação e ajudam a aumentar a **motivação** para adquirir novos hábitos.

Varizes e hemorroidas

As varizes se desenvolvem quando as pequenas válvulas dentro das veias param de funcionar de modo adequado. Em um organismo saudável, o sangue flui facilmente até o coração e é impedido de correr no sentido contrário por essas estruturas, que abrem e fecham para permitir sua passagem. Se elas se enfraquecem ou danificam, o sangue pode começar a se acumular em determinados pontos, dilatando e deformando a veia, o que é chamado de varizes. Gravidez, obesidade e envelhecimento são fatores que aumentam a probabilidade de esse problema se desenvolver. Hemorroidas estão relacionadas a veias varicosas. Trata-se de uma inflamação dos vasos sanguíneos dentro e ao redor do reto e do ânus. Em muitos casos, não apresentam sintomas, e algumas pessoas nem percebem que as têm. A compressa a seguir pode ajudar a acalmar e aliviar desconfortos como dor ou coceira.

Compressa calmante de cipreste

O óleo essencial de cipreste tem efeito tônico nas veias e é útil para problemas circulatórios, pois auxilia a regular o fluxo do sangue. Aqui, ele se combina com os óleos de limão-siciliano e de gerânio, desintoxicantes, e com o de zimbro, cuja ação adstringente contribui para reduzir varizes e hemorroidas.

Ingredientes

Rende 1 compressa
Óleo de girassol 2 colheres (chá)
Óleo essencial de cipreste 3 gotas
Óleo essencial de limão-siciliano 3 gotas
Óleo essencial de zimbro 3 gotas
Óleo essencial de gerânio 1 gota

Como **fazer**

1 Encha uma tigela com água fria. Junte os óleos essenciais ao óleo de girassol e adicione-os à água.

2 Mergulhe um pano limpo na mistura e torça-o.

3 Coloque a compressa sobre as varizes. No caso de hemorroidas, sente-se sobre a compressa com uma toalha por baixo. Deixe por 10 minutos.

Pressão arterial alta

Outro termo para esse problema é hipertensão. A pressão arterial é mensurada em milímetros de mercúrio (mmHg) e é composta de duas medidas: pressão sistólica (quando o coração expulsa o sangue) e pressão diastólica (quando o coração repousa entre batidas, o que reflete a força de suas artérias resistindo ao fluxo).

Óleos essenciais podem ser usados para ativar ou acalmar a circulação.

A pressão sistólica aumenta durante o esforço ou estresse emocional, mas em um corpo saudável ela volta ao normal com rapidez. Algumas mudanças no estilo de vida e na alimentação podem ser adotadas para reduzir o risco de hipertensão, como praticar mais exercício, diminuir o consumo de sal, parar de fumar e evitar o estresse e a ingestão de estimulantes. Uma massagem relaxante ajuda a combater os efeitos acumulados da tensão.

Em caso de diagnóstico de hipertensão, é necessário consultar um médico antes de usar tratamentos complementares, para garantir o monitoramento correto da doença. Os medicamentos prescritos devem ser tomados regularmente, a não ser que seu médico oriente o contrário.

Massagem de lavanda e manjerona

Óleos essenciais com ação hipotensiva (que ajudam a baixar a pressão arterial), bem como os de efeito calmante e sedativo, podem aliviar a hipertensão leve. É o caso dos óleos de lavanda, manjerona e ylang ylang dessa mistura para massagem terapêutica.

Ingredientes

Rende 30 ml
Óleo de amêndoa doce 2 colheres (sopa)
Óleo essencial de lavanda 6 gotas
Óleo essencial de manjerona 6 gotas
Óleo essencial de ylang ylang 3 gotas

Como **fazer**

1 Misture todos os ingredientes em uma tigela, transfira para um frasco de vidro escuro esterilizado e feche com tampa de rosca ou conta-gotas.

2 Massageie suavemente no corpo. Espere a pele absorver antes de se vestir. Guarde em local fresco e escuro. Dura até 3 meses.

Má circulação

Esse problema tem muitos sintomas, como extremidades frias (mãos e pés ou apenas dedos), retenção de líquido e cãibra. Além do desconforto, há consequências mais sérias. Mudanças simples na dieta e no estilo de vida, como fazer intervalos regulares para se movimentar (quando se trabalha sentado), evitar o consumo de alimentos processados e parar de fumar, podem ajudar. A massagem a seguir ajuda a ativar a circulação.

Massagem estimulante de alecrim

Alguns óleos essenciais são estimulantes e podem melhorar a circulação. Aquecedores, eles dilatam os vasos capilares e aumentam o fluxo sanguíneo, o que, por sua vez, estimula o movimento da linfa, ajudando a controlar o trânsito de líquido pelo corpo. Uma drenagem linfática eficiente resulta na eliminação de líquido acumulado nos tecidos.

Ingredientes

Rende 30 ml
Óleo de amêndoa doce 2 colheres (sopa)
Óleo essencial de alecrim 3 gotas
Óleo essencial de tomilho 3 gotas
Óleo essencial de pimenta-do-reino 3 gotas
Óleo essencial de gengibre 3 gotas
Óleo essencial de cravo-da-índia 1 gota

Como **fazer**

1 Misture todos os ingredientes em uma tigela, transfira para um frasco de vidro escuro esterilizado e feche com tampa de rosca ou conta-gotas.

2 Massageie suavemente no corpo. Espere a pele absorver antes de se vestir. Guarde em local fresco e escuro. Dura até 3 meses.

*O **alecrim** ajuda a melhorar a má circulação.*

Problemas linfáticos e urinários

O inchaço, conhecido como edema, indica **retenção de líquido**, que decorre de diversos fatores. Infecções no sistema urinário podem provocar inflamação na bexiga. Alguns óleos essenciais têm propriedades **diuréticas**, anti-inflamatórias e **antissépticas** que tratam e aliviam os sintomas.

Inchaço

É tipicamente resultado de inflamação ou de um acúmulo de líquido que pode ocorrer internamente ou afetar a pele e os músculos. Usar óleos essenciais com propriedades desintoxicantes ajuda a eliminar o excesso de líquido e reduzir a inflamação. Consulte o médico se surgir algum inchaço inexplicável.

Compressa de gerânio

Vários óleos essenciais que atuam como tônicos circulatórios podem contribuir para reduzir o inchaço e a retenção de líquido e são eficazes na massagem, no banho ou em uma compressa, como nesse tratamento.

Ingredientes

Rende 1 compressa

Óleo de amêndoa doce 1 colher (sopa)
Óleo essencial de gerânio 5 gotas
Óleo essencial de cipreste 4 gotas
Óleo essencial de milefólio 3 gotas
Óleo essencial de limão-siciliano 3 gotas

Como **fazer**

1 Encha uma tigela com água fria e acrescente todos os óleos.

2 Mergulhe um pano limpo na mistura e torça-o.

3 Mantenha a compressa sobre a área afetada até que atinja a temperatura corporal. Repita 3 vezes.

Massagem desintoxicante

O sistema linfático é responsável pela eliminação dos resíduos produzidos pelos órgãos e tecidos do corpo. Os óleos essenciais desintoxicantes usados nessa mistura para massagem auxiliam seu funcionamento. O de grapefruit estimula a drenagem e age como diurético quando massageado diretamente na pele, ajudando a combater áreas inchadas pela retenção de líquido. O de alecrim ativa a circulação, contribuindo para a eliminação de resíduos e o alívio do sintoma. Esses dois óleos poderosos são combinados com o de pimenta-do-reino, que tem ação diurética leve. Para potencializar o efeito desse tratamento desintoxicante, aplique com uma escovação para ativar a circulação.

Ingredientes

Rende 30 ml

Óleo de semente de uva 2 colheres (sopa)
Óleo essencial de grapefruit 5 gotas
Óleo essencial de alecrim 5 gotas
Óleo essencial de pimenta-do-reino 5 gotas

Como **fazer**

1 Misture todos os ingredientes em uma tigela, transfira para um frasco de vidro escuro esterilizado e feche com tampa de rosca ou conta-gotas.

2 Massageie suavemente no corpo com movimentos circulares ascendentes. Espere a pele absorver antes de se vestir. Guarde o frasco em local fresco e escuro. Dura até 3 meses.

A pimenta-do-reino ajuda a eliminar resíduos.

Infecção do sistema urinário

A infecção urinária (IU) ocorre quando parte do sistema é infectada, em geral por bactérias que entram no organismo pela uretra ou, mais raramente, pela corrente sanguínea. Algumas mulheres a desenvolvem após a relação sexual, embora não exista um motivo claro. Como IUs são menos comuns em homens, são necessários estudos para descobrir a causa subjacente.

A cistite é a inflamação da bexiga provocada por uma infecção. Na maioria das vezes, surge quando bactérias presentes no intestino ou na pele (e inofensivas nesses casos) entram na bexiga pela uretra. Tipo comum de IU especialmente em mulheres, não é séria, mas muito incômoda. Ocorrências leves podem se curar sozinhas em poucos dias. No entanto, quem sofre de cistite com frequência precisa de tratamento regular ou de longo prazo. Há também a possibilidade de que o problema cause uma infecção de rim mais grave; portanto, é importante consultar o médico se não ocorrer melhora em alguns dias ou se houver febre, dor intensa ou urina com sangue ou pus. Os tratamentos a seguir ajudam a aliviar os sintomas.

Banho de assento de bergamota

Óleos essenciais com ação antibacteriana são recomendados para combater IUs e estimular a recuperação. Nesse preparo, o de bergamota, antiviral e antibacteriano, é combinado com o de camomila, adstringente, e o de lavanda, calmante. Misture-os em uma imersão até a cintura, ideal para tratar esse tipo de problema.

Ingredientes

Rende o suficiente para 1 banho de assento
Óleo essencial de bergamota 4 gotas
Óleo essencial de camomila-alemã 3 gotas
Óleo essencial de lavanda 2 gotas

Como **fazer**

1 Encha a banheira de modo a ficar sob a água da cintura para baixo. Ajuste a temperatura de acordo com o tempo em que deseja permanecer no banho: para até 5 minutos, aqueça a água a 40-45°C; para até 15 minutos, a 33-35°C. Acrescente os óleos essenciais e fique em imersão pelo tempo que desejar.

2 Se preferir, encha uma tigela com água morna e adicione os óleos essenciais. Mergulhe um pano limpo na mistura e torça-o. Lave com delicadeza as áreas afetadas. Em ambos os casos, seque dando batidinhas com a toalha.

Lavagem de tea tree

As propriedades antissépticas do óleo essencial de tea tree são boas para combater IUs. Experimente esse tratamento simples para aliviar o desconforto. O pano e a toalha devem estar limpos e ser lavados logo após o uso.

Ingredientes

Rende o suficiente para 1 lavagem.
Óleo de amêndoa doce 1 colher (chá)
Óleo essencial de tea tree 3 gotas
Óleo essencial de bergamota 3 gotas

Como **fazer**

1 Encha uma tigela com água morna e acrescente todos os óleos.

2 Mergulhe um pano limpo na mistura e torça-o.

3 Lave com suavidade a área afetada e seque dando batidinhas com uma toalha.

Óleos essenciais antissépticos e calmantes são úteis para aliviar os sintomas das IUs.

Dores em geral

Músculos e articulações saudáveis ajudam a garantir força e mobilidade. O envelhecimento pode desgastá-los, porém a **atividade física** contribui para manter a **flexibilidade**. Dores são provocadas por tensão muscular ou outros fatores. Experimente óleos **anti-inflamatórios**, desintoxicantes e **analgésicos**.

Dor nas costas, no pescoço e ciática

Dor nas costas afeta a maioria das pessoas em algum momento da vida. Pode ser provocada por má postura, movimentos desajeitados ou levantamento incorreto de peso. Costuma melhorar em semanas ou meses, mas em alguns casos se torna crônica.

Dor no pescoço ou torcicolo não costumam ser problemas sérios. Entre suas causas estão dormir em posição incômoda, usar o computador por período prolongado ou distender um músculo por má postura. A dor e a rigidez em geral passam em poucos dias ou semanas. A ansiedade e o estresse também geram tensão nos músculos da região, o que pode ocasionar dor. Se ela for aguda ou duradoura, consulte o médico. Rigidez acompanhada de sintomas como febre, dor de cabeça ou intolerância a luz forte deve ser investigada de imediato.

Ciática é o nome da dor provocada por irritação ou compressão do nervo ciático, o mais comprido do corpo. Ele começa na parte posterior da pelve, passa pelas nádegas e desce pelas pernas, terminando nos pés. Quando comprimido ou irritado, pode causar dor, dormência e sensação de formigamento que se irradia da base das costas, segue pela perna e chega aos dedos dos pés. Embora possa ser acompanhado por dor lombar geral, o problema muitas vezes afeta nádegas e pernas mais do que costas. Experimente os tratamentos a seguir para aliviar todos esses tipos de dor.

Massagem relaxante muscular

Óleos essenciais e massagens podem ser muito eficazes no tratamento de dor nas costas ou no pescoço decorrente de tensão ou fadiga muscular. São terapias preventivas se feitas com frequência, pois reduzem o estresse, relaxam músculos tensos e favorecem o bem-estar geral. Banhos também aliviam a tensão. Outra opção para essa receita é adicioná-la a uma imersão relaxante, misturando os óleos essenciais com apenas 1 colher (sopa) de óleo macerado de arnica, de leite integral ou de álcool de cereais.

Ingredientes

Rende 30 ml
Óleo macerado de arnica 2 colheres (sopa)
Óleo essencial de alecrim 5 gotas
Óleo essencial de manjerona 5 gotas
Óleo essencial de gengibre 5 gotas

A lavanda calmante *ajuda a aliviar a dor.*

Como **fazer**

1 Misture todos os ingredientes em uma tigela, transfira para um frasco de vidro escuro esterilizado e feche com tampa de rosca ou conta-gotas.

2 Massageie suavemente nas costas e no pescoço. Espere a pele absorver antes de se vestir. Guarde o frasco em local fresco e escuro. Dura até 3 meses.

Compressa calmante de lavanda

A lavanda é levemente analgésica e antiespasmódica; portanto, pode aliviar a dor ciática.

Ingredientes

Rende 1 compressa
Óleo de amêndoa doce 1 colher (chá)
Óleo essencial de lavanda 5 gotas
Óleo essencial de coentro 2 gotas
Óleo essencial de pimenta-do-reino 5 gotas

Como **fazer**

1 Encha uma tigela com água morna e acrescente todos os óleos.

2 Mergulhe um pano limpo na mistura e torça-o.

3 Envolva-o com uma toalha ou filme plástico para isolá-lo. Mantenha a compressa sobre a área afetada até ela atingir a temperatura corporal. Repita 3 vezes.

Dor de cabeça e enxaqueca

Dor de cabeça é um dos problemas de saúde mais comuns. Em muitos casos, pode ser tratada com mudanças simples no estilo de vida, como descansar mais e beber líquido suficiente para manter-se bem hidratado. Em geral, é descrita como constante, afetando os dois lados da cabeça, e relaciona-se a estresse, desidratação, má postura e alimentação desregrada. A enxaqueca é menos comum e manifesta-se como uma dor intensa e latejante na frente ou na lateral da cabeça. Outros sintomas podem ser náusea, vômito e maior sensibilidade a luz ou som. Uma compressa calmante ou massagem ajuda a atenuar o desconforto.

Compressa calmante de hortelã-pimenta e lavanda

Com propriedades estimulantes e analgésicas suaves, a hortelã-pimenta é um tratamento estabelecido na aromaterapia para dor de cabeça comum, agindo de maneira semelhante a medicamentos indicados para o problema, como paracetamol. A ação refrescante limpa e clareia a mente. A lavanda traz alívio para a ansiedade e o estresse.

Ingredientes

Rende 1 compressa
Óleo de amêndoa doce 1 colher (chá)
Óleo essencial de hortelã-pimenta 3 gotas
Óleo essencial de lavanda 2 gotas

Como **fazer**

1 Encha uma tigela com água morna e acrescente todos os óleos.

2 Mergulhe um pano limpo na mistura e torça-o.

3 Mantenha a compressa na testa até que atinja a temperatura corporal. Repita 3 vezes.

Compressa quente de manjerona

O óleo essencial de manjerona tem efeito analgésico e sedativo. Assim, além de aliviar dor, ajuda a amenizar a ansiedade e a tensão que resultam em dor de cabeça e enxaqueca.

Ingredientes

Rende 1 compressa
Óleo de amêndoa doce 1 colher (chá)
Óleo essencial de lavanda 3 gotas
Óleo essencial de manjerona 2 gotas

Como **fazer**

1 Encha uma tigela com água morna e acrescente todos os óleos.

2 Mergulhe um pano limpo na mistura e torça-o.

3 Envolva-o com uma toalha ou filme plástico para isolá-lo. Mantenha a compressa nas têmporas até que atinja a temperatura corporal. Repita 3 vezes.

Massagem de alecrim e eucalipto para as têmporas

Dor de cabeça provocada por esforço mental pode ser tratada com alecrim. O eucalipto é bom para aliviar a dor que decorre de sinusite ou reações alérgicas. Aqui, os dois óleos são combinados com a hortelã-pimenta refrescante e a lavanda relaxante.

Ingredientes

Rende 30 ml
Óleo de amêndoa doce 2 colheres (sopa)
Óleo essencial de alecrim 3 gotas
Óleo essencial de hortelã-pimenta 1 gota
Óleo essencial de lavanda 1 gota
Óleo essencial de eucalipto 1 gota

Como **fazer**

1 Misture todos os ingredientes em uma tigela, transfira para um frasco de vidro escuro esterilizado e feche com tampa de rosca ou conta-gotas.

2 Massageie suavemente nas têmporas com movimentos circulares. Guarde o frasco em local fresco e escuro. Dura até 3 meses.

Artrite

Resulta de inflamação das articulações. Os dois tipos mais comuns são a artrite reumatoide e a artrose. A primeira é uma doença crônica autoimune que provoca inchaço, dor e rigidez nas articulações e geralmente atinge mãos, pulsos e pés. A segunda deixa as articulações doloridas e rígidas e ocorre quando há danos nessas áreas e em torno delas. A maioria das articulações pode ser afetada pela artrite, mas, em geral, a doença ataca joelhos, quadril e pequenas articulações das mãos. Massagens e banhos podem aliviar a rigidez causada por esse tipo de inflamação.

Massagem estimulante para a circulação

Óleos relaxantes, analgésicos e aquecedores, como o de manjerona, ajudam a atenuar a dor da artrite. Os de pimenta-do-reino e gengibre ativam a circulação, revitalizando articulações cansadas e doloridas. O de pimenta-do--reino também tem propriedades anti-inflamatórias, o que o torna ideal para tratar o problema. O de gengibre, além de anti-inflamatório, é um revitalizante e estimulante natural quando aplicado localmente. Experimente usar essa mistura de óleo de massagem nas áreas afetadas para aliviá-las.

Ingredientes

Rende 30ml
Óleo de amêndoa doce 2 colheres (sopa)
Óleo essencial de manjerona 6 gotas
Óleo essencial de pimenta-do-reino 5 gotas
Óleo essencial de gengibre 4 gotas

Como **fazer**

1 Misture todos os ingredientes em uma tigela, transfira para um frasco de vidro escuro esterilizado e feche com tampa de rosca ou conta-gotas.

2 Massageie suavemente nas articulações afetadas. Espere a pele absorver antes de se vestir. Guarde o frasco em local fresco e escuro. Dura até 3 meses.

Infusão calmante de milefólio

Os óleos de noz-moscada e de milefólio ajudam a reduzir a inflamação. Acrescentá-los a um banho morno combina o efeito relaxante da temperatura com os benefícios da mistura.

Ingredientes

Rende 15 ml
Óleo base ou leite integral 1 colher (sopa)
Óleo essencial de noz-moscada 3 gotas
Óleo essencial de milefólio 3 gotas
Óleo essencial de lavanda 5 gotas

Como **fazer**

1 Misture todos os ingredientes em uma tigela.

2 Adicione imediatamente ao banho e desfrute da imersão relaxante.

Dores musculares

São comuns e podem afetar diversas partes do corpo. Às vezes, envolvem também ligamentos, tendões e fáscias (os tecidos moles que conectam músculos, ossos e órgãos). Em geral, estão relacionadas a tensão, uso excessivo ou lesão por exercício e movimento. A dor, porém, pode indicar outro problema. Algumas infecções e distúrbios, como o lúpus, afetam tecidos conjuntivos e provocam dor muscular. Outra causa é a fibromialgia, doença que ocasiona sensibilidade nos músculos e nos tecidos ao redor deles, dificuldade para dormir, fadiga e dor de cabeça. Uma massagem localizada ou uma compressa ajudam a reduzir a dor.

Massagem para desfazer nódulos musculares

Uma massagem com óleo essencial auxilia a ativar a circulação, aliviar a dor e reduzir a inflamação. Essa mistura de plai, analgésico, e pimenta--do-reino, estimulante, também pode ser adicionada a um banho com 1 colher (sopa) de leite integral ou óleo base.

Ingredientes

Rende 30 ml
Óleo macerado de arnica 1 colher (sopa)
Óleo de amêndoa doce 1 colher (sopa)
Óleo essencial de plai 5 gotas
Óleo essencial de capim-limão 2 gotas
Óleo essencial de pimenta-do-reino 3 gotas

Como **fazer**

1 Misture todos os ingredientes em uma tigela, transfira para um frasco de vidro escuro esterilizado e feche com tampa de rosca ou conta-gotas.

2 Massageie suavemente na área afetada. Espere a pele absorver antes de se vestir. Guarde o frasco em local fresco e escuro. Dura até 3 meses.

Compressa quente de gengibre

Alternar compressas quentes e frias pode ser uma forma eficaz de lidar com dores. Essa mistura aquecedora de gengibre ativa a circulação e alivia músculos doloridos.

A arnica é eficaz para reduzir contusões.

Ingredientes

Rende 1 compressa
Óleo de amêndoa doce 1 colher (chá)
Óleo essencial de gengibre 7 gotas
Óleo essencial de lavandim 4 gotas
Óleo essencial de alecrim 4 gotas

Como **fazer**

1 Encha uma tigela com água morna e acrescente todos os óleos.

2 Mergulhe um pano limpo na mistura e torça-o.

3 Envolva-o com uma toalha ou filme plástico para isolá-lo. Mantenha a compressa na área afetada até que atinja a temperatura corporal. Repita 3 vezes.

Entorses e distensões

Entorses são rompimentos nos ligamentos, que unem os ossos, e distensões, rupturas em algumas fibras nos tendões ou músculos que se conectam aos ossos. As primeiras são mais graves, e as áreas afetadas podem ficar inflamadas, doloridas e quentes ao toque. O cuidado inicial para ambas é proteção, repouso, gelo, compressa e elevação. Experimente os tratamentos calmantes a seguir.

Compressa anti-inflamatória de capim-limão

Aplique essa compressa fria em caso de entorse. O óleo de capim-limão é analgésico, e os de gengibre e de pimenta-do-reino, anti-inflamatórios.

Ingredientes

Rende 1 compressa
Óleo de amêndoa doce 1 colher (chá)
Óleo essencial de pimenta-do-reino 5 gotas
Óleo essencial de capim-limão 2 gotas
Óleo essencial de gengibre 5 gotas

Como **fazer**

1 Encha uma tigela com água fria e acrescente todos os óleos.

2 Mergulhe um pano limpo na mistura e torça-o.

3 Mantenha a compressa na área afetada até que atinja a temperatura corporal. Repita 3 vezes.

Massagem analgésica de alecrim

Uma massagem com óleos analgésicos e anti-inflamatórios auxilia o tratamento. Aqui, também é usada a arnica, para reduzir contusões e inchaço.

Ingredientes

Rende 30 ml
Óleo macerado de arnica 1 colher (sopa)
Óleo de amêndoa doce 1 colher (sopa)
Óleo essencial de manjerona 5 gotas
Óleo essencial de alecrim 5 gotas
Óleo essencial de tomilho 5 gotas

Como **fazer**

1 Misture todos os ingredientes em uma tigela, transfira para um frasco de vidro escuro esterilizado e feche com tampa de rosca ou conta-gotas.

2 Massageie na área afetada. Espere a pele absorver antes de se vestir. Guarde o frasco em local fresco e escuro. Dura até 3 meses.

Pele e cabelo

A pele é uma **barreira** protetora contra o ambiente externo. Às vezes, ela pode ficar irritada, obstruída, rachada, ser afetada por alterações hormonais ou danificada pelo clima. Óleos essenciais **tonificam**, equilibram e **tratam** diversos problemas, além de **nutrir** e hidratar.

Acne

É um problema comum provocado pela inflamação crônica dos folículos pilosos e glândulas sebáceas. Ela afeta muitas pessoas em algum momento da vida, mas é mais comum na adolescência. As lesões se desenvolvem principalmente no rosto, nas costas e no peito e podem ser cravos pretos e brancos ou pústulas e cistos profundos, inflamados e repletos de pus. Estes às vezes são graves e de longa duração e deixam cicatrizes. É muito importante manter a pele limpa com um produto suave, sem esfregá-la com muita força, para evitar irritação. Os tratamentos calmantes a seguir contribuem para aliviar a pele problemática.

Massagem de lavanda

Óleos regeneradores auxiliam a cicatrizar e a reduzir marcas. A lavanda é antisséptica e calmante. Combinada com a palmarosa, adstringente e anti-inflamatória, ajuda a suavizar a pele inflamada.

Ingredientes

Rende 15 ml
Óleo de gérmen de trigo 1 colher (chá)
Óleo de rosa-mosqueta 1 colher (chá)
Óleo macerado de calêndula 1 colher (chá)
Óleo essencial de palmarosa 3 gotas
Óleo essencial de lavanda 1 gota

Como **fazer**

1 Misture todos os ingredientes em uma tigela, transfira para um frasco de vidro escuro esterilizado e feche com tampa de rosca ou conta-gotas.

2 Massageie no corpo ou rosto. Espere a pele absorver antes de se vestir. Guarde o frasco em local fresco e escuro. Dura até 3 meses.

Sauna facial de limão-siciliano e bergamota

Óleos essenciais podem deixar a acne e as espinhas sob controle ao tratar infecções e reduzir a inflamação. Eles também ajudam a mente, minimizando o estresse e a ansiedade que muitas vezes acompanham problemas de pele. Para uma limpeza profunda dos poros, experimente esse vapor facial. Os efeitos purificadores e tonificantes do limão-siciliano são combinados com as propriedades antissépticas e reguladoras do petitgrain e da bergamota, calmante e antibacteriana.

Ingredientes

Rende 1 sauna facial
Óleo essencial de bergamota 3 gotas
Óleo essencial de limão-siciliano 2 gotas
Óleo essencial de petitgrain 1 gota

Como **fazer**

1 Adicione os óleos essenciais a uma tigela de água quente. Cubra a cabeça com a toalha formando uma tenda sobre o recipiente e incline-se sobre ele.

2 Deixe o vapor agir no rosto por 5 minutos, afastando-se um pouco, se necessário. Lave o rosto com água fria e seque dando batidinhas com uma toalha limpa.

O óleo essencial de limão-siciliano purifica e tonifica a pele irritada.

Massagem de palmarosa

Os óleos essenciais de gerânio e de palmarosa possuem propriedades reguladoras da pele que intervêm nas glândulas sebáceas, auxiliando a reduzir a produção de sebo. Combiná-los com óleos base hidratantes cria uma mistura de massagem nutritiva e tonificante que ajuda a aliviar as lesões.

Ingredientes

Rende 30 ml
Óleo de jojoba 2 colheres (chá)
Óleo de semente de uva 4 colheres (chá)
Óleo essencial de palmarosa 2 gotas
Óleo essencial de gerânio 1 gota

Como **fazer**

1 Misture todos os ingredientes em uma tigela, transfira para um frasco de vidro escuro esterilizado e feche com tampa de rosca ou conta-gotas.

2 Massageie suavemente no corpo ou rosto. Espere a pele absorver antes de se vestir. Guarde o frasco em local fresco e escuro. Dura até 3 meses.

Compressa quente de tea tree

O óleo de tea tree é conhecido pelas propriedades antissépticas, o que o torna excelente opção para problemas dermatológicos. Em uma compressa quente, alivia e limpa a pele. Pode ser aplicado puro em cravos e espinhas como tratamento antisséptico localizado.

Ingredientes

Rende de 20 a 30 tratamentos
Óleo de semente de uva 1 colher (sopa)
Óleo essencial de tea tree 3 gotas
Óleo essencial de cajepute 2 gotas
Óleo essencial de lavanda 1 gota

Como **fazer**

1 Junte todos os óleos. Transfira para um frasco de vidro escuro esterilizado e feche com tampa conta-gotas. Dura até 3 meses.

2 Encha uma tigela com água morna e pingue algumas gotas da mistura. Mergulhe um pano limpo na água e torça-o.

3 Envolva-o com uma toalha ou filme plástico para isolá-lo. Mantenha a compressa na área afetada até que atinja a temperatura corporal. Repita 3 vezes.

Pé de atleta

O pé de atleta é uma micose (doença provocada por fungos). Estes se proliferam em áreas quentes, escuras e úmidas, como os pés, com frequência entre os dedos. A pele pode coçar, ficar avermelhada, escamosa, ressecada, rachada ou com bolhas. Em geral, o problema não apresenta complicações, mas deve ser tratada para impedir que se espalhe ou contamine outras pessoas. Mantenha os pés limpos, seque bem entre os dedos e fique descalço quando possível. Experimente a massagem a seguir para ajudar a combater essa afecção.

Massagem de gerânio para os pés

Óleos essenciais antifúngicos, como os de tea tree e de gerânio, são ideais para tratar pé de atleta. Aqui, eles são misturados com o de lavanda, que cicatriza e regenera a pele.

Ingredientes

Rende 30 ml
Óleo de neem 2 colheres (sopa)
Óleo essencial de gerânio 4 gotas
Óleo essencial de tea tree 4 gotas
Óleo essencial de lavanda 3 gotas

Como **fazer**

1 Misture todos os ingredientes em uma tigela, transfira para um frasco de vidro escuro esterilizado e feche com tampa de rosca ou conta-gotas.

2 Massageie nos pés limpos e secos. Espere a pele absorver antes de colocar meias ou sapatos. Guarde o frasco em local fresco e escuro. Dura até 3 meses.

Hematomas

Manifestam-se como mancha arroxeadas. Aparecem quando os pequenos vasos sanguíneos sob a pele, os capilares, se rompem e o sangue vaza para os tecidos. As manchas vão amarelando ou se tornando esverdeadas até desaparecer. Experimente esses tratamentos.

Compressa refrescante de lavanda

Aplicar uma compressa gelada com óleos de tratamento o mais rápido possível pode ajudar a reduzir hematomas.

Ingredientes

Rende 1 compressa
Óleo de amêndoa doce 1 colher (chá)
Óleo essencial de milefólio 3 gotas
Óleo essencial de lavanda 5 gotas

Como **fazer**

1 Encha uma tigela com gelo e água gelada e acrescente todos os óleos.

2 Mergulhe um pano limpo na mistura e torça-o.

3 Mantenha a compressa na área afetada até que atinja a temperatura corporal. Repita 3 vezes.

Massagem de arnica

O óleo macerado de arnica, ideal para hematomas, é misturado com os óleos regeneradores e rejuvenescedores de immortelle e lavanda para ajudar a atenuar hematomas.

Ingredientes

Rende 30 ml
Óleo macerado de arnica 2 colheres (sopa)
Óleo essencial de immortelle 3 gotas
Óleo essencial de lavanda 3 gotas

Como **fazer**

1 Misture todos os ingredientes em uma tigela, transfira para um frasco de vidro escuro esterilizado e feche com tampa de rosca ou conta-gotas.

2 Massageie suavemente na área afetada. Espere a pele absorver antes de se vestir. Guarde o frasco em local fresco e escuro. Dura até 3 meses.

Odor corporal

Na transpiração, o corpo produz suor, que originalmente é inodoro. As bactérias presentes na pele, porém, o decompõem em ácidos que produzem cheiro desagradável. Óleos desodorizantes ajudam a regular a transpiração e reduzem o incômodo.

Desodorante de limão-siciliano

Os óleos essenciais de grapefruit e de limão-siciliano combinam propriedades desodorizantes fantásticas com um aroma agradável para manter o corpo fresco o dia todo.

Ingredientes

Rende 100 ml
Hamamélis 90 ml
Glicerina 1 colher (chá)
Suco de aloe vera 1 colher (chá)
Óleo essencial de palmarosa 5 gotas
Óleo essencial de limão-siciliano 5 gotas
Óleo essencial de coentro 3 gotas
Óleo essencial de grapefruit 3 gotas

Como **fazer**

1 Misture todos os ingredientes em uma tigela e transfira para um frasco esterilizado com borrifador.

2 Agite bem e aplique nas axilas limpas. Utilize sempre que necessário.

***Uso seguro** Não aplique em pele recém-depilada.*

Gel de banho refrescante de pinho

A melhor maneira de evitar odores desagradáveis é manter limpas e com poucas bactérias as áreas do corpo mais propensas à transpiração, como axilas, pés e genitais. Trocar de roupa e cuidar da higiene diária evita o acúmulo de suor e micro-organismos.

Ingredientes

Rende 30 ml
Óleo essencial de capim-limão 7 gotas
Óleo essencial de pinho 7 gotas
Óleo essencial de vetiver 1 gota
Gel de banho sem perfume 2 colheres (sopa)

Como **fazer**

1 Adicione os óleos essenciais ao gel de banho.

2 Use uma ou duas vezes por dia para refrescar, revitalizar e manter a pele limpa e sem odores.

Eczema e psoríase

O eczema surge quando a pele começa a coçar e fica avermelhada, ressecada e rachada. Muitas vezes, o problema é crônico, embora possa melhorar, sobretudo em crianças. O tipo atópico (o termo se refere à tendência para desenvolver sensibilidade a alérgenos), também conhecido como dermatite atópica, é o mais comum. Ele afeta principalmente

A aloe vera acalma e refresca pele irritada e inflamada.

crianças, mas pode ocorrer em adultos. A causa exata é desconhecida, porém, em geral, ocorre em pessoas propensas a reações alérgicas ou com histórico familiar de alergia e pode ser associado ao estresse. A psoríase é uma doença inflamatória da pele ligada ao estresse e à alimentação. Resulta em crostas vermelhas nos cotovelos, joelhos, couro cabeludo e costas.

Óleos essenciais calmantes ajudam no tratamento eczema e psoríase, auxiliando a controlar a coceira e a reduzir a inflamação.

Compressa calmante de camomila

O óleo de camomila é bastante eficaz no tratamento do eczema por ter efeito anti-inflamatório, enquanto os de sândalo e lavanda são bons para pele seca e com coceira. Aplique essa compressa para acalmá-la.

Ingredientes

Rende 1 compressa
Óleo de girassol ou amêndoa doce 1 colher (chá)
Óleo essencial de camomila-alemã 1 gota
Óleo essencial de lavanda 3 gotas
Óleo essencial de sândalo 3 gotas

Como **fazer**

1 Encha uma tigela com água fria e acrescente todos os óleos.

2 Mergulhe um pano limpo na mistura e torça-o.

3 Mantenha a compressa na área afetada até que atinja a temperatura corporal. Repita 3 vezes.

Sachê de lavanda para banho

Relaxe com essa mistura de flocos e farelo de aveia suavizantes, flores secas e óleos revigorantes. O immortelle acalma erupções com coceira, e o cistus é um adstringente leve que ajuda a tonificar a pele. Você vai precisar de um pedaço de musselina e de uma fita para fazer o sachê.

Ingredientes

Rende 45 g
Flocos de aveia 1 colher (sopa)
Farelo de aveia 1 colher (sopa)
Flores de lavanda secas 1 colher (sopa)
Óleo essencial de imortelle 4 gotas
Óleo essencial de lavanda 4 gotas
Óleo essencial de cistus 1 gota

Como **fazer**

1 Estique o pedaço de musselina e acomode no centro dele os flocos de aveia, o farelo e as flores de lavanda. Acrescente os óleos essenciais.

2 Feche na forma de trouxinha e amarre uma fita para manter todos os ingredientes juntos.

3 Coloque no banho morno e passe na pele para aliviar áreas afetadas.

Difusão antiestresse

A aromaterapia é muito eficaz para reduzir a tensão, ajudando a lidar com casos de psoríase e eczema relacionados ao estresse. Os óleos calmantes dessa receita aliviam a ansiedade agravada por esses problemas.

Ingredientes

Rende 1 difusão
Óleo essencial de cedro 4 gotas
Óleo essencial de olíbano 3 gotas
Óleo essencial de gerânio 2 gotas

Como **fazer**

1 Coloque a mistura de óleos essenciais em um difusor ou vaporizador.

2 Aromatize suavemente o ambiente escolhido.

Pomada para eczema

A camomila e a rosa refrescam e equilibram a pele. Combinadas com uma pomada de base vegetal neutra, podem ser aplicadas nas áreas afetadas para acalmar a coceira.

Ingredientes

Rende 15 ml
Óleo essencial de camomila-romana 3 gotas
Óleo essencial absoluto de rosa 2 gotas
Pomada de base vegetal neutra 1 colher (sopa)

Como **fazer**

1 Misture os óleos essenciais com a pomada.

2 Aplique nas áreas afetadas.

Estrias

São provocadas por ganho de peso excessivo e rápido, que estica a pele e rompe as fibras nas camadas mais profundas, como ocorre na gravidez. As marcas avermelhadas onduladas em geral aparecem nas coxas, seios, abdome e nádegas e embranquecem aos poucos. A massagem tonifica a pele, o que pode limitar os efeitos e a gravidade das estrias. No entanto, elas são permanentes, mesmo esmaecendo com o tempo.

Massagem tonificante

Uma aplicação com óleos nutritivos estimula a renovação das células e melhora o tônus da pele, contribuindo para sua aparência e deixando-a mais macia. Aqui, óleos base hidratantes são misturados com os essenciais de olíbano, tonificante, e os de mandarina e de néroli, regeneradores.

Ingredientes

Rende 30 ml
Óleo de amêndoa doce 1 colher (sopa)
Óleo de gérmen de trigo 1 colher (chá)
Óleo de semente de damasco 1 colher (chá)
Óleo de abacate 1 colher (chá)
Óleo essencial de olíbano 7 gotas
Óleo essencial de mandarina 5 gotas
Óleo essencial de néroli 3 gotas

Como **fazer**

1 Misture todos os ingredientes em uma tigela, transfira para um frasco de vidro escuro esterilizado e feche com tampa de rosca ou conta-gotas.

2 Massageie suavemente na área afetada. Espere a pele absorver antes de se vestir. Guarde o frasco em local fresco e escuro. Dura até 3 meses.

Queimadura de sol

Acontece quando a pele, danificada pelos raios ultravioleta, fica vermelha, dolorida, quente, sensível e com coceira. Depois de alguns dias, começa a descascar. É muito importante evitá-la, pois ela aumenta as chances de problemas sérios, como o câncer de pele. Se ocorrer, mantenha a área afetada fresca e hidratada. Óleos essenciais que acalmam e refrescam são ideais.

Compressa refrescante de lavanda

Os óleos de lavanda e camomila, cicatrizantes, e o de hortelã-pimenta, refrescante, são associados nessa receita para tratar e aliviar a pele queimada sensível.

Ingredientes

Rende 1 compressa
Suco de aloe vera 1 colher (sopa)
Óleo essencial de lavanda 4 gotas
Óleo essencial de hortelã-pimenta 1 gota
Óleo essencial de camomila-alemã 2 gotas

Como **fazer**

1 Encha uma tigela com água gelada e acrescente o suco de aloe vera e os óleos essenciais.

2 Mergulhe um pano limpo na mistura e torça-o.

3 Mantenha a compressa na área afetada até que atinja a temperatura corporal. Repita 3 vezes.

Crosta láctea

Também conhecida como dermatite seborreica infantil, provoca descamação oleosa e amarelada no couro cabeludo de bebês. O problema é inofensivo e, em geral, não provoca coceira nem desconforto. Na maioria dos casos, a cura é espontânea, em algumas semanas ou meses. A causa é desconhecida, mas talvez esteja relacionada ao excesso de sebo. Uma mistura de óleos essenciais com óleo base ou com xampu para bebê sem perfume podem ajudar a resolver.

Massagem suave para o couro cabeludo

Massagear óleo de amêndoa doce ou óleo de oliva no couro cabeludo à noite desprende as crostas. O patchuli é adstringente e tonificante, a palmarosa regula, e a lavanda cicatriza e alivia a área descascada. Essa mistura é adequada para crianças maiores de 12 meses. Para bebês de 3-12 meses, use apenas 1 gota de lavanda; para menores de 3 meses, apenas o óleo de oliva.

Ingredientes

Rende 30 ml
Óleo de oliva 2 colheres (sopa)
Óleo essencial de lavanda 1 gota
Óleo essencial de palmarosa 1 gota
Óleo essencial de patchuli 1 gota

Como **fazer**

1 Misture todos os ingredientes em uma tigela, transfira para um frasco de vidro escuro esterilizado e feche com tampa de rosca ou conta-gotas.

2 Massageie suavemente no couro cabeludo da criança. Deixe durante a noite e, de manhã, use uma escova com cerdas macias para remover com cuidado as crostas soltas antes de lavar com xampu para

bebê. Não cutuque nem remova as que não se soltarem, pois isso pode machucar e causar infecção.

3 Guarde o frasco em local fresco e escuro. Dura até 3 meses.

Xampu de lavanda

Lavar delicadamente o cabelo e o couro cabeludo do bebê com um xampu suave ajuda a prevenir o acúmulo de crostas. O óleo de lavanda, o mais indicado, tem propriedades cicatrizantes.

Ingredientes

Rende 2 aplicações
Óleo essencial de lavanda 2 gotas
Xampu para bebê sem perfume 1 colher (sopa)

Como **fazer**

1 Misture o óleo de lavanda com o xampu.

2 Lave delicadamente o cabelo do bebê, com cuidado para não remover crostas que ainda não se soltaram. Enxágue com água morna.

Caspa

O corpo está sempre eliminando células mortas da pele enquanto novas se formam. Na maior parte dos casos, esse é um processo gradual que passa despercebido. No entanto, quando se intensifica, às vezes produz um acúmulo de células mortas que ficam evidentes e têm má aparência. A caspa é um problema de pele comum que aparece no couro cabeludo ressecado e com coceira e se manifesta com flocos brancos ou acinzentados. Nem sempre se sabe a causa, mas pode ser dermatite seborreica, uma queixa comum em pele oleosa. Alguns fatores a agravam, como o uso exagerado de produtos para o cabelo, estresse emocional e mais ou menos lavagens que o necessário. Os tratamentos a seguir ajudam a hidratar o couro cabeludo.

Massagem revigorante para o couro cabeludo

A ação estimulante da massagem pode ser complementada por óleos essenciais para um tratamento eficaz contra a caspa. O de tomilho tem ação antifúngica útil contra problemas como a caspa, enquanto o de tea tree auxilia a equilibrar a oleosidade e a manter o couro cabeludo saudável.

Ingredientes

Rende 2 aplicações
Óleo de coco (sólido) 1 colher (sopa)
Óleo essencial de tea tree 3 gotas
Óleo essencial de lavanda 2 gotas
Óleo essencial de tomilho 2 gotas

Como **fazer**

1 Derreta o óleo de coco em banho-maria, adicione os óleos essenciais e transfira para um pote de vidro esterilizado. Massageie metade da mistura no couro cabeludo antes de dormir. Cubra o travesseiro com uma toalha para evitar manchas.

2 Deixe agir durante a noite. Aplique xampu antes de molhar o cabelo e enxágue bem.

Enxágue de hortelã-pimenta para o cabelo

Misturar óleos essenciais com ervas secas cria um tônico capilar natural que dá brilho e ajuda a tonificar e equilibrar a oleosidade do couro cabeludo e a controlar a caspa. Adicionar a hortelã calmante ao alecrim estimulante condiciona o couro cabeludo e combate o problema.

Ingredientes

Rende 45 ml
Hortelã-pimenta seca 1 colher (sopa)
Alecrim seco 1 colher (sopa)
Óleo essencial de hortelã-pimenta 2 gotas
Óleo essencial de alecrim 1 gota
Vinagre de maçã 1 colher (sopa)

Como **fazer**

1 Para fazer a infusão, coloque as ervas secas em um bule e adicione 200 ml de água fervente. Deixe por 10 minutos e coe o líquido.

2 Junte os óleos essenciais ao vinagre de maçã e adicione a mistura à infusão de ervas.

3 Use como enxágue após o xampu. Finalize com água morna.

O tomilho apresenta propriedades antifúngicas.

Reações alérgicas

O sistema imunológico tem a função de **proteger** o organismo contra agentes externos prejudiciais. Às vezes, porém, o corpo desenvolve **sensibilidade** a uma substância inofensiva e reage como se ela fosse perigosa, liberando histamina, que desencadeia uma reação alérgica. Óleos essenciais podem **amenizar** o problema e **aliviar** os sintomas.

Alergias e rinite

Alergia é a reação do corpo a um alimento ou substância específicos, conhecidos como alérgenos. É mais comum em crianças, e sua gravidade varia. Na maioria dos casos, é leve, mas, às vezes, pode ocorrer uma reação grave, chamada anafilaxia ou choque anafilático, o que exige tratamento urgente. Em geral, reações alérgicas podem ser mantidas sob controle tomando alguns cuidados. Alérgenos comuns incluem ácaros, medicamentos, pelos de animais e alimentos como oleaginosas, frutos do mar, frutas e leite de vaca.

A rinite é uma reação alérgica ao pólen comum nos meses mais quentes. Muitos tipos de pólen são liberados pelas plantas em diferentes épocas do ano, podendo provocar sintomas como espirro, coriza e coceira nos olhos. Tratamentos com óleos calmantes ajudam a controlá-los.

Inalação purificadora de eucalipto

Óleos essenciais podem auxiliar a desobstruir as vias respiratórias. Aqui, o aroma intenso do eucalipto se combina com a ravensara em um descongestionante eficaz. A adição da lavanda, calmante, ameniza o estresse e a ansiedade gerados pela reação alérgica.

Ingredientes

Rende 1 inalação
Óleo essencial de *Eucalyptus radiata* 5 gotas
Óleo essencial de lavanda 3 gotas
Óleo essencial de ravensara 2 gotas

Como **fazer**

1 Adicione os óleos essenciais a uma tigela com água quente. Cubra a cabeça com uma toalha, formando uma tenda sobre o recipiente, e incline-se sobre ele. Crianças e asmáticos não devem cobrir a cabeça.

2 Inale o vapor por 5 minutos, fazendo uma pausa, se necessário.

Bálsamo de camomila para o nariz

Óleos essenciais calmantes são uma maneira simples e eficaz de reduzir os sintomas da rinite e da alergia, retendo o pólen e aliviando a pele irritada.

Ingredientes

Rende de 20 a 30 aplicações
Cera de abelha em flocos 1 colher (sopa)
Óleo de girassol 1 colher (sopa)
Óleo essencial de camomila-romana 1 gota
Óleo essencial de lavanda 1 gota
Óleo essencial de hortelã-pimenta 1 gota

Como **fazer**

1 Derreta a cera e o óleo de girassol em banho-maria.

2 Adicione os óleos essenciais e misture. Transfira para um pote esterilizado, deixe esfriar e feche.

3 Aplique o bálsamo ao redor do nariz quando precisar aliviar a pele irritada.

A camomila tem efeito anti-inflamatório que acalma a pele.

Mente e bem-estar

O estresse é uma queixa comum e às vezes tem efeito profundo na saúde mental. Mudar um estilo de vida sobrecarregado ajuda a **combater o problema**, e óleos essenciais podem ser de grande ajuda, pois os benefícios terapêuticos atuam de maneira **holística** para **amenizar** e acalmar as emoções, atenuar a ansiedade e a tensão e **equilibrar humores**, aumentando a sensação de bem-estar.

Ansiedade

A ansiedade afeta quase todas as pessoas em algum momento. A sensação de inquietação ou preocupação leve ou grave é uma resposta normal às tensões da vida, como ao fazer uma prova, enfrentar um exame médico ou participar de uma entrevista de emprego. No entanto, caso seja difícil controlar a preocupação e a sensação se torne constante, convém conversar com o médico. Usar óleos em um difusor cria uma atmosfera reconfortante e calma.

Difusão de melissa

Diversos óleos relaxantes para reduzir a ansiedade podem ser usados em uma massagem ou no banho ou difundidos em um cômodo para criar um ambiente tranquilo.

Ingredientes

Rende 1 difusão
Óleo essencial de melissa 5 gotas
Óleo essencial de limão-siciliano 3 gotas
Óleo essencial de cipreste 3 gotas
Óleo essencial de bergamota 2 gotas

Como **fazer**

1 Coloque a mistura de óleos essenciais no difusor ou vaporizador.

2 Aromatize suavemente o ambiente escolhido.

Depressão

Eventos e experiências difíceis às vezes geram desânimo. Se essa sensação persistir, pode se tornar depressão. Algumas causas comuns são problemas de relacionamento, luto, dificuldade para dormir (em consequência, por exemplo, de estresse ou preocupação), tensão no trabalho, *bullying* e doença ou dor crônica. Em certos casos, no entanto, não há motivo aparente. A depressão também pode ocorrer em momentos específicos da vida, como após o nascimento de um filho ou durante o inverno.

Tristeza por duas semanas ou mais pode ser sinal de depressão. Outros sintomas incluem falta de esperança e prazer com a vida, cansaço ou ausência de energia, incapacidade de se concentrar em tarefas cotidianas, como ler o jornal ou assistir à televisão, compulsão alimentar ou perda de apetite, dormir mais que o normal ou apresentar insônia, ter ideias suicidas ou pensar em se ferir. É sempre importante conversar com o médico a respeito, caso sinta alguns desses sintomas e a tristeza permaneça por um longo período.

Óleos essenciais terapêuticos podem ser muito benéficos para afastar sentimentos depressivos e trazer uma sensação de calma que dissipa a ansiedade e a tensão.

Difusão calmante

Óleos essenciais podem ser ótimos tratamentos para proporcionar apoio emocional. Nessa difusão, o olíbano calmante ajuda a animar e é especialmente útil em caso de cansaço ou sobrecarga; a mandarina contribui para amenizar o desgaste nervoso, promovendo o relaxamento; e o néroli revigorante auxilia a equilibrar as emoções e é eficaz para aliviar o estresse.

Ingredientes

Rende 1 difusão
Óleo essencial de olíbano 5 gotas
Óleo essencial de néroli 3 gotas
Óleo essencial de mandarina 2 gotas

Como **fazer**

1 Coloque a mistura de óleos essenciais no difusor ou vaporizador.

2 Aromatize suavemente o ambiente escolhido.

Luto e choque

Épocas de crise e perturbação emocional às vezes envolvem algum tipo de perda, como a morte de um ente querido ou o fim de um casamento ou relacionamento importante. A maioria das pessoas sofre nessas circunstâncias. O luto pode parecer insuportável, mas é um processo pelo qual é preciso passar. As reações à perda variam, porém o luto em geral consiste em ansiedade e desamparo, raiva e tristeza. Finalmente, a pessoa se adapta à perda e, embora os sentimentos possam permanecer intensos, eles se tornam menos frequentes. Os óleos essenciais podem ser úteis nesse período, contribuindo para elevar o ânimo e acalmar as emoções.

"Resgate" de néroli

Considerado o "tratamento de resgate" entre os óleos essenciais, o néroli é particularmente eficaz em períodos de luto e choque. Aqui, os efeitos são complementados pela bergamota, revigorante, e pelo petitgrain, calmante. Disperse a mistura a seu redor para ajudar a amenizar as emoções e reduzir a ansiedade.

Ingredientes

Rende 1 difusão
Óleo essencial de néroli 5 gotas
Óleo essencial de petitgrain 3 gotas
Óleo essencial de bergamota 2 gotas

Como **fazer**

1 Coloque a mistura de óleos essenciais no difusor ou vaporizador.

2 Aromatize suavemente o ambiente escolhido.

Massagem calmante de rosa e gerânio

Óleos essenciais com propriedades revigorantes são muito úteis para ajudar a lidar com o luto. O gerânio revitaliza e acalma ao mesmo tempo, o que afasta os sentimentos de depressão que costumam acompanhar essa circunstância. O olíbano também auxilia a elevar o ânimo, e o aroma da rosa promove o relaxamento, reduz a ansiedade e libera a tensão, criando uma sensação de bem-estar.

Ingredientes

Rende 30 ml
Óleo de amêndoa doce 2 colheres (sopa)
Óleo essencial de olíbano 4 gotas
Óleo absoluto ou essencial de rosa 3 gotas
Óleo essencial de gerânio 1 gota

Como **fazer**

1 Misture todos os ingredientes em uma tigela, transfira para um frasco de vidro escuro esterilizado e feche com tampa de rosca ou conta-gotas.

2 Massageie no corpo (evite o rosto). Espere a pele absorver antes de se vestir. Guarde o frasco em local fresco e escuro. Dura até 3 meses.

Banho revigorante de jasmim

Essa combinação de óleos proporciona uma infusão revitalizante que transmite uma sensação de bem-estar. O óleo absoluto ou essencial de jasmim ajuda a aumentar o otimismo, combatendo os sentimentos de apatia; o sândalo promove um sono reparador e auxilia a restaurar a vitalidade.

Ingredientes

Rende 15 ml
Óleo de amêndoa doce ou leite integral 1 colher (sopa)
Óleo essencial de sândalo 4 gotas
Óleo absoluto ou essencial de jasmim 4 gotas
Óleo essencial de grapefruit 2 gotas

Como **fazer**

1 Misture todos os ingredientes em uma tigela.

2 Adicione imediatamente ao banho e desfrute da imersão revitalizante e calmante.

Estresse e insônia

O estresse é um dos principais problemas de saúde do mundo ocidental,

responsável por muitas doenças. Pode ser provocado por diversos fatores e afeta os indivíduos mental e fisicamente. A resposta natural do corpo é controlada pelo sistema nervoso autônomo e envolve a liberação dos hormônios adrenalina e cortisol, que também controlam o mecanismo de luta e fuga – a reação natural a perigo ou ameaça. Embora um pouco de estresse seja benéfico, ajudando a manter a motivação, ele se torna um problema quando interfere no humor, na digestão e no sono. Experimente esses tratamentos relaxantes que auxiliam a espairecer e liberar a tensão.

Massagem desestressante de sálvia esclareia

Usar óleos essenciais terapêuticos em uma mistura para massagem é uma forma excelente de ajudar o corpo a lidar com o estresse crônico, relaxar e melhorar a qualidade do sono em caso de insônia. Aproveite essa receita também em um banho calmante antes de dormir. Adicione os óleos essenciais a 1 colher (sopa) de óleo base ou leite integral e disperse imediatamente na água para uma imersão relaxante.

Ingredientes

Rende 30 ml
Óleo de amêndoa doce 2 colheres (sopa)
Óleo essencial de sálvia esclareia 5 gotas
Óleo essencial de olíbano 5 gotas
Óleo essencial de gerânio 5 gotas

Como **fazer**

1 Misture todos os ingredientes em uma tigela, transfira para um frasco de vidro escuro esterilizado e feche com tampa de rosca ou conta-gotas.

2 Massageie no corpo (evite o rosto). Espere a pele absorver antes de se vestir. Guarde o frasco em local fresco e escuro. Dura até 3 meses.

Difusão calmante de litsea e bergamota

O óleo essencial de litsea é ótimo para eliminar o estresse. As propriedades calmantes normalizam o batimento cardíaco acelerado que acompanha o estresse e o pânico e ajudam a pensar coerentemente. A bergamota transmite firmeza e ajuda a equilibrar a mente. A adição da laranja revigorante intensifica o efeito da mistura.

Ingredientes

Rende 1 difusão
Óleo essencial de litsea 6 gotas
Óleo essencial de laranja 4 gotas
Óleo essencial de bergamota 4 gotas

Como **fazer**

1 Coloque a mistura de óleos essenciais no difusor ou vaporizador.

2 Aromatize suavemente o ambiente de sua escolha.

Spray noturno de ylang ylang

Se o estresse e a ansiedade provocam insônia ou dificuldade de relaxar para dormir e o despertar traz atordoamento, experimente esse spray relaxante. Os óleos essenciais calmantes de camomila e de rosa são combinados com o de ylang ylang revigorante, de aroma adocicado, que ajuda a tranquilizar a respiração. O vetiver transmite firmeza e também aquieta em momentos de estresse intenso.

Ingredientes

Rende 30 ml
Óleo essencial de ylang ylang 6 gotas
Óleo essencial de rosa 6 gotas
Óleo essencial de vetiver 2 gotas
Óleo essencial de camomila-romana 1 gota

Como **fazer**

1 Misture os óleos essenciais com 2 colheres (sopa) de água gelada e transfira para um frasco esterilizado com borrifador.

2 Agite bem e disperse no quarto antes de dormir, evitando espirrar em tecidos.

O gerânio ajuda a acalmar a mente ocupada e estressada.

Saúde da mulher

Os hormônios femininos passam por diversas mudanças ao longo da vida, o que provoca sintomas físicos e **emocionais**. Muitos deles melhoram com a ajuda de óleos essenciais. Em uma mistura para massagem, podem aliviar a retenção de líquido antes da menstruação; os **calmantes amenizam** a tensão pré-menstrual; e os revigorantes são bons para amenizar a depressão pós-parto e os sintomas da menopausa.

Sintomas da tensão pré--menstrual (TPM)

Muitas mulheres passam por um turbilhão de sintomas emocionais e físicos antes da menstruação. Para algumas, eles são leves, ocorrendo por apenas alguns dias; para outras, mais intensos, podendo começar até duas semanas antes.

Os sintomas físicos da TPM incluem retenção de líquido e inchaço, fadiga, sensibilidade nos seios, dor na lombar e desconforto abdominal; os emocionais, ansiedade geral, irritabilidade, estresse e mau humor. Óleos essenciais terapêuticos ajudam a aliviar problemas pré-menstruais, pois sua natureza holística auxilia no cuidado de todos os sintomas, aliviando problemas físicos e proporcionando apoio, ao acalmar e equilibrar as emoções.

Compressa de zimbro para retenção de líquido

Óleos essenciais com ação diurética leve, como os de zimbro, gerânio e erva-doce, são eficazes para eliminar toxinas e reduzir a retenção de líquido e o inchaço desagradáveis, normais antes da menstruação. Além dos benefícios físicos, também aliviam sintomas emocionais da TPM. O zimbro ajuda a revitalizar o ânimo e acalmar a tensão nervosa, e o gerânio equilibra as emoções, o que pode acabar com oscilações de humor. Uma compressa quente ou fria com essa mistura de óleos essenciais é um tratamento pré-menstrual calmante e eficiente. Evite-a durante a gravidez.

Ingredientes

Rende 1 compressa

Óleo de amêndoa doce 1 colher (chá)
Óleo macerado de calêndula 2 colheres (chá)
Óleo de gérmen de trigo 1 colher (chá)
Óleo essencial de zimbro 5 gotas
Óleo essencial de erva-doce 5 gotas
Óleo essencial de gerânio 5 gotas

Como **fazer**

1 Encha uma tigela com água quente ou gelada, de acordo com sua preferência, e acrescente todos os óleos.

2 Mergulhe um pano limpo na mistura e torça-o.

3 Se for uma compressa quente, envolva o pano com uma toalha ou filme plástico para isolá-lo. Mantenha a compressa na área que exige tratamento até que atinja a temperatura corporal. Repita 3 vezes.

Banho de rosa e gerânio

A tensão pré-menstrual pode ser estressante e cansativa, pois as mudanças hormonais provocam oscilações repentinas de humor, tornando o nervosismo e a ansiedade mais difíceis de suportar. Essa infusão de óleos essenciais acalma e favorece a concentração e a alegria.

Ingredientes

Rende 15 ml

Óleo base ou leite integral 1 colher (sopa)
Óleo essencial de rosa 5 gotas
Óleo essencial de sálvia esclareia 2 gotas
Óleo essencial de gerânio 2 gotas

Como **fazer**

1 Misture todos os ingredientes em uma tigela.

2 Adicione imediatamente ao banho quente e desfrute da imersão revigorante.

Gravidez

Muitos óleos essenciais não são recomendados durante essa fase (ver pp. 38-145), mas alguns são seguros e ajudam a relaxar e a tratar determinados sintomas característicos. Zimbro, mandarina, rosa, alecrim, manjerona e néroli são bastante usados na gravidez. Consulte na p. 37 a lista de óleos seguros nesse período.

Massagem nutritiva para grávidas

Permita-se uma massagem facial calmante ou para aliviar dor nas costas. Limite-se a diluições a 1%, pois o olfato fica mais aguçado durante a gravidez. Essa mistura nutre a pele e melhora sua elasticidade. Usada todos os dias a partir do quinto mês, também ajuda a prevenir estrias. É recomendável não usar óleos essenciais até passar o primeiro trimestre (a menos que recomendado por um aromaterapeuta profissional).

Ingredientes

Rende 30 ml
Óleo de amêndoa doce 1 colher (sopa)
Óleo de gérmen de trigo 1 colher (sopa)
Óleo essencial de mandarina 2 gotas
Óleo essencial de lavanda 2 gotas
Óleo essencial de néroli 2 gotas

Como **fazer**

1 Misture todos os ingredientes em uma tigela, transfira para um frasco de vidro escuro esterilizado e feche com tampa de rosca ou conta-gotas.

2 Massageie suavemente na pele. Espere absorver antes de se vestir. Guarde o frasco em local fresco e escuro. Dura até 3 meses.

Puerpério e menopausa

Oscilações hormonais após o parto podem afetar o humor, causando melancolia e, às vezes, uma prolongada depressão pós-parto. De modo semelhante, mudanças hormonais na menopausa alteram o humor, provocando irritabilidade e depressão. A mulher também apresenta diversos sintomas físicos nesse período da vida – as ondas de calor repentinas são um dos mais conhecidos. Óleos essenciais calmantes e relaxantes ajudam a aliviar esses desconfortos e a elevar o ânimo.

Blend para ondas de calor e irritabilidade

Essa refrescante mistura de óleos é ideal para ondas de calor e irritabilidade geral. A bergamota é útil para quando o corpo está superaquecido. A camomila-romana acalma e alivia, enquanto a rosa e o gerânio favorecem o bem-estar.

Ingredientes

Rende 90 ml
Óleo essencial de bergamota 5 gotas
Óleo absoluto de rosa 5 gotas
Óleo essencial de gerânio 2 gotas
Óleo essencial de camomila-romana 2 gotas

Como **fazer**

1 Acrescente os óleos a 90 ml de água e transfira para um frasco com borrifador.

2 Aplique no rosto para enfrentar ondas de calor, espalhe em um cômodo para criar uma atmosfera calma ou coloque no difusor ou vaporizador para aromatizar o ambiente.

Massagem reguladora de hormônios com erva-doce

Esta combinação equilibra e fortalece. Evite-a durante a gravidez.

Ingredientes

Rende 30 ml
Óleo de amêndoa doce 2 colheres (sopa)
Óleo essencial de erva-doce 3 gotas
Óleo absoluto de rosa 5 gotas
Óleo essencial de gerânio 5 gotas

Como **fazer**

1 Misture todos os ingredientes em uma tigela, transfira para um frasco de vidro escuro esterilizado e feche com tampa de rosca ou conta-gotas.

2 Massageie suavemente no corpo (evite o rosto). Espere a pele absorver antes de se vestir. Guarde o frasco em local fresco e escuro. Dura até 3 meses.

A rosa tem aroma calmante e revigorante.

Saúde do homem

Os homens também sofrem de problemas específicos. A saúde da próstata é importante para eles, e os efeitos do estresse podem ser significativos. Óleos essenciais apresentam benefícios evidentes para esses casos. Terapias **holísticas** para o **corpo** e a **mente** ajudam a amenizar os efeitos negativos da tensão, e óleos antissépticos e diuréticos **complementam o tratamento médico** para combater problemas de próstata.

Saúde do coração e estresse

Doenças cardiovasculares estão entre as principais causas de morte entre os homens. De modo genérico, a saúde do coração pode melhorar com exercício físico regular, dieta saudável e balanceada, abandono do cigarro e adoção de estratégias para reduzir e controlar o estresse cotidiano. Veja nas pp. 222-3 outros tratamentos relacionados a esse aspecto. Óleos essenciais apresentam diversas propriedades que ajudam a cuidar de problemas associados, como hipertensão e má circulação.

Mistura para banho de bergamota e néroli

Essa mistura pode ser usada em uma massagem ou adicionada a um gel de banho, e os óleos essenciais, colocados no difusor ou vaporizador. Aqui, eles são combinados em um banho morno para ajudar a diminuir a tensão e combater os efeitos do estresse e da ansiedade.

Ingredientes

Rende 15 ml
Óleo de amêndoa doce 1 colher (sopa)
Óleo essencial de bergamota 5 gotas
Óleo essencial de néroli 2 gotas
Óleo essencial de sândalo 5 gotas

Como **fazer**

1 Misture todos os ingredientes em uma tigela.

2 Adicione imediatamente ao banho e desfrute da imersão relaxante.

Problemas na próstata

Eles são cada vez mais comuns. Essa glândula pode aumentar, muitas vezes por infecção bacteriana. Óleos essenciais anti-inflamatórios e antissépticos ajudam a diminuir o inchaço e a eliminar as bactérias. É importante que os homens façam exames regularmente para que alterações de tamanho sejam notadas e o tratamento necessário possa ser aplicado.

Massagem para a próstata

O olíbano, antisséptico e anti-inflamatório, é combinado com a mirra e o alecrim, antibacteriano, formando uma mistura para massagem que auxilia a ativar a circulação e melhorar a saúde da próstata.

Ingredientes

Rende 15 ml
Óleo de amêndoa doce 1 colher (sopa)
Óleo essencial de alecrim 1 gota
Óleo essencial de olíbano 1 gota
Óleo essencial de mirra 1 gota

Como **fazer**

1 Misture todos os ingredientes em uma tigela, transfira para um frasco de vidro escuro esterilizado e feche com tampa de rosca ou conta-gotas.

2 Massageie suavemente na área ao redor e abaixo dos genitais. Espere a pele absorver antes de se vestir. Guarde o frasco em local fresco e escuro. Dura até 3 meses.

A bergamota ajuda a aliviar a ansiedade e a dissipar a tensão.

Primeiros socorros

Óleos essenciais são úteis no kit de primeiros socorros. Eles agem como antissépticos para cortes e contribuem para **acalmar** pele irritada, picadas e diferentes tipos de queimaduras. Alguns, como o de tea tree, podem ser aplicados puros para proteger feridas de infecções, enquanto óleos **refrescantes** e **térmicos** ajudam a enfrentar calor e frio.

Bolhas

Surgem, com frequência, após uma queimadura, escaldadura, fricção repetitiva ou picada de inseto. Doloridas e irritantes, desenvolvem-se quando há acúmulo de líquido sob a pele. Quando esta se rompe, o tecido abaixo é exposto, fica sensível e pode infeccionar.

Unguento de tea tree e lavanda

A aplicação regular de óleo essencial de lavanda diretamente na área afetada evita o rompimento e ajuda a reduzir o inchaço, prevenir infecção e aliviar a dor.

Ingredientes

Rende 1 aplicação
Óleo essencial de tea tree 1 gota
Óleo essencial de lavanda 1 gota

Como **fazer**

1 Aplique os óleos essenciais diretamente na bolha com cotonete.

2 Proteja com um curativo para não lesionar o local e reduzir o risco de infecção.

Insolação e febre

A insolação ocorre quando o excesso de calor ou sol provoca letargia, tontura, náusea, vômito e dor de cabeça. A pessoa afetada deve ser levada a um local fresco e beber água.

A febre é uma defesa do corpo contra infecções. Consulte o médico caso a temperatura suba rápido demais.

Compressa refrescante

Resfrie o corpo com esse tratamento.

Ingredientes

Rende 1 compressa
Hamamélis 1 colher (sopa)
Óleo essencial de hortelã-pimenta 2 gotas
Óleo essencial de lavanda 3 gotas

Como **fazer**

1 Encha uma tigela com água gelada e acrescente a hamamélis e os óleos.

2 Mergulhe um pano limpo na mistura e torça-o.

3 Mantenha a compressa na pele até que atinja a temperatura corporal. Repita 3 vezes.

Picadas de inseto

A gravidade das picadas depende do tipo de inseto e da sensibilidade da pessoa. Uma reação alérgica séria exige assistência médica imediata.

Compressa de lavanda

Esse tratamento calmante reduz a coceira.

Ingredientes

Rende 1 compressa
Hamamélis 1 colher (sopa)
Óleo essencial de lavanda 3 gotas
Óleo essencial de camomila-romana 1 gota

Como **fazer**

1 Encha uma tigela com água gelada e acrescente a hamamélis e os óleos.

2 Mergulhe um pano limpo na mistura e torça-o.

3 Mantenha a compressa na área afetada até que atinja a temperatura corporal. Repita 3 vezes.

Guia de tratamentos

Óleos essenciais são versáteis e às vezes é difícil decidir qual apresenta as propriedades adequadas para necessidades específicas. As tabelas de referência a seguir foram elaboradas para ajudar a localizar os mais apropriados. Nas pp. 244-6 estão listados óleos para problemas comuns. Na p. 247 há recomendações para a mente e o bem-estar e para o uso cosmético.

Problemas **comuns**

Problemas comuns incluem distúrbios crônicos que exigem tratamento de longo prazo, como artrite, depressão e estresse; desconfortos ocasionais, como dor de cabeça e diarreia; acidentes que necessitam de primeiros socorros; problemas de pele, como eczema, pé de atleta e caspa; e incômodos relacionados à menstruação e à menopausa. Essa tabela auxilia a identificar com facilidade quais óleos essenciais são recomendados para tratar problemas específicos. Consulte sempre um médico a respeito dos sintomas e use-os como tratamento complementar a medicamentos, quando necessário. Para mais informações sobre cada óleo, confira as pp. 40-145.

ÓLEOS **TERAPÊUTICOS**

Alguns óleos essenciais têm propriedades específicas para tratar determinado problema. Este capítulo mostra como utilizá-los em massagens, compressas, inalações e pomadas.

Problema	Óleos essenciais recomendados
Alergias	Milefólio, immortelle, lavanda, camomila
Apetite, perda de	Buchu, galanga, endro, estragão, canela, limão-siciliano, capim-limão, erva-doce, wintergreen, litsea, hortelã-pimenta, noz-moscada, gengibre
Artrite	Milefólio, cidrão, artemísia, bétula, olíbano, cedro, cipreste, wintergreen, immortelle, anis-estrelado, zimbro, lavanda, noz-moscada, manjerona, semente de salsa, pimenta-do-reino, benjoim, plai, gengibre
Asma	Olíbano, alcaravia, limão-siciliano, eucalipto, lavanda, camomila-romana, niaouli, melissa, hortelã-pimenta, murta, sândalo, cravo-da-índia
Boca e gengiva	Cistus, mirra, cardamomo, erva-doce, tea tree, hortelã-pimenta, noz-moscada, cravo-da-índia
Bolhas	Lavanda, tea tree
Caspa	Bétula, cedro, limão-taiti, limão-siciliano, wintergreen, zimbro, louro, lavanda, tea tree, hortelã-pimenta, gerânio, alecrim, sálvia, tomilho
Crosta láctea	Palmarosa, lavanda, patchuli
Depressão	Olíbano, ylang ylang, cedro, canela, néroli, bergamota, mandarina, laranja, capim-limão, immortelle, jasmim, litsea, manjericão, gerânio, tuberosa, ravintsara, sálvia esclareia, benjoim

Problema	Óleos essenciais recomendados
Diarreia	Néroli, mandarina, cipreste, eucalipto, erva-doce, camomila, hortelã-pimenta, pimenta-do-reino, gengibre
Dor de cabeça e enxaqueca	Pau-rosa, grapefruit, coentro, capim-limão, eucalipto, louro, lavanda, melissa, hortelã--pimenta, manjerona, alecrim, gengibre
Dor muscular	Eucalipto, lavanda, hortelã-pimenta, noz-moscada, alecrim, cravo-da-índia, tomilho, gengibre
Dor nas costas e no pescoço	Estragão, coentro, cânfora, grapefruit, louro, lavanda, niaouli, manjerona, gerânio, pimenta-da-jamaica, pimenta-do-reino, alecrim, gengibre
Eczema e psoríase	Milefólio, olíbano, cedro, cistus, cominho, immortelle, zimbro, lavanda, camomila-romana, melissa, gerânio, sândalo, benjoim, feno-grego
Enjoo e náusea	Buchu, cidrão, galanga, endro, mandarina, cardamomo, litsea, camomila-romana, melissa, hortelã-pimenta, noz-moscada, semente de salsa, pimenta-da-jamaica, pimenta-do-reino, rosa, sálvia esclareia, feno-grego, gengibre
Entorses e distensões	Capim-limão, manjerona, pimenta-do-reino, alecrim, tomilho, gengibre
Estresse e ansiedade	Olíbano, ylang ylang, cedro, néroli, petitgrain, bergamota, limão-siciliano, mandarina, laranja, jasmim, lavanda, litsea, camomila, melissa, manjericão, manjerona, gerânio, patchuli, rosa, alecrim, sálvia esclareia, sândalo, vetiver
Hematomas	Milefólio, lavanda
Hipertensão arterial	Ylang ylang, cominho, lavanda, manjerona, sálvia esclareia, valeriana
Infecções no trato urinário	Lavanda, camomila-romana, hortelã-pimenta
Insolação e febre	Limão-taiti, bergamota, lavanda, melissa, hortelã-pimenta, vetiver
Insônia	Milefólio, endro, néroli, petitgrain, bergamota, limão-siciliano, laranja, anis-estrelado, louro, lavanda, camomila-romana, noz-moscada, murta, manjerona, pimenta-da-jamaica, tuberosa, sândalo, valeriana, vetiver

Óleos essenciais são bons complementos para o kit de primeiros socorros de sua casa.

O uso terapêutico de óleos em inalações a vapor é uma excelente maneira de aliviar a congestão.

Problema	Óleos essenciais recomendados
Luto	Olíbano, cistus, néroli, petitgrain, bergamota, gerânio, rosa
Odor corporal	Galanga, estragão, petitgrain, limão-siciliano, grapefruit, coentro, cipreste, capim-limão, palmarosa, cardamomo, anis-estrelado, manuka, litsea, pinho, sálvia, vetiver
Ondas de calor	Bergamota, camomila-romana, gerânio, rosa, sálvia esclareia
Pé de atleta	Galanga, cedro, capim-limão, palmarosa, eucalipto, wintergreen, anis-estrelado, lavanda, manuka, tea tree, cajepute, orégano, gerânio, patchuli, segurelha, tagetes, tomilho
Picadas de inseto	Limão-taiti, lavanda, manuka, camomila-romana, melissa, hortelã-pimenta, pimenta-da-jamaica, patchuli, segurelha
Prisão de ventre	Laranja, erva-doce, manjerona, hortelã-pimenta, pinho, pimenta-do-reino, alecrim
Próstata	Olíbano, mirra, alecrim
Queimaduras de sol	Bergamota, camomila-romana, lavanda, tea tree
Refluxo e indigestão	Endro, mandarina, coentro, cardamomo, erva-doce, camomila, hortelã-pimenta, manjericão, semente de salsa, gengibre
Retenção de líquido	Milefólio, buchu, endro, cedro, cistus, limão-taiti, limão-siciliano, grapefruit, madarina, laranja, cipreste, semente de cenoura, zimbro, gerânio, semente de salsa, alecrim
Tensão pré-menstrual	Erva-doce, zimbro, manjerona, gerânio, rosa, sálvia esclareia
Tosse e resfriado	Olíbano, cedro, limão-siciliano, cipreste, eucalipto, erva-doce, immortelle, lavanda, tea tree, hortelã-pimenta, manjerona, pinho, ravintsara, alecrim, sálvia esclareia, tomilho
Varizes/hemorroidas	Limão-siciliano, cipreste, immortelle, zimbro, gerânio

Cada óleo essencial apresenta diversas propriedades terapêuticas.

***Adicione óleos essenciais** a bálsamos e cremes para criar tratamentos e cosméticos nutritivos.*

Mente e **bem-estar**

Um elemento importante da aromaterapia é a possibilidade de tratamento holístico, indo além dos sintomas isolados e curando o corpo e a mente. Quando óleos são usados para relaxar ou para energizar, por exemplo, também ajudam o organismo a lidar com outros desconfortos. A tabela à direita indica óleos fundamentais para o bem-estar mental e físico.

Objetivo	Óleos essenciais recomendados
Acalmar e suavizar	Ylang ylang, cipreste, palmarosa, immortelle, lavanda, camomila, patchuli, rosa, sálvia esclareia, sândalo
Animar	Limão-taiti, néroli, petitgrain, bergamota, limão-siciliano, grapefruit, laranja, capim-limão, palmarosa, litsea, melissa, hortelã-pimenta, gerânio, rosa
Concentrar e ter foco	Cardamomo, hortelã-pimenta, manjericão, tomilho
Energizar	Capim-limão, zimbro, pinho, alecrim, cravo-da-índia, tomilho
Estimular e revigorar	Citronela, manjericão, pimenta-do-reino, alecrim, gengibre
Aquecer	Canela, noz-moscada, manjerona, pimenta-do-reino, cravo-da-índia
Relaxar	Ylang ylang, néroli, laranja, lavanda, rosa, sândalo, vetiver

*O **sândalo** tem propriedades calmantes e restauradoras.*

Tratamentos **cosméticos**

Óleos essenciais podem desempenhar papel fundamental nesse tipo de produto, pois suas propriedades equilibram e regeneram a pele. A tabela à direita ajuda a escolhê-los e a personalizar misturas adequadas aos diversos tipos de pele. Ao usá-los em tratamentos estéticos, dilua-os primeiro em um óleo base ou adicione-os a uma base de creme ou loção. O capítulo "Receitas variadas" mostra como fazer cosméticos com esses produtos.

Problema	Óleos essenciais recomendados
Cabelo seco/oleoso	Cedro, grapefruit, tea tree, alecrim
Cicatrizes/estrias	Olíbano, néroli, mandarina, palmarosa, jasmim, lavanda, patchuli, sândalo, vetiver, plai
Pele oleosa ou acneica	Ylang ylang, petitgrain, bergamota, limão-taiti, néroli, limão-siciliano, mandarina, cipreste, palmarosa, zimbro, louro, lavanda, tea tree, niaouli, gerânio, rosa, alecrim, sálvia esclareia, sândalo
Pele seca e madura	Olíbano, ylang ylang, néroli, palmarosa, jasmim, lavanda, camomila, patchuli, rosa, sândalo
Pele sensível	Néroli, immortelle, lavanda, camomila, sândalo

*O **zimbro** tem efeito adstringente, ideal para limpar pele propensa a acne.*

Glossário

Absoluto Óleo aromático concentrado obtido de uma única fonte vegetal por extração com solvente, que desaparece após o processo. Pode ser utilizado como óleo essencial.

Adaptógeno Substância que relaxa ou estimula para ajudar a equilibrar os sistemas do organismo, especialmente em períodos de estresse.

Adrenalina Ver *epinefrina*.

Adstringente Substância que produz uma contração localizada nos tecidos do organismo. É usada em preparações para tonificar a pele e fechar poros ou para reduzir secreções e sangramento de abrasões. Também auxilia a cicatrizar feridas e úlceras.

Afrodisíaco Algo que excita ou aumenta a libido.

Analgésico Substância que reduz ou elimina a dor.

Anti-histamínico Substância que combate reações alérgicas. É comum no tratamento de rinite alérgica, urticária, coceiras e picadas de inseto.

Anti-inflamatório Substância que previne ou diminui a inflamação.

Antibacteriano Substância que inibe o desenvolvimento de bactérias.

Antidepressivo Substância que alivia a depressão.

Antiespasmódico Substância que ameniza espasmos e cãibras musculares.

Antifúngico Substância que impede o crescimento de fungos.

Antimicrobiano Substância que inibe ou mata micro-organismos. O termo é normalmente utilizado para se referir a substâncias ativas contra uma grande variedade de bactérias, vírus e fungos.

Antioxidante Substância que inibe a oxidação de moléculas, reação química que produz radicais livres prejudiciais aos tecidos do organismo. Também é um processo que deixa óleos e gorduras rançosos.

Antiviral Substância que elimina vírus.

Aromaterapia Uso terapêutico de óleos essenciais. Pode envolver a inalação ou a aplicação de misturas na pele.

Aromático Refere-se ao aroma único emitido por uma planta ou substância.

Composto Substância formada por dois ou mais elementos químicos ligados.

Compressa Gaze ou pano de algodão úmido pressionado sobre o corpo para aliviar dor ou inflamação ou estancar sangramento. Pode ser quente ou fria.

Concentrado Óleos essenciais são concentrados porque sua extração resulta em uma mistura que contém um número muito grande de componentes em uma pequena quantidade de substância. Por exemplo, são necessários cerca de 136 kg de pétalas de rosa para produzir 30 ml de óleo essencial.

Concreto Produto da primeira extração com solvente. É uma mistura semissólida de ceras vegetais e óleos essenciais que pode ser usada para produzir perfumes sólidos. A segunda extração resulta no absoluto.

Descongestionante Substância ou processo que reduz a congestão nas vias nasais ou nos pulmões.

Desintoxicante Substância que auxilia o organismo a eliminar resíduos e impurezas.

Destilação a vapor Método de extração de óleo essencial de matéria vegetal por meio de vapor. O vapor flui para o recipiente que contém o material, forçando sua liberação. A mistura de vapor e óleo essencial é condensada e volta ao estado líquido, formando duas fases (óleo e água), que então são separadas.

Difusão/difusor Processo permite a dispersão no ar das moléculas que se encontram concentradas no óleo essencial. Pode ser por meio de difusor à vela ou elétrico, varetas de madeira ou spray.

Diluição Processo que torna algo menos concentrado.

Diurético Substância que aumenta a produção e excreção de urina.

Dopamina Neurotransmissor que controla emoções de recompensa e prazer do cérebro.

Elixir Na aromaterapia, mistura de óleos essenciais em um óleo base. Em geral, refere-se a uma preparação usada no rosto para melhorar o tônus da pele.

Emoliente Substância que previne a perda de água pela pele. A maioria dos óleos naturais exerce essa função.

Emulsificante Substância que une óleo e água, o que é necessário na produção de loções e cremes.

Epinefrina Hormônio, em geral chamado de adrenalina, liberado pelo organismo quando uma pessoa se emociona intensamente (empolgação, medo, raiva). Faz o coração bater mais rápido e prepara o corpo para uma reação de "lutar ou fugir".

Esfoliar Remover as camadas superficiais da pele, especialmente células mortas, com o uso de um agente abrasivo.

Ésteres Compostos químicos derivados de um ácido. São um dos vários constituintes dos óleos essenciais, a maioria de aroma frutado.

Expectorante Substância que estimula a expulsão do muco dos pulmões.

Expressão Método de "prensagem a frio" de extração de óleo essencial da casca de frutas cítricas.

Extração Na aromaterapia, qualquer um dos vários métodos pelos quais óleos essenciais são obtidos de materiais vegetais. Ver também *destilação a vapor*, *extração com solvente* e *expressão*.

Extração com solvente Método de extração de óleo essencial de materiais vegetais frágeis que não resistem ao calor. O óleo é extraído com um solvente. Este é então removido, produzindo uma massa cerosa (ver *concreto*), da qual, em uma segunda extração, se obtém a mistura de compostos aromáticos e voláteis (ver *absoluto*).

Fotoalergia Reação da pele, que em geral demora para se desenvolver (1-3 dias), desencadeada pela incidência de raios UV no local em que uma ou mais substâncias de um óleo essencial estão presentes e que o sistema imunológico considera estranhas. A reação pode se expandir além das áreas expostas ao sol.

Fotossensibilizante Substância que pode aumentar os danos à pele devido à exposição a raios UV. Ver também *fotoalergia* e *fototoxicidade*.

Fototoxicidade Reação na pele, em geral imediata, provocada pela interação de uma substância com raios UV, que produzem radicais livres prejudiciais à pele. É o tipo mais comum de reação fotossensibilizante; a irritação costuma se limitar às áreas expostas ao sol.

Hipertensão Pressão arterial alta.

Hipotensão Pressão arterial baixa.

Holístico Refere-se ao tratamento da pessoa por inteiro, levando em consideração fatores mentais e sociais, em vez de apenas os sintomas de uma doença.

Inalação a vapor Processo de inalar vapor profundamente nos pulmões. Acrescentar óleos essenciais à água quente cria um vapor aromático que, ao chegar ao órgão, tem diversos efeitos terapêuticos.

Infusão Processo pelo qual os constituintes ativos de uma planta são extraídos em um solvente, como água, álcool ou óleo. Pode ser auxiliado pelo calor e/ou pelo tempo. Ver também *macerado*.

Irritante Substância que pode irritar a pele ou as mucosas.

Macerado Tipo de infusão em que se mergulham partes picadas de uma planta em um óleo base para extrair suas propriedades terapêuticas.

Neurotransmissores Substâncias químicas liberadas pelo cérebro que agem como mensageiras, carregando informações e instruções para outras partes do corpo.

Óleo base ou carreador Substância usada para diluir óleos essenciais antes de uma massagem.

Olfativo Refere-se ao sentido do olfato. O sistema olfativo coleta compostos aromáticos do ambiente e os traduz em sinais neurais que ajudam o cérebro a identificar aromas individuais.

Orgânico Diz-se do método de cultivo e criação que utiliza práticas relacionadas à natureza e aos ciclos sazonais, promove o equilíbrio ecológico e conserva a biodiversidade. Produtores orgânicos não usam pesticidas nem fertilizantes sintéticos, por exemplo.

Pomada Substância oleosa que se espalha na pele para fins curativos ou cosméticos.

Regenerativo Que promove a cura e a regeneração de células e tecidos.

Sedativo Substância que apresenta efeito tranquilizante, reduzindo a irritabilidade e a empolgação excessivas.

Sensibilizador Algo que provoca reação alérgica. Em geral, o primeiro contato não produz efeito, mas a constância pode induzir uma resposta inflamatória aguda.

Sinergia Quando dois ou mais elementos atuam juntos, têm uma ação maior que suas partes isoladas. Refere-se à ação de diversos compostos presentes em um único óleo essencial e também à combinação de um óleo com outros para produzir um efeito terapêutico ou aromático.

Sustentabilidade Refere-se à maneira de produzir e consumir e a sistemas regenerativos que agem para conservar o equilíbrio natural dos ecossistemas.

Terapêutico Que tem efeito curativo no corpo e/ou na mente.

Terpenos Um dos constituintes naturais dos óleos essenciais. Trata-se de uma classe ampla e diversa de compostos orgânicos, muitas vezes de odor intenso, produzidos por várias plantas, principalmente coníferas.

Tóxico Que pode provocar danos em organismos vivos.

Vaporizador Aparelho usado para dispersar óleo essencial no ar. Ver também *difusão*.

Volátil Na aromaterapia, refere-se a compostos aromáticos voláteis, moléculas que compõem cada óleo essencial. São muito leves e lábeis e se dispersam rapidamente no ar, mesmo à temperatura ambiente.

Índice

Negrito indica ingredientes com verbete

A

B

C

D

E

F

G

H

I

J

L

M

N

O

P

Q

R

S

T

U

V

W

X

Y

Fontes

Brasil

By Samia
http://www.bysamia.com.br
Fornecedor de óleos essenciais e produtos complementares. Oferece cursos.

Grupo Essence, em parceria com a Academia Tisserand Retail Training
http://www.grupoessence.com.br
http://www.tisserand.com.br

Instituto Brasileiro de Aromatologia (Ibra)
http://www.ibraromatologia.com.br
Curso de aromaterapia integrada.

Laszlo Aromaterapia & Aromatologia
http://laszlo.ind.br
Fornecedor de óleos essenciais e produtos complementares. Oferece cursos.

Terra Flor Aromaterapia
http://terra-flor.com
Fornecedor de óleos essenciais e produtos complementares. Oferece cursos.

WNF Essential Oils
http://www.wnf.com.br
Fornecedor de óleos essenciais e produtos complementares. Oferece cursos.

Inglaterra

Neal's Yard Remedies
www.nealsyardremedies.com
Fornecedor de óleos essenciais e produtos relacionados. Oferece cursos e consultas.

Agradecimentos

As autoras agradecem à excelente editora da DK, Claire Cross; aos maravilhosos fornecedores e especialistas em óleos essenciais, que trabalham muito para obter óleos orgânicos de maneira justa de ótima qualidade e compartilham seus conhecimentos abertamente, em especial Patrick Collin, Walter De Boeck, Denzil Phillips e Ulli Wentzler; e aos tutores inspirados e dedicados dos cursos de aromaterapia da Neal's Yard Remedies, sobretudo Victoria Plum e Elaine Tomkins.

A Dorling Kindersley agradece à maravilhosa equipe da Neal's Yard Remedies, pelo conhecimento e orientação durante a produção deste livro.

A editora agradece a permissão para usar suas fotos a:
(abreviações: a - alto; b - embaixo; c - centro; d - direita; e - esquerda; t - topo)

Beniculturali (bc). 13 SuperStock: Eye Ubiquitous (bc). 16 Dorling Kindersley: Barnabas Kindersley (ca). 18 Science Photo Library: Eye of Science (c). 40-1 123RF.com: Elena Lifantseva. Paperbark Co., fragônia 43, cidrão 45 Alamy Stock Photo: Blickwinkel (e). 47 Alamy Stock Photo: Valery Voennyy (d). 49 123RF.com: Ekasak Chuenchob (cdb). 54-5 Alamy Stock Photo: imageBROKER. 57 123RF.com: Arcticphotoworks (d). 59 123RF.com: Igor Dolgov. 66-7 123RF.com: Varaporn Chaisin. 69 123RF.com: Vitaly Suprun/Suprunvitaly (d). 71 Dorling Kindersley: Mockford and Bonetti/Villa Giulia and Beniculturali (d). 72 SuperStock: Eye Ubiquitous. 79 123RF.com: Arthit Buarapa (cdb). 82-3 123RF.com: Joemat (c). 87 Alamy Stock Photo: Emilio Ereza (e). 90-1 Alamy Stock Photo: Tim Gainey. 97 Alamy Stock Photo: Yooniq Images (cdb). 103 Alamy Stock Photo: Stephanie Jackson - Aust Wildflower Collection (td). Alan Buckingham, hortelã-pimenta 107, salsa 114, pimenta--do-reino 119 Alamy Stock Photo: imageBROKER (e). Alan Buckingham, tuberosa 120, ravensara ravintsara 122 Alamy Stock Photo: WILDLIFE GmbH (td). 124-5 Alamy Stock Photo: Steffen Hauser/Botanikfoto. 135 Dorling Kindersley: John Glover/Unwins (td). 143 123RF.com: Anna Bogush. 144 123RF.com: Pittawut Junmee (cdb). 154 Getty Images: Image Source (cea). 155 123RF.com: Mohammed Anwarul Kabir Choudhury (cea). 166 Dorling Kindersley: Alan Buckingham (bd). Getty Images: Image Source (td). 218 Getty Images: felipedupouy.com/Photodisc (bc)

Fotos de ingredientes e receitas William Reavell
Produtora de receitas Jane Lawrie
Produtora de objetos e direção de arte Isabel de Cordova
Design/ilustração adicionais Steve Marsden
Revisão Anna Davidson
Índice Hilary Bird

Aviso

Óleos essenciais contêm propriedades terapêuticas naturais *e devem ser empregados com cuidado. Este volume não pretende ser um livro de referência medicinal, mas uma fonte de informação. Não use óleos essenciais sem a orientação de um profissional se estiver em tratamento médico. Não utilize por conta própria em caso de doenças graves e crônicas, durante a gravidez ou em crianças sem consultar um aromaterapeuta qualificado. As autoras e a editora não podem ser responsabilizadas por qualquer reação adversa a receitas, recomendações e instruções contidas aqui, e o uso de qualquer óleo essencial é de responsabilidade exclusiva do leitor.*